T0270383

*Eso no estaba en mi libro de
historia del motociclismo*

JUAN PEDRO DE LA TORRE

Eso no estaba en mi libro de historia del motociclismo

ALMUZARA

Editorial Almuzara • Colección Historia
Director editorial: Antonio Cuesta
Editora: Ángeles López
Corrección: Almudena Ligero Riaño
Maquetación: Joaquín Treviño

www.editorialalmuzara.com
pedidos@almuzaralibros.com - info@almuzaralibros.com

Editorial Almuzara
Parque Logístico de Córdoba. Ctra. Palma del Río, km 4
C/8, Nave L2, nº 3. 14005 - Córdoba

Imprime: Romanyà Valls
ISBN: 978-84-11312-49-3
Depósito legal: CO-1390-2022
Hecho e impreso en España - *Made and printed in Spain*

Índice

Introducción

Siempre me gustaron los coches y las motos, desde muy niño. Desde lo alto de la terraza de la casa de mis padres, una novena planta que me permitía disfrutar del perfil completo de la ciudad de Madrid, eso que estúpidamente nos empeñamos en llamar *skyline*, contemplaba un horizonte amplio y variado, pudiendo distinguir claramente en la distancia las cumbres nevadas de la sierra del Guadarrama en invierno, el edificio de la Telefónica, las Torres de Colón, la Torre del Retiro y, algo más tarde, el Pirulí. E inclinándome un poco sobre el borde de la terraza, cuando mis padres no miraban, se distinguía el promontorio del Cerro de los Ángeles. Desde esas alturas vi crecer Madrid y cómo se construyó la M-30, y era capaz de distinguir los coches que circulaban. La distancia me impedía acertar con las motos, que además resultaban más variadas en modelos y cilindradas. Respecto a las motos, desde allí arriba solo podía decir dos cosas: es una Vespa, o no es una Vespa.

Pero a los trece años esta historia cambió. Tenía un compañero de clase mayor que yo, de edad pero sobre todo de estatura. Mazo se llamaba de apellido, y tenía una Montesa Enduro. Nos enseñaba fotos de él y de su moto. Cómo molaba. Y, de cuando en cuando, se llevaba a clase alguna revista de motos que hojeábamos en el patio, durante el recreo. No es que no nos gustara el fútbol, ¿a quién no le gustaba el fútbol a esa edad?, pero es que aquel colegio de Usera tenía un patio tan chico que había que dedicarse a otras cosas para pasar el rato.

Un día decidí parar en un quiosco. Mis compañeros empezaban ya con cosas de mayores, sisaban un duro aquí y otro allí de sus madres para comprarse cigarros sueltos. Con trece años, sí. Eran otros tiempos. Y el quiosquero, ¿qué iba a hacer? Pues vendérselos. Yo me rasqué el bólsillo y junté setenta pesetas para comprarme la revista *Motociclismo*. En la portada, un piloto volaba en acrobática postura a lomos de una Bultaco azul; se anunciaba un superpóster (85 x 55 cm), y un vistoso recuadro amarillo destacaba otra hazaña de Ángel Nieto. Así fue el inicio de mi relación con el mundo de la moto.

Quién me iba a decir a mí que unos pocos años después estaría escribiendo en esa publicación, que fue mi vida durante diecinueve años, y con la que, después de un paréntesis, me he reencontrado hace cinco años.

La primera vez que me subí a una moto fue apenas un año después de adentrarme en la lectura de *Motociclismo*. Como tantas otras grandes cosas que te pasan en la vida, sucedió durante las vacaciones de verano. Me estrené con la Puch Minicross Super de mi amigo Pedro Chicharro, el mayor de mi panda, el primero que tuvo moto, que, haciendo de tripas corazón, tuvo el valor de sacrificar la integridad de la Minicross en aras del aprendizaje de todos nosotros. Tengo que reconocer que tampoco le dimos tan mal trato, pero algún que otro sobresalto sí se llevó. Desde ese momento, a pesar de que lo mío fue un sencillo paseo por las eras de un pueblo donde apenas lograba pasar de segunda, el mundo de la moto me atrapó. Y aquella Minicross, mientras Pedro sigue viviendo lejos de aquí, reposa en el pueblo, a buen recaudo, intentando que el polvo y las telarañas acumuladas no le quiten apresto ni presencia.

He tenido la inmensa suerte de que gracias a la moto he podido unir afición y profesión, y eso es algo que no mucha gente consigue. Por mi culpa, en mi casa se respira moto desde hace más de cuarenta años. En el mercado, mi madre rebatía al charcutero, acérrimo fan de Valentino Rossi, cualquier argumentación sobre la maniobra que llevó al suelo en el circuito de Sepang, en 2015, «a este chico catalán», como dice ella, refiriéndose a Marc Márquez. Y, siendo novios, mi esposa llegó a soñar un día que ella misma peleó por la victoria en un Gran Premio con Mick Doohan y Álex Crivillé. Modestamente, su subconsciente se conformó con la tercera posición.

A lo largo de estos años he escrito decenas de miles de páginas sobre motociclismo, todos los días desde los veintidós años, y gracias al motociclismo he viajado por el mundo descubriendo lugares increíbles, he conocido a personas formidables, y he vivido experiencias emocionantes. Todo ello ha dado forma al hombre que soy, para lo bueno y para lo malo. He disfrutado al máximo del mundo de la moto, que me ha regalado mil y una historias. Algunas de ellas las he plasmado en este libro que tienes en la mano, querido lector. Gracias por adentrarte en mi relato. Y gracias a todos los que lo han hecho posible, mi familia, mi editora y la Editorial Almuzara, que ha confiado en mí.

JUAN PEDRO DE LA TORRE
Julio de 2022

El equilibrio dinámico

En un mundo tan regulado y bajo control como en el que vivimos actualmente, si a alguien se le ocurriera inventar hoy la motocicleta, seguramente la prohibirían. ¿A quién en su sano juicio se le ocurre dotar de motor a una cosa con dos ruedas, que necesita inercia y la habilidad de su conductor para no caer? Es un invento completamente idiota… Hasta que lo pruebas. Entonces, basta con rodar unos pocos metros para darse cuenta de que la moto es la expresión del equilibrio dinámico, un arte que permite disfrutar de una sensación de libertad, de conexión con el entorno, que te concede una capacidad de expresión como no se consigue con ninguna otra máquina creada por el ser humano.

Para algunos, estas pueden resultar unas palabras exageradas, seguramente fruto de la pasión por una actividad que, además, al que suscribe le da el sustento, pero la realidad es que una vez que se prueba, la moto engancha. Solo así se puede entender que en aquellos lejanos tiempos pioneros, a pesar de la evidente incomodidad y el riesgo de los primeros modelos de motocicleta, el gusto por este vehículo de dos ruedas creciera de forma imparable. Un coche tenía sus ventajas, desde luego: se viajaba más protegido en invierno y en verano, más acompañado —lo cual no siempre tiene por qué ser una ventaja—, y la capacidad de carga de un automóvil era netamente superior a la de una motocicleta. Sin embargo, con una moto se podía llegar más pronto a cualquier sitio y alcanzar los lugares menos accesibles. Se pasaba frío en invierno y calor en verano, no era precisamente confortable y, desde luego, la práctica del motociclismo era una actividad sucia. Nadie con un mínimo de vida social podía plantearse ir de aquí allá en moto porque, sencilla-mente, no era una actividad de caballeros.

La moto era barata y accesible, lo que facilitó su popularización entre las clases menos pudientes, cuyos bolsillos no se podían per-mitir desembolsar el dinero que requería la compra de un auto-móvil. Pero la moto también precisaba de cierta destreza en su manejo, una habilidad que se desarrollaba con su uso habitual. Algunos, cuya condición les permitía no depender de un salario, supieron enseguida cómo darle un enfoque lúdico a este invento moderno y un tanto loco de la motocicleta y, como sucediera con el automovilismo, el embrujo y la poderosa atracción de la veloci-dad, potenciada por el hecho de enfrentarse sin demasiados ar-tificios al tiempo y al espacio, atrapó a los aficionados a la moto.

Es fácil imaginar cómo los primeros motociclistas se entre-gaban al placer de ir en moto, subyugados por la velocidad. Thomas Edward Lawrence, más conocido como Lawrence de Arabia, el célebre militar británico que en plena I Guerra Mundial lideró las tropas árabes en sus luchas contra el Imperio otomano, fue un apasionado de la motocicleta, y expresó per-fectamente lo que suponía la velocidad: «Para explicar el señue-lo de la velocidad tendrías que explicar la naturaleza humana; pero es mucho más fácil entenderlo que explicarlo», escribió en una ocasión. «Todos los hombres de todas las épocas han mendigado por tener caballos rápidos, o camellos, o barcos, o coches, o motos, o aeroplanos: todos los hombres se han esfor-zado por correr, andar o nadar más deprisa».

Lawrence sabía de lo que hablaba porque él vivió deprisa, mu-cho más deprisa que la gente de su época. Su aventura árabe lo dejó física y mentalmente agotado, y de regreso a Inglaterra en 1921, dio por cerrado ese capítulo de su vida. Fue entonces cuan-do empezó a interesarse por los motores. Con el visto bueno de las autoridades militares consiguió alistarse, con un nombre falso, en la RAF, la fuerza aérea británica, atraído por ese nuevo vehículo, pero cuando el diario *Daily Express* descubrió su verdadera identi-dad, fue expulsado. Sus buenas relaciones con los mandos permi-tieron que lo admitieran en la Tank Corps, la unidad de carros de combate, de nuevo bajo otro nombre, y de nuevo se repitió la mis-ma situación: se descubrió su identidad y fue expulsado.

Se dedicó a escribir, y trabó gran amistad con algunos autores de gran prestigio como George Bernard Shaw, cuya intervención junto a otros intelectuales permitió que Lawrence fuera readmitido en la RAF como soldado raso en 1925, lo que alivió bastante sus penurias. Pasaba sus días, que no resultaron especialmente placenteros en medio de tanto conflicto, escribiendo, con notable éxito. Entre 1927 y 1929 fue destinado a un puesto fronterizo en India, en los límites con Afganistán. Un diario sensacionalista de Londres relacionó su estancia allí con un conato de revuelta entre los afganos. Las autoridades británicas, ante el temor de que volviera a implicarse con los indígenas, le devolvieron a casa. Estuvo cinco años en la base de Cattewater, en Plymouth, trabajando en el desarrollo de lanchas rápidas de salvamento, enormemente atraído por los motores.

Siguió compaginando su actividad en el ejército con la escritura, hasta que en febrero de 1935 fue licenciado por la RAF. Se estableció en Clouds Hill, no lejos de la base de Bovington.

Lawrence de Arabia a lomos de la Brough Superior
SS100 con la que sufría su mortal accidente.

En él cundía el desánimo, solo interrumpido por sus escapadas en moto, a visitar a sus viejos y buenos amigos. Por desgracia, su tiempo llegó a su curso precipitadamente esa primavera. Se subió como tantas otras veces en su Brough Superior SS100, una de las motos más potentes de la época, capaz de alcanzar las 100 mph (160 km/h). Fabricar una moto con semejantes prestaciones en aquellos años fue un empeño personal de George Brough. Su padre, William Edward Brough, fue uno de los pioneros de la floreciente industria motociclista británica, ya que comenzó con la producción de sus Brough en Nottingham, en 1890. El señor Brough confiaba en que sus dos hijos se incorporaran al negocio familiar, pero George, su segundo hijo, no compartía la misma orientación del negocio de su padre, y decidió organizarse por su cuenta para desarrollar su propia marca, especializándose en la fabricación de motos de altas prestaciones. George Brough se estableció en 1919 y, para diferenciar su marca de la de su padre, decidió bautizarla como Brough Superior, en alusión a las mayores prestaciones de sus motos, aunque su señor padre se lo tomó como una ofensa.

Lo cierto es que la mañana del 13 de mayo de 1935, T. E. Lawrence se puso a los mandos de su moto y se desplazó a la oficina de correos de Bovington para enviar un telegrama. De vuelta a Clouds Hill tuvo un accidente, se golpeó la cabeza y permaneció en coma seis días antes de fallecer. Ese momento quedó reflejado en el arranque de la excepcional película *Lawrence de Arabia*, de David Lean, una producción que permitió que la controvertida figura de T. E. Lawrence, con su complejidad, sus grandezas y sus debilidades, transcendiera mucho más allá del ámbito británico.

LA COMPETICIÓN EXALTA LA VELOCIDAD

¿Tenía sentido que, en la década de 1930, con las evidentes limitaciones en las infraestructuras de las vías de comunicación, hubiera motos capaces de rodar a 160 km/h? Respondiendo con objetividad, habría que decir que ofrecer una motocicleta con estas características en aquella época carecía de sentido, porque resultaba muy complicado poder aprovechar semejantes prestaciones en las carreteras de entonces, y eso que en esa década algunos países ya contaban con avanzadas infraestructuras de comunicación.

Para entonces, el invento de la motocicleta tenía ya casi cincuenta años de vida, desde que a Gottlieb Daimler y Wilhelm Maybach se les ocurrió inventar su *Reitwagen* en 1885 —la denominación concreta fue *Reitwagen mit Petroleum Motor*—, aunque el curso de la historia, por lo general poco generoso con las parejas de socios, concede el mérito de su fabricación a Daimler, quizás por el hecho de ser mayor y haber apadrinado toda la carrera profesional de Maybach. Algunos atribuyen al velocípedo Michaux-Perreaux, concebido en 1868, el origen de la motocicleta, pero este engendro, que no pasaba de ser un pequeño motor estático de vapor acoplado a una bicicleta, en un momento en el que este novísimo vehículo todavía estaba en fase de evolución, no resultó tan satisfactorio como sus inventores esperaban, ni tampoco el invento realizado por Sylvester Roper en Estados Unidos en 1869, de similares características.

Por eso se considera a la *Reitwagen* como la verdadera antecesora de la motocicleta. Daimler trabajaba en el diseño de motores para la fábrica de locomotoras Maschinenbau-Gesellschaft AG, y Maybach se convirtió en su estrecho colaborador, iniciando una trayectoria conjunta que los llevaría a trabajar para Nikolaus Otto, hasta que desavenencias entre este y Daimler provocaron en 1880 la salida del último de Deutz-AG, la compañía de motores de Otto.

Cuando Daimler se trasladó a Cannstatt, en las inmediaciones de Stuttgart, para crear su propia empresa, Daimler-Motoren-Gesellschaft, Maybach no dudó en seguir sus pasos en 1882, a pesar de contar con un puesto de elevada categoría en Deutz-AG y gozar de la absoluta confianza de Otto. En Cannstatt montaron un modesto taller, en el que Daimler quería desarrollar motores más pequeños y ligeros que los aparatosos propulsores de Otto. Lo curioso es que sus actividades despertaron la desconfianza del vecindario de Taubenheimstrasse, el barrio residencial donde habían establecido su pequeño taller. Alarmados ante el temor de que en aquella casa comprada *a tocateja* por aquel desconocido se realizaran actividades delictivas, los vecinos avisaron a la policía que, con la ayuda del jardinero, que les proporcionó una llave, se adentró en la vivienda, descubriendo que en su interior solo había motores. Es decir, que esa extraña y ruidosa gente resultaba ser inofensiva. Lo que no sabemos es si el jardinero tuvo que buscarse un nuevo patrón…

Sus esfuerzos vieron la luz por fin en 1885, produciendo el primer motor de gasolina con carburador, de 100 cc de cilindrada y 1 CV de potencia, que giraba a un régimen de 600 rpm, lo que suponía toda una revolución, teniendo en cuenta que por entonces los motores giraban entre 120 y 180 rpm. Daimler y Maybach desarrollaron varias patentes en el diseño del propulsor. A final de año montaron una versión de dimensiones más reducidas en un bastidor de madera para bicicleta, creando la que se considera la primera motocicleta de la historia. El propio Maybach fue el encargado de conducir el engendro durante casi tres kilómetros, alcanzando los 12 km/h de velocidad.

La Reitwagen de Daimler y Maybach se puede considerar
como la primera motocicleta de la historia.

Puede parecer poco un viaje de tres kilómetros —el primer vuelo de los hermanos Wright duró doce segundos sobre una distancia de 36 metros—, pero teniendo en cuenta que utilizaba ruedas macizas de carro, carecía de suspensión, disponía de un sistema de dirección casi inoperante, y mantenía la verticalidad gracias a sendos patines situados en los laterales del motor, hay que reconocer que la excursión de Maybach fue toda una aventura.

Sin embargo, Daimler y Maybach no profundizaron en el desarrollo de la motocicleta como tal, puesto que su *Reitwagen*, más que un vehículo, era un experimento para contrastar el idóneo funcionamiento del motor y su aplicación para el transporte. Y claro, hacer «eso» era más sencillo y barato que construir un automóvil completo y, viendo que el invento funcionaba, lo aparcaron en un rincón y se dedicaron a fabricar automóviles. Con el tiempo, la compañía de Daimler se terminaría asociando con Benz para crear Mercedes-Benz, pero el concepto del velocípedo previo a la motocicleta no cayó en saco roto.

Pero, ¿qué es una motocicleta? Sinceramente, la *Reitwagen* no lo era, porque su verticalidad no dependía de la inercia, sino de su apoyo en los patines laterales, y sus ruedas de madera maciza le otorgaban escasa maniobrabilidad. Antes de que el siglo XIX llegara a su fin, varios fabricantes y emprendedores se lanzaron a la aventura de la fabricación de velocípedos, con suerte dispar, y no sería hasta 1894 cuando uno de ellos tuvo éxito. La Hildebrand & Wolfmüller, con una apariencia muy semejante a los escúteres de hoy en día, fue una auténtica motocicleta, la primera sin lugar a dudas. Tenía un motor bicilíndrico de cuatro tiempos de 1.489 cc que generaba una potencia de 2,5 CV a un régimen de 240 rpm, y era capaz de alcanzar los 45 km/h. El fabricante estaba establecido en Múnich, y era una sociedad constituida por Heinrich y Wilhelm Hildebrand, Alois Wolfmüller y Hans Geisenhof. Ellos fueron los que inventaron el término «motocicleta» (*motorrad*, en alemán), que hasta ese momento nadie había acuñado. Esta motocicleta tenía ya todas las características de su especie: un motor alojado en un bastidor, por encima del cual se situaba un depósito de combustible. Las ruedas, sobre una llanta metálica de radios delante y una llanta maciza de metal detrás, equipaban neumáticos de caucho con cámara, como las bicicletas, incorporando también un sillín y un manillar con un freno de varilla. Adoptaron además guardabarros para proteger al conductor de las salpicaduras de las ruedas, con lo que así se eliminaba uno de los inconvenientes de ir en moto, que era la falta de pulcritud. No olvidemos que, todavía entonces, los nuevos vehículos compartían las calles y los caminos con los animales de tiro que, en ocasiones, dejaban desagradables rastros de su presencia en las calzadas.

La compañía tuvo un crecimiento rapidísimo gracias a la publicidad obtenida por su participación en las primeras carreras para vehículos a motor. El 18 de mayo de 1895 se disputa en Turín (Italia) la que se considera la primera competición motorizada de la historia, un recorrido en ruta de 93 kilómetros entre la capital del Piamonte y Asti. El industrial norte de Italia tomaba partido por la automoción. No es de extrañar que buena parte de la industria de las dos y las cuatro ruedas de Italia terminara alojándose en esta parte del país. De los cinco inscritos en la carrera de Turín, dos tomaron parte sobre sendas Hildebrand & Wolfmüller. Uno de ellos fue precisamente el propio Alois Wolfmüller, que acabó en segunda posición, por detrás del automóvil Daimler a vapor conducido por Simone Federmann. Tercero fue Giovanni Battista Ceirano, a lomos de la segunda Hildebrand & Wolfmüller. Fue tal el éxito que, ante los numerosos encargos recibidos desde Francia, los constructores decidieron levantar una segunda factoría en el país vecino.

Pero en aquellos días la industria motociclista estaba lejos de ser perfecta, y no solo en cuanto a la producción y el desarrollo de las motos, sino también a la gestión empresarial. No hay que olvidar que se estaba descubriendo un nuevo medio de transporte, que todavía había mucho que experimentar y mucho por descubrir, y que los fiascos y las decepciones resultaron bastante frecuentes. Las motos de Hildebrand & Wolfmüller comenzaron a mostrar fallos de desarrollo, y muchos clientes sufrieron problemas con el encendido, que resultó ser poco fiable y difícil de manejar. Muchos se sintieron engañados y reclamaron la devolución de su dinero. Para colmo, en ambas factorías, la de Alemania y la de Francia, de repente se dieron cuenta de que estaban vendiendo sus motos por debajo del coste de producción... Lógicamente, el negocio se fue a la ruina y la empresa quebró en 1897.

LAS CARRERAS, LA MEJOR PUBLICIDAD

Las carreras se convirtieron enseguida en el mejor escaparate para los fabricantes de motos. Poco a poco surgieron competiciones aquí y allá, y resultaba extraño que no hubiera un país en el que no se disputaran carreras. La competición motociclista entró en el siglo XX empaquetada junto a los coches, aunque poco a poco fue ganando su propio espacio. No había un reglamento universal y cada carrera era un mundo. Pero ya en 1903 se disputó una carrera motociclista en Dublín (Irlanda), englobada dentro del programa de la Gordon Bennett Cup, la competición automovilística más importante de la época, en la que se dieron cuenta de que la falta de una reglamentación común y la variedad en la construcción de las primeras motos no permitía realizar una competencia equilibrada. Lo significativo de aquella carrera es que por primera vez se dividió la clasificación en diferentes categorías, según su peso: hasta 70 libras, hasta 114 libras, y hasta 170 libras.

El Motorcycle-Club de France (MCF) convoca para el 25 de septiembre de 1904 una carrera internacional, cursando invitaciones a diferentes motoclubes europeos. Responden a la llamada clubes de Alemania, Reino Unido, Dinamarca y Austria. La cita será en Dourdan, al sur de París, sobre un trazado de 53 kilómetros entre esta ciudad, Saint Arnauld y Ablis, al que tenían que dar cinco vueltas para completar un total de 268 kilómetros de recorrido. Esta carrera será conocida como la International Coupe (o International Cup), y sentará las bases de las primeras competiciones motociclistas internacionales. La prueba fue un éxito deportivo, pero ya desde ese momento se sembró la discordia por diferentes maniobras antideportivas, ya que muchos pilotos se vieron perjudicados por numerosos pinchazos después de que alguien esparciera por la pista un montón de clavos. La victoria sería para el piloto local Léon Demeester, con una Griffon francesa. *Vive la France!*

Lo de los pinchazos fue una anécdota que no pudo empañar el sentir general. Los clubes europeos quieren potenciar la competición internacional y establecer una prueba que sirva para distinguir al mejor. El primer paso es crear una asociación que vele por el correcto funcionamiento de las carreras y, así, las delegaciones de los países participantes en la International Cup se reunieron el 21 de diciembre de 1904 en el restaurante Ledoyen de París para constituir la Federación Internacional de Clubes Motociclistas (FICM). En aquellos días sí que sabían hacer las cosas: no había carrera, exhibición, seminario o reunión que no terminara delante de un plato. Tenían el morro fino los de la FICM: el Ledoyen era un afamado establecimiento

Los hermanos Collier, herederos de Matchless, fueron unos de los competidores más destacados en el arranque del siglo XX.

que vio pasar por sus salones a Danton y Marat, a Napoleón y Josefina, a los mejores pintores y escritores franceses del siglo XIX, pero fue especialmente frecuentado por los duelistas menos certeros del Bois de Boulogne, que después de dispararse mutuamente se reconciliaban en torno a sus afamados desayunos. Y una vez establecidos, con las barrigas llenas y satisfechos, los hombres de la FICM decidieron fijar una fecha para la siguiente edición de la International Cup, que se volvería a disputar en Dourdan, el 25 de junio de 1905.

Por entonces ya comenzaron a aflorar diferencias de criterio sobre la reglamentación. No es de extrañar, porque después de años en los que cada uno iba a su aire, por primera vez había que atenerse a unas normas. En la primera carrera de Dourdan los representantes británicos denunciaron irregularidades por parte de los pilotos franceses, ya que consideraban que corrían por debajo del peso mínimo reglamentario. La FICM intentó regular en la medida de lo posible aquellas diferencias para evitar nuevos conflictos. En 1905 adjudicó al ACC (Auto-Cycle Club), el club británico, la organización de una carrera que sirviera de clasificación para la International Cup, en la que se seleccionarían los representantes británicos para la carrera de junio. Pero en Reino Unido tenían un pequeño problema: el Parlamento de Westminster no autorizaba el cierre de carreteras para la organización de competiciones motorizadas. La verdad es que los británicos sufrieron las de Caín con el uso de las vías públicas por la automoción. Hay que recordar que hasta 1896 no consiguieron que se derogara la *Red Flag Act*, regulación establecida en 1864 que decretaba una velocidad máxima de 4 mph (6,4 km/h) por carretera y 2 mph en las ciudades para los vehículos con motor, y la obligación de que, al entrar en una localidad, el vehículo fuera acompañado de un hombre que circulara a pie por delante portando una bandera roja... La *Locomotive Act* de 1896 elevó la velocidad hasta las 20 mph (32,18 km/h), pero de ahí a cerrar calles y carreteras para que unos insensatos hicieran carreras distaba un mundo.

Por eso la buena gente del ACC, resuelta y dispuesta como pocas, buscó una solución, y la encontró en la isla de Man, un territorio soberano perteneciente al Reino Unido situado en el mar de Irlanda. Allí su parlamento autónomo, Tynwald, uno de los más antiguos de Europa —data del siglo XIII—, ya había autorizado la organización de carreras por sus carreteras —más que carreteras, meros caminos— para la disputa de una de las eliminatorias de la Gordon Bennett Cup de 1903, sobre un circuito de 16 millas (25,44 km), conocido como Short Course. Inicialmente se había previsto que la carrera motociclista discurriera por el largo circuito que se adentraba en la montaña, al norte de la isla, pero después de los entrenamientos, los pilotos se negaron a correr en ese agreste trazado y rápidamente se improvisó el recorrido por el Short Course. La verdad es que no resultó una prueba especialmente vistosa, porque solo participaron siete pilotos. Ya en ese momento se apreció un planteamiento diferente en los británicos. La concepción de la carrera fue muy distinta de lo que se hacía en el continente, donde abundaban las largas rectas en las que los pilotos exprimían toda la capacidad de sus motos. En la isla de Man el trazado era más tortuoso, con profundos descensos y empinadas pendientes, y abundaban las curvas de todo tipo. La victoria fue para J. S. Campbell, con una Ariel-JAP, a una media de 40 millas (62,28 km/h), lo cual estaba muy bien habida cuenta de las características del trazado.

Ya en Dourdan, británicos y franceses discutieron sobre la reglamentación técnica. Los primeros defendían que la International Cup debía ser la expresión del progreso técnico que alcanzaban las motos de la época, mientras que los franceses abogaban por el uso de prototipos únicos y exclusivos para competir, que fueran más allá de los modelos de producción. A pesar de sus diferencias, la carrera se disputó sin grandes contratiempos, y fue el checo Vaclav Vondrich, a lomos de una Laurin & Klement, el que se anotó la victoria. Demeester, el ganador en 1904, fue tercero. Vondrich fue quinto en la primera edición de la Internacional Cup.

Una de las decisiones que la FICM adoptó tras su formación fue que cada nueva prueba de la International Cup se disputara en el país del piloto ganador en la edición anterior. Como Eurovisión. Tras la victoria de Demeester en 1904, la carrera repitió en territorio francés, pero en 1906, la International Cup se programó en Patzau, en aquellos días territorio austrohúngaro y en la actualidad perteneciente a la República Checa. Fue un año convulso para la FICM, porque las diferencias entre sus miembros estuvieron a punto de provocar su disolución, pero a pesar de los distintos criterios de los clubes, con los británicos en disputa por casi todo, la federación siguió adelante. Aprovechando la cita de Patzau, los socios de la FICM tuvieron un encuentro en el que, lejos de alcanzar la concordia, afloraron sus disputas, con acusaciones cruzadas y palabras gruesas.

Para colmo, lo sucedido en la carrera de Patzau, lejos de templar ánimos, ahondó en las diferencias entre los socios de la FICM. Fue como echar gasolina a un incendio. En las competiciones de la época, impregnadas de un inevitable ambiente de desconfianza entre las naciones, heredadas de su conflictivo pasado —la guerra franco-prusiana de 1870-1871, que supuso la caída del II Imperio francés, todavía se sentía reciente—, fue un caldo de cultivo del ambiente prebélico del momento, y la exaltación nacional pasó a formar parte ineludible de cada evento: una victoria de un fabricante o un competidor local era

La carrera de la International Cup en Patzau marcó un antes y un después en las relaciones entre los británicos y el resto de la FICM.

el mejor medio para poner de relieve la superioridad nacional sobre los rivales extranjeros. En esta tercera edición, los austriacos de Puch pusieron toda la carne en el asador para que el triunfo cayera del lado austrohúngaro, que diría Berlanga.

La carrera supuso un éxito absoluto para Puch y sus pilotos, con triunfo de Eduard Nikodem por delante de su compañero Louis Obruba. Tercero fue el británico Harry Collier, que corría con Matchless, marca fundada por su padre Henry Collier en 1891, con la idea de construir bicicletas. Los hermanos Collier, Harry y Charlie, serían especialmente célebres en aquellos años. Pero los británicos denunciaron las irregularidades de Puch, cuyos mecánicos siguieron el desarrollo de la carrera en un sidecar repleto de piezas de recambio para asistir a sus pilotos cuando fuera necesario. Las discusiones entre los miembros de la FICM alcanzaron un tono terrible, llegando a temerse por el fin de la organización.

No se produjo la ruptura, pero aquello supuso el final de la International Cup. En el tren de regreso de Patzau, los miembros de la ACC ya empezaron a plantearse organizar una competición independiente, bajo sus propias reglas. La idea fue cobrando forma poco a poco y se materializó en 1907.

EL TOURIST TROPHY

Los británicos crearon un reglamento a la medida de las prestaciones de sus motos, siguiendo el criterio, imperante en las islas, de emplear modelos derivados de la producción en vez de prototipos específicos de competición. Así, decidieron crear una prueba para motos estándar, modelos turísticos, que además permitiría que las motos británicas fueran mucho más competitivas. Y a aquella competición le pusieron un nombre: el Tourist Trophy. Es decir: Trofeo Turístico, reflejo del sentir de los británicos.

Se establecieron el conjunto de normas para la admisión de motos de producción: tipo de motor, longitud de la carrera, cilindrada, peso, tipo de neumáticos, uso de silenciadores, e incluso detalles menores, como que se mantuvieran los pedales, asientos y guardabarros originales, con lo que no se alteraba en modo alguno la apariencia del modelo de producción. Aclarada esta espinosa cuestión, llegó el momento de elegir un emplazamiento. Todo el mundo tuvo claro que, tras la experiencia de 1905, la isla de Man debía ser el lugar donde debía disputarse la carrera, teniendo en cuenta además que el Parlamento de Westminster seguía sin permitir realizar carreras en las carreteras del país, y aunque el circuito de Brooklands, la primera instalación específica para la competición construida en el mundo, estaba a punto de inaugurarse —se estrenó el 17 de junio de 1907—, nadie se planteó otro escenario que no fuese aquella remota isla en el mar de Irlanda.

Para la primera edición del Tourist Trophy volvió a emplearse el Short Course, que pasó a ser conocido como Saint John's Course, porque partía de esta localidad, tomando rumbo oeste hacia Peel, y desde allí giraba hacia el Norte con destino a Kirk Michael, para descender de nuevo hacia el Sur por Glen Helen, haciendo el trazado del actual Mountain Course, entre las millas 8 y 14, pero en sentido contrario.

Conscientes de que había que calibrar las motos en función de su rendimiento y sus prestaciones, se crearon dos categorías, monocilíndricas y bicilíndricas, y en ambos casos la distancia a cubrir fue de diez vueltas (254,4 km). Aquella primera edición estuvo marcada por el calor, y para evitar que el paso de las motos levantara demasiado polvo, dado que por entonces buena parte del recorrido carecía de firme (lo cual significaba un riesgo añadido a la carrera), los organizadores decidieron rociar el recorrido con una solución ácida que compactara la tierra y evitara las peligrosas y molestas nubes de polvo. El problema fue que las salpicaduras del ácido terminaron alcanzando la ropa de muchos pilotos, que en algunos casos acabaron la carrera con su equipamiento hecho jirones e incluso con quemaduras en la piel.

Otra diferencia del Tourist Trophy con respecto a las carreras continentales era la organización de la prueba, disponiéndose la salida por parejas de minuto en minuto, en vez de hacer una salida en pelotón. Esa primera edición resultó un éxito indiscutible: tomaron parte veinticinco pilotos, dieciocho con motos monocilíndricas y siete con bicilíndricas, y la victoria fue para Charlie Collier, con su Matchless monocilíndrica con motor JAP. Se impuso a una media de 38,20 mph (61,48 km/h) tras 4h 08' 08" de carrera, mucho más rápido que el mejor de las bicilíndricas, Harry Fowler, con una Norton con motor Peugeot V2 de 700 cc, que alcanzó una media de 36,20 mph (58,26 km/h), que empleó trece minutos más que Collier. De esta forma, el Tourist Trophy acababa de comenzar, y con ello uno de los nombres esenciales en la historia del motociclismo.

Un invento nacido para competir

Si hay algo íntimamente ligado a la motocicleta es la competición. Se puede decir que no hay invento más idóneo para las carreras que una moto, porque la máquina se convierte en la prolongación del ser humano. Los italianos, con acierto, en muchas ocasiones emplean el término centauro —esa figura mitológica, con cuerpo y patas de caballo y torso, brazos y cabeza humanos— para referirse a los pilotos, porque moto y piloto se convierten en un solo conjunto, como un centauro.

Los italianos saben de lo que hablan, porque llevan las carreras en la sangre. Aunque no inventaron las competiciones de cuadrigas —los griegos ya las incorporaron a los Juegos Olímpicos en el siglo VII a. C.—, sí perfeccionaron este tipo de carreras en el imperio, con recintos adecuados, como el Circo Máximo, y se puede decir que, por más que les pese a los británicos, son los verdaderos padres de la competición sobre ruedas. Las cosas como son. Para cuando las tribus del norte de Escocia saltaron el muro de Antonino y plantaron cara a las tropas romanas de Britania allá por el siglo II, Cayo Apuleyo Diocles, auriga nacido en Emérita Augusta —la actual Mérida—, dejaba la competición a los 42 años de edad, con 1.462 victorias en su haber. Diocles fue, a decir de las crónicas, el Valentino Rossi de su época. Y qué casualidad, dejó la competición a la misma edad que el prodigio de Tavullia.

Casi dos milenios después, el invento del motor de explosión dio un nuevo sentido a la competición, y frente a los mastodónticos y aparatosos automóviles de comienzos del siglo XX, la motocicleta se presentaba como un vehículo ágil y dinámico, a la medida del ser humano. No es de extrañar que la moto, a pesar del riesgo inicial que ofrecía (la imperiosa necesidad de mantener el equilibrio para no caer), terminara arraigando como lo hizo. La sensación de libertad, de integración con el entorno, es algo que nunca podría ofrecer un automóvil.

Las competiciones motociclistas no tardaron en florecer, como la antes mencionada International Cup, o el Tourist Trophy, que como vimos en el capítulo anterior arrancó en 1907 y solo ha dejado de disputarse durante las dos grandes guerras, en 2001 por la fiebre aftosa que afectó a Reino Unido, y en el reciente periodo de pandemia. Durante largo tiempo, el Tourist Trophy de la isla de Man fue la máxima referencia de la competición, la carrera de las carreras, el gran desafío de cualquier piloto. Todo el que quería medir su talento, conocer hasta dónde era capaz de llegar a lomos de una moto de carreras, tenía que competir en el Tourist Trophy. Pero no fue la única prueba motociclista que alcanzó relevancia. Tras la I Guerra Mundial, la proliferación de competiciones internacionales fue más que notable.

El periodo de entreguerras, de 1919 a 1939, fue un tiempo convulso que se vivió con intensidad, en ocasiones atropelladamente. A la emergencia social provocada por las secuelas de la I Guerra Mundial le siguió la crisis económica de 1929, que hundió la economía. Y solo una década después se desató una nueva guerra aún más devastadora. La industria motociclista vivió durante esa época un periodo de enorme progreso y expansión, dado que las motos eran una forma sencilla y accesible para incrementar la motorización de los países. Siempre ha sido así. Las naciones quedaban devastadas por la guerra y, en la reconstrucción, el primer paso, el más sencillo y accesible en la motorización es la motocicleta. En las nuevas sociedades industrializadas que intentaban recuperarse de la gran tragedia de la guerra, el canto a la tecnología y la exaltación de la máquina contribuyeron a popularizar aún más la automoción y sus competiciones, haciendo de los pilotos motociclistas los nuevos caballeros andantes de la sociedad moderna, los deportistas más populares del momento. La industria fomentó la competición, porque encontró en ella una extraordinaria plataforma donde mostrar la calidad de los productos, transformando los resultados deportivos en campañas publicitarias, en un periodo en el que la propaganda estaba presente en todos los ámbitos de la sociedad, para bien o para mal.

Las principales potencias económicas e industriales de entonces (Francia, Reino Unido, Italia y Alemania) desarrollaron una notable industria de automoción. En aquellos días había una interrelación entre aeronáutica, automovilismo y motociclismo, y las competiciones de estas especialidades estaban estrechamente relacionadas. Fue muy común que muchos de los ases aéreos que combatieron en la I Guerra Mundial, una vez concluido el conflicto, terminaran dedicándose al motociclismo o al automovilismo. Porque para correr en coche o en moto en aquellos días, además de destreza, había que tener valor, mucho valor, y nervios templados para enfrentarse a las competiciones de la época.

Hay que recordar que por entonces apenas existían los circuitos. En 1907 se inauguró el de Brooklands en Reino Unido, la primera instalación de estas características del mundo, y en 1909 el circuito de Indianápolis, en Estados Unidos. Después de la Gran Guerra, las primeras pistas que se construyeron

Ren Fowler, uno primeros ganadores en el Tourist Trophy de la isla de Man.

en Europa fueron Monza, en Italia, en 1922; Terramar, en Barcelona, al año siguiente; en 1924 Linas-Montlhéry, Francia; y en 1927 el circuito de Nürburgring, en Alemania. Pero la inmensa mayoría de las carreras se disputaban en trazados de carretera y en las calles de las ciudades, escenarios plagados de trampas, con firmes inestables, suelos de adoquín, bolardos, bordillos, aceras, postes, farolas y monumentales árboles, además de vallas y muros. Y allí estaban los aguerridos pilotos, dispuestos a lanzarse a toda velocidad sobre esa estrecha franja negra que era la pista, sorteando cuantos obstáculos surgían a su paso. Pues sí, definitivamente, para pilotar una moto de carreras había que tener destreza, pero sobre todo valor.

Las grandes industrias motociclistas europeas estaban en Gran Bretaña, Italia y Alemania, aunque las terribles condiciones impuestas a Alemania en el Tratado de Versalles de 1919, con abusivas indemnizaciones y la limitación en el desarrollo de determinada producción industrial —la siderurgia y la industria naval tenían enormes limitaciones—, provocaron el cierre de muchas industrias, abocando a Alemania a un creciente desempleo que alcanzó el 40 por ciento en 1932. Las estrictas condiciones del tratado provocaron que muchas industrias quedaran condenadas a la desaparición o a cambiar de actividad, y la gran beneficiada de esta situación fue la automoción, puesto que algunos de los más célebres diseñadores aeronáuticos pasaron a trabajar en la industria automovilística y motociclista.

Rapp Motorenwerke, fundada en 1913 en Múnich por Karl Rapp, se dedicaba a la fabricación de motores de aviación, y cuando Otto Flugzeugwerk, la empresa de aviación creada por Gustav Otto, hijo del célebre Nikolaus Otto —para muchos el padre del motor de combustión moderno, conocido como «ciclo Otto» (que en realidad fue una copia del diseño realizado por Alphonse Eugène Beau de Rochas, cuyos derechos de patente no pudo renovar por falta de dinero)—, entró en quiebra en 1916, se hizo con la compañía para crear Bayerische Flugzeugwerk AG (BFW), que a partir de 1917 pasó a denominarse Bayerische Motoren Werke GmbH, es decir, la archiconocida marca BMW.

Sin embargo, con las imposiciones de Versalles, BMW tuvo que abandonar el sector de la aviación y se dedicó al sector agrícola, a las embarcaciones y a la fabricación de frenos para trenes. ¡Menudo cambio! Afortunadamente, todo cambió cuando un joven ingeniero llamado Max Fritz presentó en 1923 un proyecto para realizar una moto, la R 32, que sería el punto de partida de BMW en la industria motociclista. En ese ámbito, Alemania estuvo alejada de las competiciones deportivas hasta 1922, y carecía de carreras internacionales, que ya proliferaban en la mayoría de los países europeos. Pero a partir de ese año un acuerdo entre la industria, los fabricantes de neumáticos y los propios clubes y competidores alemanes permitió estandarizar las carreras a través de una regulación común, dando un notable impulso a la competición.

EL GRAN PREMIO DE EUROPA

En aquellos años los británicos dominaban el deporte motociclista. Además de tener el Tourist Trophy como máxima expresión de la competición, su numerosa industria nacional ofrecía una amplia cobertura a sus pilotos, algo a lo que solamente eran capaces de responder los italianos, que también contaban con un gran número de fabricantes, aunque el único verdaderamente potente en aquellos días era Moto Guzzi. Frente a la marca de Mandello del Lario, y también a Benelli, que desde Pesaro se abría paso, los británicos contaban con Norton, AJS, Rudge, Excelsior, OK Supreme, Sunbeam, Brough Superior, Velocette o el fabricante de motores JAP, entre otros. Por eso, con tanto fabricante y tan variada oferta, la competencia en Reino Unido e Italia era enorme, y eso potenció el deporte motociclista y elevó el nivel de sus competiciones y sus pilotos.

Por el contrario, Alemania apenas destacaba gracias a DKW, el otro gran gigante de la industria motociclista alemana, que vio la luz en 1916 como fabricante de repuestos para máquinas de vapor —su denominación oficial era Dampf-Kraft-Wagen, literalmente «coche movido por vapor», construyendo un coche que bautizó como DKW— y posteriormente, a partir de 1922, se centró en las motos de baja cilindrada, especializándose en las categorías inferiores, 175 y 250 cc. En poco tiempo, DKW se convertiría en el mayor fabricante de motos de la época, con una producción anual de 60.000 unidades en 1929, y una plantilla de casi 3.000 empleados. Mientras tanto, BMW apenas se había adentrado en la competición en el continente europeo más allá de las carreras locales de Alemania, aunque abarcando un espectro de la industria motociclista mucho más amplio, merced a su amplio catálogo de productos.

El concepto Gran Premio empieza a extenderse y hacerse común para denominar una carrera de primer nivel. Los británicos —muy suyos, como siempre— tenían su Tourist Trophy, así que el Grand Prix era una cosa más bien continental, y no sería hasta 1977 cuando se disputa el primer British Grand Prix —el Gran Premio de Gran Bretaña de motociclismo—,

La dureza de las carreras se refleja en el rostro de los vencedores, de aspecto avejentado. Competir en moto en aquellos años no resultaba sencillo.

dado que hasta esa fecha la prueba británica del Campeonato del Mundo de Motociclismo fue siempre el Tourist Trophy de la isla de Man. El término Gran Premio se acuñó por primera vez en Italia. Allí, en 1912, se disputa el Gran Premio de Brescia, ciudad que se puede considerar la capital de la ingeniería mecánica de Italia, puesto que allí se disputó la primera competición automovilística internacional en 1899. Los franceses adoptaron el término enseguida, y en 1912 se disputó en Fontainebleau el I Gran Premio de Francia, que se convertirá en una prueba estable, y dos años más tarde en Turín tiene lugar el I Gran Premio de Italia. Luego llegó la guerra y las carreras quedaron apartadas para cuando llegara la paz.

Eso fue en 1920, el año en que la isla de Man volvió a acoger las carreras del Tourist Trophy, y Fontainebleau se engalanó de nuevo para el Gran Premio de Francia. Mientras, en el Hotel Les Bruyères de Spa (Bélgica), Jules de Thiers, director del diario *La Meuse*, y Henri Langlois van Ophem, presidente de la comisión deportiva del Royal Automobile Club de Belgique, visualizaban un circuito triangular que enlazaba las localidades de Francorchamps, Malmédy y Stavelot. Al año siguiente se disputaba la primera edición del Gran Premio de Bélgica en Spa-Francorchamps. Un año después aparecen más carreras: el Gran Premio de las Naciones en el recién inaugurado circuito de Monza; el Gran Premio de Suiza, siempre a medio camino entre Berna y Ginebra; y el Ulster Grand Prix, en Irlanda del Norte, solo unos pocos meses después de la proclamación de independencia de Irlanda.

Dado que ya había un variado calendario de pruebas estables a lo largo de toda Europa, a la buena gente de la Federación Internacional de Clubes Motociclistas (FICM) —personas bien comidas y mejor bebidas porque sus reuniones siempre culminaban con almuerzo, comida y cena, y estos caballeros de alta cuna solían ser de morro fino— se le ocurre que ya iba siendo hora de organizar un campeonato para dirimir quién es el mejor piloto. El certamen, denominado Gran Premio de Europa, del que próximamente se va a cumplir un siglo de su puesta en marcha, se disputaría a prueba única, contaría con varias categorías, y tendría carácter itinerante, recayendo la organización en una federación diferente en cada edición, aunque las dos primeras se disputaron en el circuito italiano de Monza. Los ganadores serían proclamados campeones de Europa. A la FICM le habría gustado dar una mayor proyección al campeonato, invitando también a la AMA (American Motorcyclist Association), la federación de Estados Unidos, y así darle un rango mundial al campeonato, pero esta declinó la oferta. ¿A alguien le sorprende? Si a los británicos, tan alejados del resto de los europeos, solo les separaba un canal del continente, ¿qué se podía esperar de los norteamericanos, habiendo nada menos que un océano de por medio? La AMA tardará casi cincuenta años en integrarse en la federación internacional, y eso explica por qué en Estados Unidos son las cosas tan diferentes.

Durante los años en que tuvo vigencia, el Gran Premio de Europa (1924-1937) consagró sobre todo al motociclismo británico, que acaparó la mayoría de los éxitos. De los sesenta títulos disputados durante ese periodo, los pilotos británicos se anotaron 32, dejando el resto a Italia (9), Alemania (8), Bélgica (5), Suiza e Irlanda (2), y Francia y Suecia (1). En este certamen brillaron las primeras estrellas motociclistas, como Jimmy Simpson, Wal Handley, o el escocés Jimmie Guthrie, que lograría nada menos que cuatro títulos en las categorías de 350 y 500 cc, las más exigentes. Curiosamente, Stanley Woods, el gran dominador del Tourist Trophy en aquel periodo, con diez victorias en la isla de Man entre 1923 y 1939, nunca llegó a ganar el Gran Premio de Europa; fue segundo en dos ocasiones y tercero en otra.

Italia y Alemania coincidieron en muchas cosas en aquella época. Las políticas de inversión en grandes infraestructuras, como una amplia red de autopistas —la *autostrada* italiana y la *autobahn* alemana—, permitieron descender la tasa de paro de manera espectacular, y el apoyo a la industria de la automoción también resultó clave. Sin coches ni motos, ¿qué sentido tendrían las nuevas vías de comunicación? El milagro económico alemán tenía una pega: se producía a costa de un elevado endeudamiento público, porque su principal cliente era el propio Estado.

Italia y Alemania coincidieron en muchas cosas durante ese periodo en el que compitieron en el terreno de la automoción, reclamando para sí la gloria de poseer la mejor tecnología de la época. La exaltación nacional entonces —y todavía hoy— cotizaba muy alto. Se emplearon todos los recursos disponibles para impulsar esta carrera, y siempre buscando puntos de conexión con la industria militar. Las industrias aeronáuticas colaboraron en el desarrollo técnico del motociclismo. Por ejemplo, Zeppelin puso a disposición de BMW su túnel de viento para el desarrollo de la carrocería de la moto destinada a batir récords de velocidad, especialidad en la que la marca bávara se empleó desde 1929, y lo mismo hizo Caproni, aeronáutica italiana, que en los años treinta colaboró con Gilera, realizando una carrocería especial de aluminio para su 500 cazarrécords, con la que Piero Taruffi batió varias marcas. Pesaba 2,5 kilos, pero permitía mejorar en 56 km/h la velocidad máxima de la moto con respecto a las prestaciones precedentes. Aquella carrocería sirvió de estudio para la carlinga de un avión de caza destinado a surtir al rearmado ejército de Mussolini.

En los años treinta es cuando este nacionalismo alcanza su máxima expresión. Los camisas negras y los hombres uniformados de Mussolini eran visibles en todas las competiciones, porque *il duce* era un ferviente admirador de lo tecnológico. Le gustaba retratarse a los mandos de un avión, conduciendo un coche o al manillar de una moto, siempre en adornada pose. En Alemania, la presencia de la imaginería nazi se hace presente en todas las competiciones. El equipo alemán domina los ISDT (International Six Days Trial), los primitivos Seis Días de todo terreno Gana consecutivamente el Trofeo Mundial de 1933 a 1935, y ese último año se hace además con el Vaso de Plata, el trofeo júnior. Cada éxito es saludado marcialmente por los deportistas, al estilo nazi, brazo en alto. Ernst Henne, la gran figura del motociclismo alemán y estrella de los récords mundiales de velocidad, formó parte del equipo en las tres ediciones.

Era costumbre por entonces en los Seis Días que el ganador organizara la carrera en la siguiente edición —como

Eurovisión—, pero en 1936, en la edición que se disputaba en Freudenstadt, el equipo británico se impuso en las dos categorías, dejando con un palmo de narices a los anfitriones. Toda una afrenta para el deporte alemán y su Gobierno, que preconizaba la superioridad alemana. Si no habían tenido suficiente con la afrenta de Jesse Owens en los Juegos de Berlín, lo de los Seis Días fue el remate.

Incluso la FICM tuvo que aceptar la inquietante presencia de la iconografía nazi en determinados momentos. En 1935, el Congreso de Primavera de la FICM se desarrolló en Berlín. Los delegados tuvieron como anfitrión al mismísimo Joseph Goebbels, ministro de propaganda del III Reich, uno de los consejeros directos de Adolf Hitler. Para aquellos que no lo reconozcan, resultará inconfundible. Es fácil identificarlo, porque representa fielmente el ideal ario de la raza propugnado por el cabo prusiano y toda su panda: es el tipo bajo, enclenque y de pelo oscuro, vestido con traje más claro, que aparece a la izquierda de la foto. Un ario de pura cepa, no cabe duda.

Joseph Goebbels, a la izquierda, centro de atención de todos en el Congreso de la FICM celebrado en Berlín en 1935.

LOS PRIMEROS CAMPEONATOS

No mucha gente lo sabe, pero mucho antes de que el Campeonato del Mundo de Velocidad echara a andar en 1949, se creó en otra especialidad un campeonato de rango mundial. En 1936 se instituyó el primer Campeonato del Mundo de Speedway, en el que se impuso el norteamericano Jack Milne. Hay que ver cómo son los estadounidenses: no se suman a la iniciativa de la FICM, pero bien que vienen a Europa a llevarse los títulos… Aunque el *speedway* era una especialidad que había arraigado en toda Europa, los grandes dominadores venían de fuera del continente. No tuvo mucha continuidad: no se convocó en 1937 pero sí al año siguiente, con victoria para el australiano Bluey Wilkinson. El campeonato no volvería a disputarse hasta 1949.

En España, más que *speedway*, lo que se practicó fue *dirt track* desde 1929, cuando fue introducido en nuestro país por el británico John F. Parck, representante de la empresa Speedway Racing. Este tipo de competiciones, que por lo general se disputaban en un estadio o un recinto cerrado, como velódromos o canódromos, lo que simplificaba la organización y sus costes, tenían un atractivo que no poseían las carreras de velocidad: para contemplarlas había que pagar la entrada. Porque los circuitos de la época, con sus largos recorridos por carretera o sus amplios trazados urbanos, no había forma de hacerlos rentables. Era como poner puertas al campo. Y los primeros trazados construidos, como el de Terramar, en Barcelona, resultaron deficitarios porque estaban lejos de los grandes centros urbanos.

Pero con el *dirt track*, o con el *speedway*, daba gusto: pasabas la tarde cómodamente sentado tomando un refrigerio, y hartándote de ver carreras y más carreras, que siempre resultaban de lo más espectaculares, llegando a alcanzar tintes trágicos en determinadas ocasiones.

La primera carrera de *dirt track* disputada en España tuvo lugar en agosto de 1929 en Barcelona, en el estadio de Montjuïc, en unos días en los que la Ciudad Condal albergaba la Exposición Universal. Y en ese hervidero de nuevas experiencias, el *dirt track* encontró un marco idóneo. En aquella primera carrera participaron exclusivamente pilotos británicos, pero como uno de los atractivos de la especialidad, en este caso para los pilotos, era que cobraban por competir y disfrutaban de unos jugosos premios, en la segunda carrera los pilotos españoles se apuntaron sin dudarlo. Madrid tampoco fue ajena al *dirt track*. Parck quiere organizar carreras en el Estadio Metropolitano, el más grande de Madrid, donde juega el Athletic Club de Madrid, antecesor del histórico Atlético Aviación y del glorioso Atlético de Madrid.

El interés por la especialidad es tan grande que incluso nace un club dedicado específicamente a esta competición, el Dirt Track Madrid. Las carreras de *dirt track* resultaron vistosas y llamativas, aunque surgieron todo tipo de complicaciones y contratiempos. Se producen conflictos entre Speedway Racing y determinados pilotos, muchos de ellos socios de otros clubes, que han firmado contratos con dicho promotor. Otros pilotos carecen de licencia y el club les apremia a que abonen su cuantía para poder seguir compitiendo. Y en este «tuya y mía» terminó entrando por medio la todavía joven Federación Española, que se había fundado en 1923. El presidente, Ricardo Ruiz Ferry, intentará mediar en el conflicto, que es absolutamente de orden económico, lo que complica aún más que las partes se avengan a un entendimiento. El caso es que al bueno de Ruiz Ferry le tocaron tanto las narices con esta historia que en 1931, aprovechando su presencia en una prueba de regularidad en el País Vasco, convocó a los representantes del Moto Club de España, el Moto Club de Cataluña y la Peña Motorista Vizcaya —principales organizadores de carreras en nuestro país en aquellas fechas— y les dijo que la federación se desentendía del *dirt track*, al considerar que este modelo de competición se alejaba del carácter deportivo que se entendía que debían tener las competiciones motociclistas, que por entonces se regían por un espíritu *amateur*, al menos en cuanto a las competiciones de carácter local y nacional.

Pero volvamos a cruzar los Pirineos. Las otras grandes competiciones organizadas por la FICM eran los Seis Días y el nuevo Campeonato de Europa de Velocidad, que en 1938 sustituyó al Gran Premio de Europa, adoptando un formato con varias pruebas. En esa primera edición contó con ocho carreras, nada menos, y tres categorías: 250, 350 y 500. Sus primeros campeones fueron Ewald Kluge (DKW), Ted Mellors (Velocette) y Georg Meier (BMW), respectivamente. Como vemos, Alemania iba cobrando fuerza. Además, la Gran Depresión de 1929 obligó a que varios fabricantes alemanes se fusionaran bajo la marca Auto Union AG, para conseguir su supervivencia. Se trataba de Audi, DKW, Horch y Wanderer. Esta unión no afectó a la independencia de ninguna de las marcas, que siguieron centradas en su nicho de mercado, sin interferir entre sí ni robarse el negocio entre ellas. DKW siguió a lo suyo, las motos y los coches ligeros, mientras que las otras tres se concentraron en un segmento concreto de la automoción: Wanderer siguió fabricando automóviles de acceso; Audi, los de gama media; mientras que Horch se ocupó de los de gama alta. Pero todos lucían en su anagrama los cuatro aros entrelazados, un logotipo que todavía hoy conserva Audi.

El potencial de BMW ya se había puesto de manifiesto. Además de ganar el título de 500 en 1939, al año siguiente Meier se convertirá en el primer piloto no británico que gana en la isla de Man, al imponerse en el Senior TT. Sobre su mono negro reluce el escudo de la NSKK (Nationalsozialistisches Kraftfahrkorps), el Cuerpo Motorizado Nacionalsocialista, con su águila y su cruz gamada. En esos momentos, si querías competir era imprescindible afiliarse al partido, de lo contrario tu carrera deportiva estaba condenada. Y cuando empezó la guerra, la Wehrmacht, que disfrutaba de un equipamiento mecánico sin igual, reclutaba a sus conductores entre los miembros de la NSKK.

La temporada 1939 resultará atípica por la situación política internacional, hasta el punto de que las carreras de Italia y Suiza, programadas en septiembre y octubre, respectivamente, son suspendidas tras la invasión alemana de Polonia del 1 de septiembre y la posterior declaración de guerra a Alemania por parte de Francia y Gran Bretaña. Hasta ese momento, Gilera y BMW, con sus motores con compresor, sostuvieron una dura pugna que terminó cayendo del lado italiano, de la mano de Dorino Serafini. En 350, Heiner Fleischmann (DKW) se anotó

Georg Meier, campeón de Europa de 500 en 1938 y vencedor del Senior TT en 1939 con la BMW 500 Kompressor.

el título, mientras que en 250, Kluge y DKW repetían el triunfo del año anterior.

Era inevitable que el ambiente de tensión que vivía la sociedad europea no se trasladara a todos los ámbitos de la vida, y las competiciones motociclistas no fueron una excepción. El título de Heiner Fleischmann llegó a estar en discusión tiempo después por un grupo de revisionistas británicos, que argumentaron que la cancelación de las carreras de Italia y Suiza redujo el número de resultados a tener en cuenta a solo cuatro, y argumentaban el gran valor de la única victoria de Ted Mellors, conseguida en Spa. En cualquier caso, teniendo en cuenta los puntos brutos o netos, tomando solo cuatro resultados o todos ellos, en el mejor de los casos el empate a puntos entre Fleischmann y Mellors seguía favoreciendo al alemán, que ganó dos carreras frente al único triunfo del británico, y eso inclinaba la balanza a su favor.

Después llegó la guerra y todo se interrumpió. La actividad se retomaría en septiembre de 1945 en Chimay (Bélgica), con la primera carrera internacional tras la guerra, y un nuevo Campeonato de Europa, recuperando el formato de prueba única, que tendrá lugar en Suiza, en 1947. Alemania, excluida de la FICM en 1946, no será readmitida en las competiciones motociclistas hasta 1950.

En busca del récord: una carrera contra el fascismo

La búsqueda de la máxima velocidad sobre un vehículo siempre ha sido un desafío constante en el ser humano. En el arranque del siglo xx y durante sus dos primeras décadas, fueron bastante comunes las reuniones organizadas para alcanzar el récord de velocidad, unas pruebas en las que participaban de forma indistinta automóviles y motocicletas. Todo el mundo tenía presente que nos encontrábamos ante vehículos claramente diferenciados por características y prestaciones, aunque se aceptó como común que los denominados cuadriciclos —automóviles ligeros de cuatro ruedas con un peso mínimo de 250 kilos— pudieran competir en el mismo plano que las motocicletas de dos o tres ruedas. De hecho, los cuadriciclos estuvieron apartados de las competiciones automovilísticas durante mucho tiempo y participaban en las competiciones de motos como una clase más.

Sin embargo, había que seguir tamizando la reglamentación, y al general Holden, uno de los más distinguidos miembros de la FICM, se le ocurrió, con toda la razón del mundo, que no tenía sentido que los cuadriciclos estuvieran integrados en la reglamentación motociclista. Con un criterio extremadamente pragmático, Holden propuso que la FICM regulara exclusivamente toda competición que se realizara sobre vehículos de dos y tres ruedas, y que los de cuatro fueran competencia exclusiva de los clubes automovilísticos. Y así, en el congreso de la FICM realizado el 30 de octubre de 1925 en París, la FICM y la federación de clubes automovilísticos AIACR acordaron dar por buena la segregación de Holden, pero introdujeron lo que se denominó «cláusula de escape», permitiendo que las federaciones nacionales pudieran hacer excepciones en sus propios países a esta norma general. En España, los cuadriciclos se mantuvieron integrados con regularidad en el programa de las competiciones motociclistas hasta la Guerra Civil.

Como norma general se establecieron tres modalidades de récord: corta distancia (de 1 kilómetro a 5 millas), larga distancia (de 10 kilómetros a 1.000 kilómetros), y tiempo (de 1 a 24 horas). Y siempre con dos variedades, salida parada y salida lanzada.

Tras la I Guerra Mundial, cuando el deporte motociclista se reactiva en busca de una deseada normalidad, el asalto al récord de velocidad será un objetivo perseguido por muchos competidores. Antes del conflicto, Charlie Collier, uno de los pioneros del Tourist Trophy junto a su hermano Harry, se convirtió en un afanoso perseguidor del récord. Prácticamente era una cuestión personal, porque el yanqui Jake De Rosier tuvo la osadía de presentarse en Brooklands en 1911 y establecer lo que se considera el primer récord oficial de velocidad: 142,192 km/h. Aquello formaba parte de la ofensiva de la marca estadounidense Indian en el viejo continente. Ese año el fabricante norteamericano había enviado un equipo al Tourist Trophy y acaparó las tres primeras posiciones del Senior TT, la categoría más importante, con Oliver Godfrey, Charlie Franklin y Arthur Moorhouse. Y luego De Rosier se exhibió en Brooklands. Con el orgullo herido, los Collier, que además eran propietarios de Matchless, marca fundada por su padre a finales del siglo XIX, trabajaron con determinación para preparar una moto capaz de superar la marca Indian, y ese mismo año regresaron a Brooklands, donde Charlie lograría rodar a 146,192 km/h. El orgullo británico había sido restituido.

Tras diversos intentos y la terrible guerra de por medio, no sería hasta 1920 cuando por fin se logró superar la marca de Collier. El 14 de abril de 1920 Gene Walker, con su Indian bicilíndrica de ocho válvulas de 1.000 cc, superó la icónica marca de las 100 mph del mundo anglosajón en la playa de Daytona, en Florida (EE. UU.), alcanzando los 166,67 km/h.

Ya entonces empezó a destacar un piloto que a lo largo de la década se convirtió en la referencia de la caza de récords, Bert Le Vack, que empleó como base una vieja Indian de ocho válvulas, un desguace de moto que había adquirido al irlandés Charlie Franklin, que en 1914 se había hecho popular por protagonizar el intento de récord de 24 horas, en solitario, en Brooklands. La tentativa acabó mal, pues uno de los tubos del depósito de gasolina se rompió, derramando combustible sobre el motor y convirtiendo a piloto y moto en una bola de fuego cuando rodaba a máxima velocidad sobre el peralte de Brooklands. El piloto salió bien librado del accidente, pero la Indian estuvo mucho tiempo envuelta en fuego antes de que este fuera extinguido.

Esos despojos mecánicos los compró Le Vack y empezó a trabajar sobre ellos, convencido de que aún se le podía sacar provecho a eso que los demás consideraban que era una chatarra monumental. Otro problema añadido es que, para hacer pruebas con una moto de récord, necesitas un lugar donde poder exprimirla a máxima velocidad. Obvio. El único escenario disponible era Brooklands, pero había un problema. El circuito se cerró con el estallido de la guerra, y durante esos años fue utilizado como parque motorizado del ejército británico, con el consiguiente deterioro. Aun así, el determinado Le Vack siguió trabajando en Brooklands, a pesar de los profundos baches que los camiones y el equipamiento pesado habían dejado en la pista, y a pesar de las llamaradas que soltaba la Indian por los escapes, que terminaban abrasando las piernas del piloto. Nada lo detuvo.

La caza del récord prosiguió. Otros competidores fueron mejorando la marca de Walker, a pequeños bocados, pero el 6 de julio de 1924 Le Vack marcó un registro que se quedó muy cerca de los 200 km/h. Para entonces, Le Vack había dejado atrás la Indian y había comenzado a trabajar con otros fabricantes, entre ellos Brough Superior. Con esta moto, una SS100 equipada con un motor JAP de 1.000 cc, Le Vack alcanzó los 191,59 km/h. Ya eran palabras mayores.

Desde ese momento y hasta el final de la década, el objetivo de superar los 200 km/h tuvo dos elementos comunes en la mayoría de las tentativas. El primero, la localización. La elevada velocidad a la que se rodaba hacía necesario un emplazamiento adecuado, y la *Route Nationale*, una carretera de largas rectas en las inmediaciones de la localidad de Arpajon, al sur de París, se convirtió en el escenario de moda para estas tentativas, por las facilidades que ofrecían las autoridades francesas. Hasta el final de la década, todo el que quería enfrentarse al desafío de la máxima velocidad ponía rumbo a Arpajon. Otro elemento común en los aspirantes al máximo registro, que competían en la clase de hasta 1.000 cc, era el omnipresente motor JAP (John Alfred Prestwich), con toda probabilidad el fabricante de automoción más importante de la primera mitad del siglo xx.

En agosto de 1928 se produjo la clásica peregrinación de los cazadores de récords hasta Arpajon. El propio George Brough solía tomar parte en las tentativas con sus motos, y era un consumado especialista. Eso le llevó a convertirse, a decir de las crónicas, en el primer hombre que superó la barrera de los 200 km/h —los británicos dan como referencia 130 mph, un registro que corresponde a 208 km/h—, pero para homologar una marca había que dar una pasada en cada sentido de la carretera. Brough tuvo un problema técnico y no pudo hacer la segunda pasada, por lo que su registro no se homologó. Sin embargo, en esa misma reunión, Owen Baldwin logró hacer sus dos pasadas, consiguiendo una marca de 200,56 km/h. ¡La barrera de los 200 km/h había caído! ¿Con qué moto? Con una Zenith, equipada con el omnipresente motor JAP, por supuesto.

Hasta ese momento el mundillo de los récords de velocidad se movía entre Reino Unido y Francia, entre la industria británica y los amplios espacios abiertos de las carreteras francesas. Pero, muy pronto, todo empezaría a cambiar. Todos los actores implicados tendrían que comenzar a mirar hacia el Este, hacia la —para muchos— olvidada Alemania, cuya industria del motor había experimentado un importante crecimiento una vez superadas las consecuencias de la I Guerra Mundial y el Tratado de Versalles, y entre todas ellas, BMW fue la que se distinguió por su enorme capacidad técnica y la determinación de sus empleados.

LA VARIANTE ALEMANA

Tras las limitaciones a la industria aeronáutica impuestas por el Tratado de Versalles, BMW tuvo que buscar su espacio en el terreno de la ingeniería. Gracias a Max Friz, BMW se centró en la industria motociclista. Su primera moto fue la R 32, que vio la luz en el Salón del Automóvil y la Bicicleta de París de 1923. Como era costumbre en aquella época, no se tardó mucho en adaptarla para competir. BMW inscribió una R 32 convenientemente modificada en la *Schleizer-Dreieck-Rennen* de 1924, carrera que se disputaba en Schleiz, al suroeste de Chemnitz. BMW inscribió su moto en la categoría de 500 cc y... éxito a la primera: Franz Bieber se hizo con el triunfo. También inscribió su moto en la carrera en cuesta de Solitude, en las cercanías de Stuttgart, donde años después se instalaría uno de los trazados más conocidos de Alemania, tan desafiantes como letales. Y nueva victoria, esta vez con Rudolf Reich como piloto.

La implicación de BMW en la competición será vital para el desarrollo de la marca en aquellos años, porque la experiencia adquirida en las carreras será muy valiosa. El fabricante alemán tocó todos los palos posibles: velocidad en circuito, los ISDT (*International Six Days Trial*, antecesores de los Seis Días de Enduro), y los récords de velocidad. Las posteriores evoluciones de la R 32, con variadas cilindradas, como la R 37 (500 cc) o la R 62 (742 cc), permitieron que BMW siguiera evolucionando sus monturas. La actividad deportiva de BMW no se limitó exclusivamente a las categorías de gran cilindrada. Con la R 39, una monocilíndrica de 250 cc con motor OHV y transmisión por árbol, también logrará numerosos éxitos. En esos años BMW planifica concienzudamente todas sus actividades, de una forma metódica y rigurosa, casi castrense, y en lo deportivo decide constituir un grupo muy amplio de pilotos de fábrica a sueldo de la marca. El equipo oficial estaba compuesto por Josef Stelzer, Ernst Henne, Hans Hoenius, Paul Köppen, Toni Bauhofer, Karl Gall y Georg Meier. En aquellos primeros años, Stelzer se erige como la principal figura del equipo BMW, ya que en 1927 conseguirá el triunfo en el Gran Premio de Europa de 750, la competición antecesora del Campeonato del Mundo de Velocidad, que se realizó entre 1924 y 1937, cuya sede esa temporada fue el nuevo circuito de Nürburgring, que había sido inaugurado meses atrás. Este será el primer título oficial en la historia de la marca.

Al final de la década, BMW se consagra a los récords de velocidad, una modalidad que será la más importante de su departamento de competición. Mientras británicos y franceses se veían las caras entre el verano y el otoño en Arpajon, los metódicos alemanes trabajaban en secreto sobre una R 63 modificada, cuyo motor boxer de 735 cc ya alcanzaba de serie los 36 CV de potencia. Con una oportuna preparación, la versión de carreras rondaba los 40 CV. En contra de la opinión de Max Friz, el padre del boxer de BMW, se introdujo el uso del compresor para ganar potencia, un trabajo que estuvo a cargo de Josef Hopf, que después de múltiples pruebas en busca de la aleación que soportara los esfuerzos de la elevada temperatura del motor, terminó diseñando su propio compresor que, funcionando a una presión de 1,2 bares, permitía alcanzar los 70 CV de potencia a 6.000 rpm. Prácticamente duplicaba la potencia

A partir de 1929, BMW se concentrará especialmente
en la caza del récord de velocidad.

del modelo de serie, y permitía a BMW plantar cara a la pérfida Albión con una moto de cilindrada inferior, con lo que de una sola tacada podría sumar dos récords, el de 750 y el de 1.000 cc.

Los británicos seguían trabajando en sus colosales motores JAP V2 de 1.000 cc. El 25 de agosto de 1928 Owen Baldwin atacará en Arpajon la barrera de los 200 km/h, después de cuidar algunos detalles aerodinámicos. Su Zenith JAP es de lo más espartana y carece de carrocería, y Baldwin luce un mono blanco de lona, de amplia hechura, que flamea al viento con la aceleración, perjudicando la aerodinámica del conjunto. Consigue ceñirlo más a su cuerpo con esparadrapo y vendas, y así logrará establecer un nuevo registro: ¡200,56 km/h! La barrera había caído.

Le Vack, el gran especialista europeo de la velocidad, tenía el ánimo muy picado, como cantaba Javier Krahe en *Villatripas*. Justo un año después de que Baldwin consiguiera el récord, terminó de afinar de nuevo su Brough Superior JAP y mejorar notablemente esa marca, consiguiendo 207,73 km/h. ¡Pero qué poco dura la alegría en casa del pobre! El 19 de septiembre de 1929, apenas tres semanas después de que Le Vack estableciera su registro, la BMW R 63 modificada con Ernst Henne a los mandos alcanzará el récord de velocidad en la autopista Múnich-Ingolstadt: 216,75 km/h. En la década siguiente, BMW será la referencia en este terreno.

Aquella fue una jornada doblemente festiva para Henne. Por un lado estableció una nueva marca, y por otro salió indemne de un fortísimo accidente en una de sus pasadas. El eje de una de las ruedas se rompió a alta velocidad cuando Henne se aproximaba al punto de medida, sufriendo una caída en la que arrasó los instrumentos de medida, pero sobrevivió sin daños mayores al impacto. Henne sufrió algunos accidentes muy graves durante su etapa como piloto de récords que le incapacitaron para incorporarse al servicio activo en la *Luftwaffe* durante la II Guerra Mundial, quedando adscrito a tareas administrativas. Henne se reveló como un ser humano de una fortaleza vital sin igual. Dejando a un lado su dura niñez, al quedarse huérfano de padres a los cinco años, solo tres años antes de lograr su primer récord tuvo una caída sobre el hielo y sufrió una fractura de cráneo que lo dejó varios días en coma. De hecho lo dieron por muerto, y hasta se llegó a publicar su obituario, pero recuperó la conciencia, se levantó y abandonó el hospital a las pocas horas. Alquiló un carruaje para regresar a su casa, pero tuvo un nuevo accidente y volvió a golpearse la cabeza, ingresando inconsciente de nuevo en otro hospital. Y volvió a levantarse, y regresó a la competición, hasta que en 1927 ingresó en el equipo BMW. Como decíamos, los médicos militares le declararon incapaz para el servicio, pero Henne gozó de una larga y formidable carrera, y vivió hasta los 101 años, a pesar de lo duras y peligrosas que fueron las competiciones en las que se implicó al máximo.

No podemos decir que BMW sorprendiera con su récord, porque, hasta que llegó el momento de la tentativa, las pruebas que realizó Henne con su moto las desarrolló en la propia autopista, con tráfico abierto y a la vista del público. Los habitantes de la zona terminaron por acostumbrarse a las casi rutinarias pasadas de ese demonio negro que avanzaba por la carretera a una velocidad increíble. Para Henne y el equipo BMW lo más preocupante en su tentativa era controlar a los curiosos, porque con cada nueva jornada de pruebas se iban apostando a los lados de la autopista más y más personas. Llegada la fecha de la tentativa, como se le había dado mucha publicidad — el marketing no es un invento moderno—, ese día hubo cerca de dos mil espectadores en la zona de la tentativa, que se asomaban curiosos al borde de la autopista, y Henne tenía miedo de que algún despistado llegara a cruzarse en su camino, con las terribles consecuencias que ello podría suponer para todos. Afortunadamente, y a pesar del accidente sufrido por Henne al final de la jornada, todo salió bastante bien.

¿Cómo se sentía Henne rodando a esas velocidades? Atendiendo a sus palabras, debió de ser lo más parecido a un hombre-bala. «Los árboles que había a los lados de la carrera daban la impresión de crear un tubo, a través del cual yo estaba siendo disparado», dijo el piloto alemán. Menuda sensación.

El récord de Henne no fue acogido de buen grado por los británicos, que parecían convencidos de que disfrutarían de un reinado eterno sobre el deporte del motor, o al menos durante décadas. En Reino Unido se atacó a la tecnología alemana y se puso en cuestión el uso de motores comprimidos. Seguramente estaban despechados al ver cómo la industria teutona había sido capaz de recuperarse de las imposiciones del Tratado de Versalles en menos de una década, diez años en los que, lejos de cerrar las heridas de la guerra, se había ahondado en la desconfianza y en el recelo por ambas partes.

«¡Los récords marcados por Ernst Henne con la BMW Kompressor son una amenaza! Los ingleses están intentando evitar por las buenas o por las malas que los récords de Henne sean aprobados hasta que su industria esté en condiciones de lanzar su próxima tentativa», escribía la revista alemana *Motor und Sport* en enero de 1930. «Ladran, luego cabalgamos», como escribía Rubén Darío. En el despacho de Múnich, Franz-Josef Popp, el director de BMW, debía de sonreír con satisfacción.

BMW, tras el éxito cosechado en sus primeras tentativas en 1929, concentrará el grueso de su actividad en competición en esta especialidad, con Ernst Henne como principal piloto. Entre 1929 y 1937, BMW y Henne atacarán el récord en diferentes categorías, de 500 a 1.000 cc, con éxito en todas ellas. Sus rivales británicos lo seguirán intentando. «Si no puedes a tu enemigo, únete a él» es un lema tan manido como oportunista que nos hemos hartado de oír, y que le va al pelo en este lance a los británicos, que, viendo que la BMW con compresor alcanzaba unas prestaciones brutales, decidieron empezar a trabajar la sobrealimentación en los motores JAP de carrera larga. Joe Wright como piloto y Claude Temple como técnico —él mismo había llegado a marcar dos récords en 1923 y 1926— desarrollan la OEC Temple JAP a lo largo de 1930. Como era habitual, fueron a medirse a Arpajon, el centro de referencia de la época, donde la caza del récord de velocidad se había convertido en un festival, donde se vivía un ambiente excepcional con toda la localidad volcada alentando a los participantes. El 24 de agosto, Wright marcó 216,48 km/h, quedando a solo unas décimas del récord de Henne. No se rindió. Volvió a intentarlo una semana después, logrando llegar a los 220,99 km/h.

Pero BMW no había dicho su última palabra. Tres semanas después, Henne regresó a la autopista Ingolstadt-Múnich con la BMW Kompressor y superó ligeramente la marca de Wright, rodando a 221,54 km/h. Nuevo récord.

Perder el récord en tan breve espacio de tiempo hirió el orgullo de Wright, que tenía algunas ideas para mejorar la moto. Eso no era lo más difícil: lo verdaderamente complicado era encontrar un lugar donde realizar la nueva tentativa. Ni Arpajon ni Ingolstadt estaban disponibles en el otoño, y en Reino Unido seguía imperando la prohibición de cerrar las carreteras públicas para pruebas de velocidad. El Cork Motor Club de Irlanda salió en su ayuda, ofreciendo la carretera de Carrigrohane, en las cercanías de Cork, que disfrutaba de una larga recta que discurría en paralelo a la nueva línea del tranvía de Blarney, y que disfrutaba de un firme de buen agarre, apenas asfaltado tres años antes. Temple reservó la carretera de Carrigrohane y consiguió que el concejo de Cork adelantara las 200 libras esterlinas de fianza requeridas por la FICM para la asistencia de sus comisarios y cronometradores.

Otro detalle importante era la inversión realizada por OEC (Osborn Engineering Company), que esperaba llegar al popular London Motorsport Festival, en diciembre, con el prestigio de poseer el récord de velocidad, lo que se traducía en un buen número de ventas. «El mercado sigue la bandera de cuadros», dijo en una ocasión Francisco X. Bultó. Pero toda la estrategia comercial y de marketing de OEC se vino abajo con la nueva marca de Henne. Por eso, cuando Wright y Temple comentaron que tenían alternativas para mejorar la moto, OEC las apoyó con decisión.

Prepararon con determinación la prueba, encargando nuevos elementos aerodinámicos y confiando en que estas medidas mejoraran las prestaciones, pero no llegaron a tiempo. Trabajaron sobre la OEC-JAP, pero a Cork viajaron también con una Zenith JAP destinada a realizar alguna pasada de prueba para verificar el estado del asfalto. La lluvia del 5 de noviembre impidió que se realizara la tentativa, que tuvo que retrasarse al día siguiente. El 6 de noviembre amaneció perfecto. Wright disfrutó de un equipamiento muy peculiar, con una ropa muy ajustada, gafas especiales y un casco aerodinámico. La OEC arrancó remolcada por el coche de un vecino de Cork, y puso rumbo a la carretera de Carrigrohane para hacer un recorrido de reconocimiento, calentando la moto. En el camino de regreso a la base de operaciones, la moto empezó a fallar. Mientras Temple se ponía manos a la obra para localizar el problema, Wright cogió la Zenith para hacer una pasada de prueba. Las sensaciones fueron tan buenas que no quiso esperar a la OEC, e hizo una pasada cronometrada en la que marcó 243,96 km/h, que superaba en 21 km/h la marca de Henne. Todos quedaron sorprendidos. Realizó una segunda pasada en sentido contrario, tan rápida como la primera, pero, sorprendentemente, no se pudo registrar…

Todo sucedió en unos segundos. El viento tiró una pancarta publicitaria de BP Motor Spirit, precisamente uno de los patrocinadores de Wright, y los cronometradores abandonaron su puesto para retirarla de la carretera y sujetarla contra el muro del

Joe Wright junto a la OEC JAP, que luce con orgullo en
el estand de la marca en el London Motorsport Festival.
Sin embargo, el récord se consiguió con una Zenith…

lateral de la pista, justo a tiempo de que llegara Wright y pudiera superar sin problemas el punto de cronometraje. A pesar de todo, se dio como velocidad de paso 238,43 km/h. Combinado con el tiempo invertido en la pasada en sentido contrario, Wright acababa de establecer un nuevo récord: 242,59 km/h. Palabras mayores. Seguramente se había batido el récord de Henne, pero no existía la certeza de que así hubiera sido, porque no se pudo efectuar la medición. Sin embargo, los cronometradores de la FICM dieron por bueno el resultado, y los periodistas presentes no se enteraron o no quisieron enterarse de las condiciones en que se había logrado la marca. Wright fue incapaz de percibir lo que había sucedido, y no conoció hasta más tarde cómo los cronometradores le habían salvado de un accidente de consecuencias inimaginables, y Temple, en la base de salida, tampoco conoció inicialmente los detalles.

Lejos de respirar aliviados, parece que en ese momento empezaron verdaderamente los problemas para Wright y Temple. Patrocinados por OEC, la marca británica no podía permitirse que se publicitara que el récord se había conseguido con Zenith, un fabricante que ya se encontraba en dificultades e iba camino de la bancarrota. Así que ese fue el punto de partida de un hilo de mentiras que comenzaron a gravitar en torno a este récord. Lo de menos fue que se mantuvo la mentira piadosa de que OEC JAP figurara como marca con la que se consiguió el récord. Pero para más ignominia, en el London Motorsport Festival el estand de OEC lucía con orgullo la moto que se averió en la tentativa, como si hubiera sido la que consiguió el récord...

Semanas después, sin saber muy bien por qué y cómo, se desató el escándalo, con todos los diarios y las publicaciones de motor especializadas rasgándose las vestiduras por la indignación de haber estado informando sobre algo de lo que no tenían la menor idea, porque solo los verdaderos protagonistas conocían la verdad. Aquello despertó el recelo de la FICM, que ya el 10 de diciembre hablaba abiertamente de sospechas sobre conductas irregulares en aquella jornada en Cork. Aquello ponía en duda la reputación del motociclismo británico. Los editoriales más patrióticos descargaban de responsabilidad a Wright y Temple, alegando que lo sucedido tuvo lugar «en el

Estado libre de Irlanda, y el jefe de cronometraje era francés», lo que, a decir de ellos, exculpaba a cualquier británico implicado en el engaño, y sobre todo a los honrados hombres de OEC. No pintaba bien el desenlace, pero sorprendentemente el tiempo pasó, llegó la Navidad y, de repente, cuando ya nos encontramos en 1931, todo el mundo se había olvidado de aquellos lamentables incidentes. Claro, la suerte que tuvieron los británicos fue que no hubo ningún corresponsal alemán desplazado a Cork. *Das Motorrad*, la revista especializada alemana, ignoró la polémica y simplemente informó de que Wright había batido el récord de Henne «con facilidad, llegando a alcanzar los 243 km/h con viento de cola».

Ciertamente, el viento se presentó como un elemento fundamental para alcanzar semejante registro. En la carrera por el récord, ganar 1 km/h suponía un esfuerzo titánico, pero Wright había mejorado la marca en más de 20 km/h. Eso suponía que esa pugna que había permitido asistir a nada menos que tres récords en solo diez semanas se iba a interrumpir durante algún tiempo, porque se iba a hacer necesario un trabajo mucho mayor y una enorme cantidad de dinero para poder pagarlo.

Esta pugna por el récord de velocidad comenzaba a parecerse a un partido de tenis, en el que los dos jugadores se dedican a restar las voleas desde el fondo de la pista, una situación en la que dos experimentados tenistas podrían mantenerse durante horas. Solo hacía falta que alguien cambiara el ritmo del juego, que desequilibrara la balanza.

HITLER Y MUSSOLINI ENTRAN EN JUEGO

El 30 de enero de 1933, Paul von Hindenburg, presidente de la República de Alemania, nombra canciller a Adolf Hitler, a pesar de no haber ganado las elecciones realizadas en el otoño de 1932. Es un tiempo políticamente muy convulso. El anciano Hindenburg, falto de temple y ya próximo a su muerte —que se producirá en agosto de 1934—, cede a las presiones de otros partidos políticos, que deciden respaldar al líder del

NSDAP (*Nationalsozialistische Deutsche Arbeiterpartei*), el Partido Nacionalsocialista Obrero Alemán, considerando que podrían controlarle con su mayoría y aprovechar la situación. Todo parecía bajo control. En su primer Gobierno, Hitler solo contó con dos ministros del NSDAP, pero creó un clima de desestabilización política que desembocó en unas nuevas elecciones el 5 de marzo de ese mismo año. Alcanza el 44 por ciento de los votos. Hitler no tiene la mayoría, pero el ambiente de crispación que han generado los grupos paramilitares de su partido —las SA y SS— requiere una intervención inmediata y expeditiva desde el Gobierno. Reúne al Parlamento alemán para proponer la denominada Ley para la defensa del pueblo y del Estado, que le concedía poderes extraordinarios, permitiéndole promulgar leyes durante un periodo de cuatro años sin que fuera necesaria la aprobación del presidente ni el Parlamento. 444 parlamentarios votaron a favor y 94 en contra. El desastre se había consumado.

Con Hitler en el poder y convenientemente regado con el dinero de los Thyssen, los Krupp, y los Flick, 700 millones de marcos alemanes anuales hasta el final de la guerra, cualquier actuación destinada a engrandecer el nombre de la nación alemana era apoyada sin reservas desde el poder. «El deporte del motor se ha convertido en deporte del pueblo, al servicio de la nación», declaró Adolf Hühnlein, director del NSKK (*Nationalsozialistisches Kraftfahrkorps*, el Cuerpo Motorizado Nacionalsocialista). Los éxitos deportivos automovilísticos y motociclistas eran un excelente argumento de propaganda, además de ser el laboratorio ideal para el desarrollo de la nueva tecnología motorizada.

Así, los trabajos de BMW en su carrera por el récord de velocidad recibieron todos los recursos de la ingeniería alemana disponibles en esos momentos, que no eran pocos.

Las altas velocidades que se alcanzaban hacían necesario trabajar en la aerodinámica. Zeppelin puso a disposición de BMW su túnel de viento, la instalación más moderna de esas características de su tiempo, donde se probaban modelos a escala de los famosos dirigibles, y donde más tarde se evaluaron los Heinkel y Messerschmitt que empleó la Luftwaffe en la II

Guerra Mundial. Siendo justos, hay que reconocer que BMW inició esos trabajos en 1931, antes de que Hitler ascendiera al poder. Ya entonces eran conscientes de que, dadas las altas velocidades en las que se movía el récord, era necesario perfeccionar la aerodinámica de la moto y del piloto, con la idea de crear un único elemento. De esta forma, desarrollaron un casco aerodinámico y un apéndice posterior en forma de embudo, que se acoplaba al trasero del piloto, mejorando notablemente el rendimiento. Este llevaba un ajustado traje de algodón engomado que evitaba cualquier freno aerodinámico del equipamiento, como sucedía en el pasado.

El trabajo de desarrollo prosiguió durante prácticamente tres años, con tentativas en varios escenarios. La marca de Wright fue tan elevada que hizo falta mucho tiempo para superarla, hasta que, el 18 de noviembre de 1933, BMW desplazó su equipo hasta la localidad húngara de Tat, donde Henne fue capaz de rodar a 244,40 km/h, lo que mejoraba la discutida marca de Wright conseguida en Cork. Y once meses después, el 16 de octubre de 1934, en Gyon (Hungría), Henne volvía a mejorar el registro dejando el récord de velocidad en 246,069 km/h.

Hühnlein, el líder del NSKK, ensalzó la gesta de Henne: «Como una purificadora lluvia de primavera, el nacionalsocialismo ha limpiado el letargo de la posguerra y dado una nueva visión del deporte del motor, como en todo lo demás. Todo fluye y está en movimiento. La camaradería de aquellos dispuestos a construir este deporte ha convencido sus mentes de que están orientados hacia un único objetivo, ¡Alemania!».

En 1935 BMW pone en pista la que será, sin lugar a dudas, la moto más importante del momento, la BMW R5 Kompressor, de 492 cc y una potencia de 90 CV, con la que la barrera de los 300 km/h comenzó a estar al alcance del ser humano. Su evolución llevó a realizar en 1936 una carrocería completa, con carlinga incluida, que tenía el aspecto de un pequeño avión sin alas. Con la nueva aerodinámica, Henne padecía enormes problemas de manejabilidad cuando superaba los 240 km/h. Los problemas no se solucionaron hasta que intervino Ferdinand Porsche, diseñando una cola de pez que aportó la estabilidad necesaria.

Por entonces, otro actor había entrado en juego: Italia. Desde su Marcha sobre Roma en 1922 al frente del Partido Nacional Fascista, Benito Mussolini, *il duce*, impuso un régimen totalitario, la dictadura fascista, que propugnaba la creación de una Gran Italia que reinara sobre el Mediterráneo, rememorando los lejanos tiempos del Imperio romano, lo que le llevó a una guerra de conquista colonial por Túnez, Libia, Abisinia y Etiopía, con el beneplácito de la débil Sociedad de Naciones nacida tras la I Guerra Mundial, que no supo parar los pies al bravucón de Mussolini, quizás porque, con su rimbombante coreografía, más que un estadista serio parecía un actor de ópera bufa. Es el problema de no tomárselos en serio. Y como vemos en la actualidad, nunca aprendemos.

Lo cierto es que Mussolini, que se vanagloriaba de ser competente en todo, hasta montando en moto, no dudó en aprovechar los éxitos de la industria motociclista italiana en su beneficio. Italia vivía un momento de expansión tecnológica. Hay que remontarse a años inmediatamente posteriores a la I Guerra Mundial. Los jóvenes ingenieros Piero Remor y Carlo Gianini se asociaron al conde Bonmartini, un pionero de la aviación comercial italiana, y crearon GRB. Su primer diseño fue un motor de cuatro cilindros en línea. El conde Bonmartini, que poseía CNA (Compagnia Nazionale Aeronautica), quedó tan impresionado con el trabajo de GRB que buscó nuevos recursos con los que seguir desarrollando el prototipo. Creó una nueva empresa, OPRA (Officine di Precisione Romane Automobilistiche) y logró financiación de acaudalados miembros de la aristocracia italiana vinculados al clero vaticano y al preponderante fascismo.

La principal actividad de OPRA era la aeronáutica, por eso el progreso del proyecto de Remor y Gianini fue lento, ya que también tenían que dedicarse a los proyectos aeronáuticos de la marca, y Gianini terminaría finalmente decantándose por esta área de trabajo, realizando ambiciosos proyectos experimentales, como un motor X-12 de aviación. Por su parte, Remor consiguió tener listo su motor tetracilíndrico de 500 cc con culata refrigerada por agua en 1929. La fábrica buscó un piloto acorde con el esperado buen nivel de la moto, y optó por Piero Taruffi, que además de un brillante competidor también era ingeniero, por lo que cumplía el perfil de piloto de pruebas. Taruffi compaginó su trabajo de desarrollo de la OPRA 500 con las carreras, tanto en la moto italiana como en su propia Norton, que él mismo preparaba.

Sin embargo, las primeras competiciones fueron un fracaso, sufriendo muchas averías, lo que desanimó al equipo. De hecho, esos reveses fueron los que hicieron que Gianini se centrara en proyectos aeronáuticos. Juntos formaban un gran conjunto, pero por separado asomaban las carencias. Según Taruffi, «Remor era un brillante matemático y Gianini era muy creativo. Juntos podían resolver cualquier problema teórico, pero necesitaban urgentemente a alguien con experiencia práctica y habilidad para pilotar la moto al límite».

Pero las cosas no son tan fáciles. Los problemas disolvieron el equipo: Taruffi regresó a sus Norton, Gianini se centró en la aeronáutica, y Remor comenzó a tener dificultades por su carácter, enfrentándose al conde Bonmartini por sus desacuerdos en las medidas que debían tomar para mejorar el diseño. Y así, en 1930, se despidió. Esos cambios de rumbo tan airados marcarían su carrera profesional. Se fue a OM (Officine Meccaniche), a diseñar motores de coche.

El proyecto OPRA, sin embargo, no cayó en saco roto. En 1933 Bonmartini requirió a Gianini para que recuperara el proyecto, de nuevo con la colaboración de Taruffi —que ya por entonces también estaba centrado en las competiciones automovilísticas con Maserati—, bajo la denominación CNA Rondine (en italiano, «golondrina»). Taruffi destacó en algunas carreras y fue especialmente notable por los récords de velocidad que llegó a conseguir. Pero se vivía en un periodo de gran inestabilidad, absolutamente volátil. En 1934 Bonmartini vendió CNA a la aeronáutica Caproni, que no tenía mucho interés en el motociclismo. Taruffi vio que el proyecto podría perderse y se puso en contacto con Giuseppe Gilera, constructor motociclista muy interesado en la competición como escaparate para sus productos. Gilera negoció con Caproni y en 1936 adquirió todo el material de competición (seis unidades construidas), con lo que las CNA Rondine pasaron a denominarse Gilera.

Justo antes de eso, la CNA Rondine 500 se había convertido en un inesperado actor en el mundo de los récords de velocidad. El 19 de noviembre de 1935 Taruffi había sido capaz de rodar a 244,870 km/h en la autopista Lucca-Altopascio, a menos de 2 km/h del récord de Henne. Nadie contaba con ellos, pero ahí estaban.

Mientras tanto, Henne y la BMW R5 Kompressor seguían progresando en su carrera en busca de los 300 km/h. Para resaltar aún más el éxito nacionalsocialista, la grandeza de lo alemán, las tentativas pasaron a realizarse en la *autobahn* de Fráncfort. Allí se realizaron dos tentativas exitosas en el otoño de 1936. El 27 de septiembre Henne alcanza los 256,046 km/h con la R 63 Kompressor de 735 cc, un nuevo récord de velocidad. Dos semanas después, regresa al mismo escenario con la nueva R5 Kompressor de 492 cc, con la que llegará a los ¡272,006 km/h! La barrera de los 300 km/h está realmente al alcance de la mano.

El trabajo aerodinámico realizado por BMW resultará clave para esta progresión, pero ello no quería decir que fuera más fácil. Seguramente era todo lo contrario. Henne estaba preocupado por la complicada manejabilidad de la moto con aerodinámica integral, que parecía un avión de combate sin alas. Resultaba tan ajustada que Henne tenía que pilotar sin casco para poder acoplarse al diseño de la carrocería. En ocasiones, prescindía de la carlinga para poder emplear la parte superior de su cuerpo para ayudar a dirigir la moto. Dominar la montura en esas condiciones resultaba heroico.

Con semejante cobertura estatal por parte de Alemania e Italia para sus fabricantes y sus pilotos, nadie se esperaba que a esas alturas entrara en escena un piloto británico que, por su propia iniciativa, se convirtió en un contendiente imprevisto. Se llamaba Eric Crudgington Fernihough, y era un ingeniero y químico graduado en Cambridge, que sacrificó toda su existencia en pos del récord de velocidad. Antes de llegar allí fue un consumado especialista en las categorías inferiores de la época. Corrió el Tourist Trophy en 1927 en la clase *Lightweight*, sin mucho éxito, y en 1930, Fernihough fue subcampeón de la categoría de 175 cc en el Gran Premio de Europa, disputado en Spa, corriendo con una Excelsior, y al año siguiente logró el título de la categoría en Montlhéry. Luego descubrió el embrujo de la velocidad.

Fernihough trabajó en el motor V2 de Brough Superior SS100 de 998 cc, introduciendo algunos cambios en el sistema de sobrealimentación. *Ferni*, como se le conocía familiarmente, era un piloto talentoso y un hábil ingeniero, y también se distinguía por ser una persona bastante peculiar. Vivía una vida austera, marcada por los sacrificios, para destinar todo el dinero disponible a la preparación de la moto. Su comportamiento a veces rondaba lo ridículo. Reutilizaba los trapos que empleaba para limpiar el motor, y a su ayudante le obligaba a usar papel de periódico para esa labor, y cuando este le pedía más papel, *Ferni* le decía que con un periódico al día debía tener más que suficiente…

También era un tipo supersticioso. Tuvo una mala caída el 13 de julio de 1933. Un viernes 13 volvió a sufrir un fuerte accidente, lo que le llevó a desconfiar de esa cifra. Fue tan reacio que rechazó realizar tentativas de récord en cualquier día 13

Eric Fernihough encarnó una carrera en solitario contra BMW y Gilera sin el apoyo de ningún fabricante británico. Todos lloraron su muerte, pero ninguno le prestó ayuda cuando más la necesitó.

de cualquier mes. Y para conjurar ese maleficio que decía que le habían echado, pintó un gato negro en su casco y en el frontal de todas sus motos, una imagen que siempre le acompañó y que provocó que tanto él como sus motos fueran conocidos como *scalded cats*, «gatos escaldados».

Nadie podía imaginar que un personaje tan extravagante, más parecido a un sabio loco que a un técnico riguroso, en comparación con el equipo de ingenieros que respaldaba las tentativas de Henne y Taruffi en BMW y Rondine/Gilera, respectivamente, pudiera plantar cara a las mejores industrias motociclistas europeas. Al final, la lucha de Fernihough representó una carrera contra el fascismo. Sus horas de trabajo en Brooklands, sin patrocinadores ni el respaldo de un fabricante, luchando para conseguir recursos económicos —como la exhibición para realizar el récord de velocidad en el circuito británico en 1935, donde alcanzó los 198,88 km/h—, al final terminarían dando sus frutos.

Ya en noviembre de 1936 fue capaz de rodar en Gyon a 263,646 km/h, una marca sin duda excelente. Estaba convencido de que podría atacar el récord de Henne. Así, en abril de 1937, *Ferni* regresó a Gyon. Tuvo muchos problemas de puesta a punto con la moto, con continuos fallos de las magnetos. Hasta tuvo que desplazarse a Budapest para encontrar un taller especializado que le ayudara a solucionar el fallo. Regresó a Gyon el día 19 para atacar el récord. Fue una jornada complicada, con mal tiempo y mucho viento, pero al final del día se dieron las condiciones favorables para que pudiera realizar sus tentativas. Unos de sus ayudantes, mientras revisaba la pista, se encontró una herradura, y el equipo lo interpretó como un buen augurio.

Efectivamente, cuando salió a pista disfrutó de buenas condiciones y Fernihough las aprovechó al máximo, alcanzando los 273,244 km/h, que superaba por poco más de 1 km/h el récord de Henne. No contento con eso, también estableció un nuevo récord de velocidad en sidecar, alcanzando los 220,655 km/h. Éxito absoluto.

El regreso de Fernihough fue de lo más jubiloso. El equipo se desplazaba por carretera en un gran camión Ford, donde trasladaba sus motos y su equipamiento. Atravesaron Hungría, Austria, Alemania y Bélgica en su camino de regreso a casa, y en numerosas ciudades fueron objeto de un caluroso homenaje organizado por los clubes locales, que salían a su encuentro con una caravana de vehículos y les agasajaban con copiosas cenas. El viaje fue de celebración en celebración, pero al llegar a Reino Unido, nadie los esperaba al desembarcar en Dover, ni tampoco en Brooklands, en su casa. *Ferni* y los suyos añoraban tanto cariño recibido en el continente cuando apareció un oficial uniformado que le entregó un sobre. Fernihough lo abrió y no dio crédito: era una multa de dos chelines y cuatro peniques. Era lo último que se podía esperar. ¿Y por qué no un reconocimiento desde la Corona, nombrándole Caballero del Imperio Británico, como se hizo con Malcolm Campbell y Henry Seagrave cuando lograron sus récords de velocidad automovilísticos?

Fernihough explotó cuanto pudo su récord. En junio fue el invitado de lujo en el Dutch TTt de Assen, donde realizó una vuelta de exhibición con su moto. Disfrutó al máximo del momento porque sabía que, tarde o temprano, llegaría la respuesta de sus competidores. El 21 de octubre de 1937, Taruffi atacó el récord de *Ferni* con una nueva Gilera en la *autostrada* Brescia-Bérgamo. El equipo italiano había desarrollado una carrocería aerodinámica en colaboración con Caproni, cuyos estudios fueron aprovechados por el fabricante italiano para la elaboración de la carlinga de un avión de combate. Esa carrocería, realizada en aluminio, cargaba a la Gilera con 20,5 kilos más, pero su excelente penetración aerodinámica permitía mejorar en 56 km/h su velocidad punta. Sin embargo, como le sucediera a Henne con la BMW R5 de aerodinámica cerrada, la moto se volvía muy inestable cuando se acercaba a los 250 km/h, así que Taruffi decidió prescindir de la zona central de la carrocería, manteniendo solo la carlinga delantera y la cola trasera. Y fulminó el récord de Fernihough por menos de 1 km/h: 274,181 km/h.

Su reinado sería breve. En noviembre, Henne y la BMW R5 Kompressor, que ya alcanzaba los 108 CV de potencia, ponen rumbo a la *autobahn* de Fráncfort con una nueva aerodinámica desarrollada en el túnel de viento de Messerschmitt. Una gran aleta dorsal fue añadida a la moto para solucionar los problemas de estabilidad, que estuvieron a punto de provocar un accidente de Henne, del que se salvó milagrosamente gracias a su habilidad. Lucía sendas esvásticas nazis en los lados de la aleta, que se mostraban prominentes. No era para menos, porque esta tentativa de récord se desarrolló a lo largo de un evento de cinco días en los que BMW, DKW, Auto Union y Daimler-Benz iban a buscar la máxima velocidad por la gloria del Reich y su *führer*.

Las pruebas con la nueva BMW R5 revelaron que las mejoras aerodinámicas la hicieron aún más difícil de controlar, provocando la desconfianza de Henne. «¡A un competidor alemán no le está permitido tener miedo!», respondió Hühnlein, el director del NSKK, al escuchar las quejas de Henne.

Con buen criterio, decidieron introducir cambios en las aletas de cola, y eliminar la carlinga, lo que permitió a Henne volver a usar su casco. Con esa nueva configuración lo volvió a intentar el 28 de noviembre, consiguiendo superar la marca de Taruffi para rodar a 279,503 km/h, un récord increíble.

Ernst Henne y la BMW R 5 Kompressor con la que establecería el récord de velocidad en 1937.

Dos meses después, Henne anunció que abandonaba la carrera por los récords de velocidad, porque consideraba que el riesgo que se estaba alcanzando ya era excesivo. Fernihough, sin embargo, lo seguiría intentando. Pasó ese invierno recuperándose de una complicada fractura de brazo sufrida en el mes de julio en el Gran Premio de Suecia, que necesitó de tres operaciones. Pero en la primavera de 1938 estaba listo para intentarlo de nuevo, así que puso rumbo a Hungría para realizar una nueva tentativa en la carretera de Gyon. Sin embargo, el 12 de marzo de 1938 Hitler inició el *Anschluss*, la anexión de Austria en el camino para la formación de la Gran Alemania. A Fernihough aquello no le alteró y mantuvo sus planes, aunque eso suponía tener que atravesar Alemania y Austria en unos momentos tan delicados. En abril pusieron rumbo a Hungría. Al adentrarse en Alemania y Austria se toparon con frecuencia con movimientos de tropas de la

Neville Chamberlain exhibe el documento firmado por Hitler en Munich. Si hubieran preguntado al bueno de Ferni habría dado una información más veraz sobre lo que estaba sucediendo en el Este de Europa.

Wehrmacht, unidades motorizadas bien equipadas, y tuvieron que superar frecuentes puntos de control. Por suerte para ellos, nadie los tomó por espías británicos, que habría sido lo más normal dadas las circunstancias. Al llegar a Gyon se encontró con un clima horrible que imposibilitaba cualquier tentativa, y no dudó en regresar a casa de inmediato, realizando un viaje relámpago.

Más le hubiera valido al Foreign Office británico haber preguntado al intrépido Fernihough por aquellos movimientos de tropas en el corazón de Europa para conocer la realidad de la situación y así poder entender las verdaderas intenciones de Adolf Hitler. Seguramente, con esa información se habrían ahorrado el ridículo que sufrió el primer ministro Neville Chamberlain cuando viajó en septiembre a Múnich para encontrarse con Hitler y aceptó firmar el ominoso Acuerdo de Múnich, que puso a Checoslovaquia a los pies de los caballos... alemanes.

Fernihough no tardó en regresar de nuevo a Gyon. Fue a finales de abril. Le esperaban los miembros del Royal Hungarian Automobile Club, que serían los encargados de homologar los registros, y se acordó que la tentativa se realizara el 23 de abril. *Ferni* cumplió con su protocolo habitual, su pasada por el recorrido para calentar el motor y revisar la pista, y Rowland, su ayudante y compañero de fatigas, colocó, como era su costumbre, su camión a mitad de recorrido para controlar su paso. En la primera pasada, rodando a fondo, la moto empezó a agitarse y vibrar, mientras Fernihough intentaba desesperadamente hacerse con el control, hasta que fue descabalgado y salió volando hacia un muro cercano, mientras la moto se destrozaba. Cuando llegaron hasta él, Fernihough yacía inconsciente. Trasladado al cercano hospital de Semmelweis, solo pudieron certificar su muerte a causa de una fractura de cráneo. Al parecer, una ráfaga de viento fue responsable del accidente.

La noticia de su muerte llenó de dolor a los grandes aficionados europeos, que mostraron su apoyo y sus condolencias a Rowland en su solitario viaje de regreso a casa. «Pobre Ferni: le echarán de menos mucho más en el continente que en

Inglaterra», escribió Rowland. El día de su entierro llegó al cementerio de Boscombe una corona de flores desde Alemania, enviada por Ernst Henne. «A mi caballeroso camarada», decía en la cinta.

Los medios británicos, que nunca le mostraron apoyo, escribieron compungidos obituarios, y todos lamentaron la enorme pérdida que suponía para el prestigio del motociclismo británico la muerte de Fernihough. Se ve que en Reino Unido también se entierra muy bien.

La industria de guerra y el impulso de la motorización

Es así de triste, pero esta es la realidad. Desde siempre, las guerras y el desarrollo de la industria bélica han impulsado determinadas tecnologías, que finalmente han encontrado un uso civil del que se ha podido beneficiar toda la sociedad. Pero hasta llegar a ese punto, ha habido mucho dolor y mucho sufrimiento.

Como contábamos en el capítulo anterior, se inició con la intervención de empresas aeronáuticas, como Zeppelin, y directamente otras relacionadas con la industria bélica, como la italiana Caproni que, antes de iniciar su colaboración con Gilera realizando la aerodinámica para su 500 «caza-récords», había sido propietaria de CNA (Compagnia Nazionale Aeronautica), la marca que desarrolló la Rondine 500 cuatro cilindros diseñada por Piero Remor. La adquirió en 1934, pero como el interés de Caproni no eran las motos, sino los aviones, no dudó en vendérsela a Giuseppe Gilera, fabricante de motos y apasionado de la competición, que se hizo con todo el material del departamento de carreras y las motos pasaron a llamarse Gilera. En Alemania también hubo una estrecha colaboración entre Messerschmitt y BMW. En la caza del récord de velocidad, las motos dejaron de parecer motos y se convirtieron en pequeños aviones sin alas. Resultará inevitable encontrar una familiaridad entre estas y los cazas de combate que, en los años posteriores, cobrarán un siniestro protagonismo durante la II Guerra Mundial.

Pero yendo a terrenos más afines al título de este capítulo, el aprovechamiento de la industria de automoción por parte de

Adolf Hitler fue clave para llevar adelante sus planes, porque el cabo austriaco tenía claro que la motorización sería un elemento fundamental en el conflicto bélico que estaba dispuesto a iniciar. Las tropas debían moverse rápido y con autonomía, y qué mejor instrumento que los vehículos motorizados. Las motos cobraron gran importancia en la *Wehrmacht*, y de todas ellas la más célebre fue, sin lugar a dudas, la BMW R 75, también conocida como BMW «guerra».

Antes de que se desatara la locura, en ese momento en que la laboriosa Alemania llevaba a cabo una variada producción industrial de lobos con piel de cordero, el Gobierno de Hitler planteó al fabricante muniqués el desarrollo de una moto con sidecar, potente y con gran capacidad de carga, desarrollando un muy preciso pliego de condiciones sobre las características que precisaba la montura. Debía tener transmisión a la rueda del sidecar, con cambio de cuatro velocidades, marchas reductoras, marcha atrás, una toma de aire elevada para realizar profundos vadeos y, además, que compartiera al menos el 70 por ciento de sus piezas con la Zündapp KS750, que en los primeros años de la guerra sería el otro modelo masivamente utilizado por la *Wehrmacht* hasta que cesó su producción en 1942. Y cesó no por gusto, sino porque los continuos bombardeos aliados prácticamente redujeron a ruinas su fábrica de Núremberg. En 1945, acabada la guerra, la falta de maquinaria y utillaje era tan grande que los apenas 170 empleados que retomaron la actividad de la fábrica solo tenían capacidad para producir pelapatatas y otra serie de utensilios metálicos de pequeño tamaño.

Volvamos a la R 75. Los ingenieros de BMW trabajaron, como siempre, planteándose su labor maximizando las cuestiones técnicas. Fueron continuas las revisiones de desarrollo y supervisión que tuvieron que superar, hasta convertirse en un trámite de lo más corriente. Llegó un punto que ni siquiera preguntaron por el oficial de la *Wehrmacht* que, como una estatua, asistía a las explicaciones técnicas desde una esquina de la sala, sin inmutarse, atento a todos los detalles y sin articular palabra. Total, ¿quién no tiene uno de esos en su trabajo? Hasta que un día, por fin, se levanta y dice: «Eso está muy bien, pero tengan en cuenta que el sidecar debe ser lo suficientemente fornido como para soportar la carga de un soldado equipado con una *Maschinengewehr* 34 y su munición, y un bidón de veinte litros de combustible». Ese no era precisamente el tipo de equipamiento en el que pensaban los ingenieros de BMW cuando se devanaban los sesos sobre el tablero de diseño...

Cuando el 1 de septiembre las tropas alemanas entraron en Polonia y la II Guerra Mundial se desencadenó con la declaración de guerra de Reino Unido y Francia dos días después, todas las empresas capaces de producir equipamiento militar quedaron bajo la dirección del ejército, quitando definitivamente la piel de cordero al lobo.

Sea como fuere, el caso es que BMW recibió todos los parabienes del ejército y pudo iniciar la producción de la R 75, y eso que la actividad industrial se vio seriamente condicionada durante la guerra, porque la factoría de Múnich no tardó mucho en convertirse en un objetivo prioritario de los aliados. En la

La BMW R 75 fue un modelo especialmente capacitado para el uso militar, que posteriormente fue replicado por los soviéticos y los chinos, copia tras copia.

primavera de 1942 la producción de BMW tuvo que trasladarse a Eisenach, en Turingia, al este del país, una región que al terminar la guerra, tras un breve periodo de ocupación aliada, quedó bajo control de los soviéticos, formando parte de la República Democrática Alemana con la fundación del nuevo Estado en 1949.

De la R 75 se llegaron a realizar 18.000 unidades. Era una moto potente, con su motor de 745 cc y sus 26 CV de potencia, y de una notable complejidad técnica por la exigencia de montar tracción al sidecar y marchas reductoras. Tenía una caja de cambios de cuatro velocidades hacia delante más una marcha atrás, y tres velocidades para uso *off road* con tracción al sidecar, más una marcha atrás *off road*. En este sentido, la R 75 estaba más cerca de ser un todoterreno de tres ruedas que una moto con sidecar, al uso de la época. El cambio era manual y de pie, con un selector situado en el lateral derecho del depósito. La transmisión al sidecar era por eje rígido desde la corona trasera de la moto. Tenía dos frenos de tambor de 250 mm en la moto y otro de igual diámetro en el sidecar que se activaba mediante la palanca de freno trasero. Un signo de su avanzado diseño es el hecho de que el sistema de frenos fuera hidráulico en vez de por cable, como era habitual, con lo que los ingenieros de BMW se anticipaban varias décadas en este terreno, porque los frenos hidráulicos no comenzaron a generalizarse en las motos hasta los años setenta.

Tenía un chasis tubular de acero atornillado, dividido en partes independientes para facilitar el mantenimiento o la sustitución de piezas de forma rápida y accesible, incluso en el campo de batalla. De hecho, el diseño de la R 75 la concebía directamente como un sidecar, no como había hecho anteriormente BMW con sus modelos, que eran motos a las que se les podía acoplar el correspondiente sidecar.

Puestos a canibalizar la moto en caso de necesidad, o viceversa, aparte de compartir elementos con la Zündapp KS750, la R 75 también disponía de llantas de 16 pulgadas con neumáticos iguales 4,5" x 16", de perfil cuadrado como en los automóviles, con lo que se podía aprovechar indistintamente en caso de que fuera necesario.

Otro detalle al que se prestó especial importancia fue al combustible, y fue algo en lo que los oficiales de la *Wehrmacht* hicieron mucho hincapié, dado que sabían que en un conflicto armado no siempre se dispone de combustible de suficiente calidad. Por eso impusieron la necesidad de contar con una relación de compresión baja, de solo 5,8:1, lo que permitía emplear carburantes de bajo octanaje o cualquier otro mejunje que hiciera combustión, incluso gasolina sintética, un campo de investigación en el que Alemania ya se había adentrado en aquellos tiempos.

EN TIEMPOS DE PAZ

La guerra también dio paso a un fenómeno que se ha venido conociendo como ingeniería inversa. Hasta 1948, a BMW no se le autorizó que volviera a fabricar motocicletas. Hasta entonces, y como consecuencia de la ocupación aliada y las limitaciones impuestas a su industria, se limitaban a realizar el mantenimiento del parque de vehículos aliado, además de la fabricación de elementos básicos, como menaje y bicicletas. Pero cuando finalmente se levantó el veto a la producción, en BMW tuvieron que partir de cero, porque la fábrica de Múnich había quedado muy dañada en los bombardeos, la maquinaria estaba en pésimas condiciones, e incluso habían desaparecido planos y utillajes de los modelos fabricados antes de la guerra, ya que la mayor parte de esa documentación fue incautada por los soviéticos y enviada a la planta que BMW tenía en Eisenach, que había quedado bajo el control de la URSS.

Los resolutivos ingenieros de BMW solo encontraron en Múnich alguna unidad de la R 23, una sencilla monocilíndrica de 247 cc y 10 CV de potencia, producida entre 1938 y 1940, así como piezas y otra serie de recambios de diversa procedencia. Y entonces, desanduvieron el camino. Partiendo de las piezas crearon los planos, los utillajes y la maquinaria, y desarrollaron la R 24, prácticamente idéntica a aquella, de la que apenas se diferenciaba en su estética. Ofrecía 12 CV de potencia, y su motor giraba a un régimen algo más elevado que aquella. Fue el único modelo producido por BMW en toda la década, aparte de la R 75 «guerra», pero no estaba mal para empezar en un país que había quedado reducido a un montón de escombros.

Un terreno que vivió importantes avances beneficiado por la investigación militar fue el de los neumáticos. El desarrollo de fibras sintéticas y de alta resistencia, que tuvo en el nailon uno de los productos más conocidos, permitió que la técnica de fabricación de los neumáticos experimentara una espectacular evolución. Los fabricantes se dieron cuenta de la enorme ventaja que ofrecían los nuevos materiales por su mayor ligereza y flexibilidad, lo que aumentaba notablemente el agarre de los neumáticos.

Esta fibra fue descubierta por el químico estadounidense Wallace Hume Carothers, que dio con él en 1933, aunque no fue patentado hasta más de un año después de su muerte, muy prematura, el 29 de abril de 1937, dos días después de haber cumplido 41 años. Carothers lideraba el grupo de experimentación del gigante químico DuPont, y era un verdadero prodigio en su sector. Además del descubrimiento del nailon, también tuvo una aportación fundamental en el desarrollo del neopreno. Sin embargo, a pesar del éxito alcanzado, Carothers, que arrastraba trastornos depresivos desde muy joven, cayó en un desánimo constante agravado por problemas de índole familiar, como la muerte de su hermana. Incapaz de superar esos traumas, una tarde de abril se alojó en un hotel de Filadelfia y se suicidó, ingiriendo un cóctel de zumo de limón con cianuro de potasio. El 20 de septiembre de 1938, DuPont registró la patente del nailon, que inicialmente se empleó para hacer cerdas de cepillos de dientes, pero enseguida tuvo una aplicación de lo más atractiva: las medias. Era una fibra elástica que resistía el ataque de la polilla, lo cual era de agradecer. Ay, quién lo hubiera conocido antes. ¡La de zurcidos que se habrían ahorrado las abuelas!

Sin embargo, la guerra encontró otra utilidad al nailon. Las medias pasaron a segundo plano y empezaron a escasear, salvo que formaras parte del ejército estadounidense destinado en Europa, cuyos soldados parecían tener acceso a este producto, que empleaban con frecuencia como moneda de cambio en todo tipo de transacciones. Y hasta ahí puedo leer… El nailon comenzó a emplearse para confeccionar paracaídas y cordaje, y se perfeccionó durante la guerra hasta convertirse en una fibra de múltiples aplicaciones con la llegada de la paz.

Hasta ese momento, el algodón constituía el principal elemento estructural de los neumáticos, y se hacían necesarias varias capas de algodón para crear las lonas que formaban la estructura del neumático. Los fabricantes se dieron cuenta de que con un número menor de capas de nailon, que además resultaban más flexibles y eran también más resistentes, se obtenía un rendimiento muy superior al conseguido con las numerosas capas de algodón empleadas hasta ese momento. Los fabricantes británicos, con Dunlop a la cabeza, y también Avon, enseguida comenzaron a emplear estas nuevas fibras. Si en 1949 el algodón estaba presente en el 51 por ciento de los neumáticos fabricados en Reino Unido, cinco años después solo se empleaba en un 15 por ciento de la producción.

Todo eran ventajas. Además, al ser el nailon más resistente, también se pudo emplear menos goma en la fabricación del neumático, y así este alcanzaba una temperatura de trabajo más baja, generando menos calor y mejorando también la presión de inflado. Eso permitió aumentar la superficie de contacto con el suelo entre un 10 y un 15 por ciento, lo que supuso mayor eficiencia y seguridad. Gracias al caucho sintético desarrollado con las nuevas fibras, se consiguieron crear neumáticos de mejor agarre. El prestigioso ingeniero de carreras Kevin Cameron lo explica con precisión en su libro *Las motos de Gran Premio*: «Dunlop podría entonces darse el lujo de aumentar el empleo de goma sintética (SBR) como elemento constituyente de las bandas de rodadura de sus neumáticos, a pesar de que su mayor fricción interna —histéresis— producía mayor calentamiento en marcha que la goma natural (NR). El caucho natural es muy elástico cuando lo deformas aplicando cierta energía. Este tipo de goma libera de nuevo una gran parte de esta energía, y el resto se convierte en calor interno. El caucho sintético, por el contrario, devuelve mucho menos de esa energía reflejada y por tanto genera más calor. Ese aumento de la histéresis hacía entonces posible aumentar enormemente el agarre en mojado».

PEENEMÜNDE, LA FÁBRICA DEL MAL

La vida tiene estos contrastes. Nadie se imagina que unas sencillas medias hayan podido contribuir de forma significativa a la seguridad vial sobre dos ruedas, como seguramente tampoco asocian la devastación provocada por las bombas volantes V-1 y V-2 alemanas con el avance de la industria motociclista. Pero así ha sido.

Hay que viajar hasta Peenemünde, una remota localidad situada al noreste de Alemania, en uno de los extremos de la isla de Usedom, para encontrar el origen de todo. A este lugar se lo puede considerar como la fábrica del mal, porque allí instaló el Gobierno alemán un centro de investigación en 1937, donde concentró a los mejores ingenieros del ramo de la aeronáutica, la física y las matemáticas, nobles materias tomadas de manera individual, hasta que se combinan con la malicia, la perversión y la ambición del régimen nazi de Adolf Hitler.

En el complejo de Peenemünde coincidirían dos figuras de renombre, dos ingenieros a los que el azar los llevó a compartir una labor y después el destino les deparó existencias tangencialmente distintas. En tiempo de paz, Wernher von Braun se consagró como padre de la carrera espacial estadounidense, y Walter Kaaden se convirtió en el impulsor del motor de «dos tiempos» moderno. Pero en aquellos días oscuros de la guerra, ambos trabajaron al servicio del mal, creando dolor y sufrimiento. Por más que en su ánimo estuviera la noble idea de desarrollar las tecnologías más avanzadas de su tiempo, fueron plenamente conscientes de que esos cohetes y esos motores que ellos diseñaban estaban destinados a enviar explosivos letales a cientos de kilómetros para sembrar la muerte y la devastación.

Von Braun nació en 1912 en el seno de una aristocrática familia prusiana. Su padre llegó a ser ministro durante la República de Weimar. Siempre fue un apasionado de la ciencia, devoraba las novelas de Julio Verne, y cuando su madre le regaló un pequeño telescopio, su afición por la astronomía y el espacio se desbordó. No dudó en orientar su formación hacia los estudios científicos. Se graduó en ingeniería mecánica en el Instituto Politécnico de Berlín, obteniendo el doctorado en

Física en 1934. Para entonces llevaba ya unos años formando parte de la *Verein für Raumschiffahrt*, algo así como la Sociedad para el Desarrollo de Cohetes de Alemania.

Su tesis doctoral captó la atención del Gobierno nazi. Von Braun había desarrollado conceptos que despertaron el interés de los jerarcas por su posible aplicación militar en un campo que ninguna otra nación había explorado hasta ese momento, y se decidió mantener parte de esa tesis doctoral como materia clasificada para que no fuera de dominio público. El Gobierno integró a Von Braun en sus programas militares, iniciando una confusa relación. No llegó a formar parte del partido nazi hasta 1937, y evidentemente era consciente de lo que suponían sus conocimientos y los avances armamentísticos que el ejército alemán iba a conseguir, pero al mismo tiempo estuvo siempre bajo sospecha por su escasa significación política en determinados momentos.

Kaaden nació en Sajonia, en 1919. Era hijo del chófer privado de Carl Hahn, jefe de ventas de DKW, que en aquellos años era una de las principales marcas de automoción de Alemania, líder en el sector motociclista. Esta circunstancia le permitió acompañar a su padre a la inauguración del circuito de Nürburgring en 1927, la instalación más moderna y completa del mundo del motor en ese momento. Quizás ese día algo despertó en el pequeño Walter, aunque ni él mismo podía llegar a imaginar la vinculación que alcanzaría treinta años después con el mundo motociclista. Su inquietud por la tecnología le llevó a ingresar en la Academia Técnica de Chemnitz, no lejos de donde se encuentra el actual circuito de Sachsenring. Chemnitz era el corazón de la industria de automoción alemana, y en esa área se concentraban al menos dieciséis fabricantes, con el grupo Auto Union a la cabeza.

Lógicamente, Kaaden vivió el auge del partido nazi con la naturalidad con la que un niño asume las cosas. Como cualquier otro muchacho, se incorporó a las *Hitlerjugend* (juventudes hitlerianas) como parte obligada de su formación, y prosiguió sus estudios hasta su graduación como ingeniero técnico. En 1940, Kaaden empezó a trabajar en la aeronáutica Henschel en Berlín. Su talento permitió que enseguida fuera promovido a un puesto de ingeniero en Peenemünde, donde coincidiría con Von Braun.

La pequeña isla de Usedom, en el mar Báltico, alojaba el centro de producción de las terribles bombas volantes V-1 y V-2, esos engendros volantes que durante la primera etapa de la II Guerra Mundial fueron lanzados sobre Londres y Amberes, principalmente. No hay evidencia de que Von Braun y Kaaden trabajaran en proyectos comunes, aunque Von Braun era la cabeza visible de la organización y estaba al tanto de los proyectos allí desarrollados. Kaaden formó parte del equipo de desarrollo del primer misil balístico de la historia, el Hs-293, y posteriormente trabajó en el Messerschmitt Me 262, el primer reactor de combate, mientras que Von Braun se encontraba ya centrado en el desarrollo de la V-2, con el objetivo de aumentar su rango de vuelo y permitir su uso como misil intercontinental. ¿El destino? Estados Unidos, por supuesto.

Informes de espías estadounidenses en Suiza señalaban la existencia de frecuentes transportes de agua pesada, componente esencial para la fabricación de la bomba atómica, con destino a Peenemünde, con lo que los aliados planearon un ataque masivo sobre la zona. Previamente, el 27 de febrero de

Werner von Braun impulsó el desarrollo de los bombas volantes alemanas y fue clave posteriormente en la carrera espacial estadounidense.

1943, la conocida como Operación Telemark, realizada por un comando de la resistencia noruega entrenado por fuerzas británicas, permitió destruir la fábrica Norsk Hydro, en Noruega, que era uno de los principales suministradores de agua pesada al régimen nazi. El 18 de julio de 1943, 600 bombarderos de la RAF lanzaron 2.000 toneladas de bombas sobre el complejo de Peenemünde, buscando no solo arrasar las instalaciones, sino aniquilar a los ingenieros alemanes, el cuerpo de élite de la industria armamentística nazi. Murieron cientos de alemanes y prisioneros polacos empleados como mano de obra, pero Kaaden y Von Braun sobrevivieron y prosiguieron sus trabajos en Mittelwerk, en un túnel horadado en las montañas.

Para entonces, el curso de la guerra seguía y los ingenieros eran conscientes del destino que los esperaba. Los aliados habían iniciado una carrera a todo gas cuya meta era Berlín. Los que querían ser liberados rezaban con todas sus fuerzas para que británicos y estadounidenses llegaran antes que los soviéticos. Von Braun, que ya había protagonizado algún episodio de rebeldía frente a sus mandos nazis, estaba decidido a rendirse a las tropas norteamericanas. No fue casual. Desde la Oficina de Servicios Secretos de Estados Unidos, precursora de la CIA, dirigida por Allen Dulles, ya se había iniciado un proceso de selección de talentos para enviarlos a Estados Unidos. Dulles era abogado de Prescott Bush —padre de George Bush y abuelo de George W. Bush, expresidentes republicanos de Estados Unidos—, un multimillonario empresario, cuya corporación mantuvo negocios con el régimen nazi durante la II Guerra Mundial, siendo socio de Fritz Thyssen, uno de los soportes financieros del régimen de Hitler. Suponemos a Bush fervoroso cristiano, inspirado por las palabras del Evangelio, Mateo 6,3: «Que no sepa tu mano izquierda lo que hace tu derecha». Es decir, que mientras buena parte de la juventud norteamericana daba su vida en las playas y los campos de Europa, Bush no tenía reparos en hacer negocios a costa de esas vidas. *American way of life*, por supuesto. Y luego, los votantes norteamericanos le premiaron con un asiento en el Capitolio como senador por Connecticut en 1952.

Dulles estaba al tanto de los amplios conocimientos de Von Braun y poco le importó que los trabajos del ingeniero alemán hubieran puesto en la diana a Estados Unidos, ni que, como responsable del desarrollo de semejante armamento, debería haber hecho frente al juicio al que serían sometidos muchos otros miembros del ejército alemán —Von Braun fue adscrito a las SS en 1940— con similares responsabilidades. «Von Braun, no; de este podemos sacar provecho», debió de pensar Dulles. Así dio comienzo a la Operación Paperclip, que logró el traslado de más de 700 científicos alemanes a Estados Unidos sin visado y sin conocimiento del departamento de Estado.

Al mismo tiempo, desde la Unión Soviética se desarrollaba la Operación Osoaviakhim, con similares propósitos, aunque en este caso orientada hacia la investigación nuclear, para contrarrestar el Proyecto Manhattan, que daría lugar a la primera bomba atómica norteamericana. El grupo de Von Braun llegó a ofrecer a Kaaden la posibilidad de unirse a ellos y viajar a Estados Unidos, pero él no tenía intención de irse. Tenía esposa y dos hijos esperándole en Zschopau, pero la ciudad había caído ya bajo dominio soviético. La decisión personal que cada uno tomó en mayo de 1945 marcaría su destino.

Mientras Von Braun huía con los suyos a través de los Alpes austriacos para rendirse a las tropas norteamericanas, Kaaden intentó llegar a casa, permaneciendo escondido en una granja durante algún tiempo. Tuvo la fortuna de ser capturado por los aliados, que lo confinaron en el campo 90, en Bad Kreuznach, bajo control soviético. Consiguió evitar que descubrieran su elevada cualificación, evitando a los «cazatalentos» de la Operación Osoaviakhim, y cuando fue liberado logró llegar a su casa en Zschopau, donde estuvo semanas sin salir por temor a que los soviéticos lo descubrieran y lo enviaran a un campo de prisioneros, una situación que, por lo general, te acercaba irremisiblemente a Siberia...

Kaaden y su familia pasaron penurias. Sobrevivían a base de patatas y robando comida, una vida de miseria que contrastaba con el plácido emplazamiento de Von Braun en Estados Unidos, agasajado y con todas las facilidades a su alcance para proseguir con sus investigaciones, afortunadamente acomodado en una residencia en Fort Bliss (Texas), una base militar perdida al borde de la frontera con México, que seguramente no era el lugar más agradable del mundo pero, vistas las perspectivas en 1945, no se podía pedir mucho más.

A Von Braun se debe el éxito de Estados Unidos en la carrera espacial, mientras que Kaaden es, a decir de todos, el padre del motor de «dos tiempos» moderno, sobre el que se cimentó la tecnología clave del motociclismo durante casi cinco décadas. Todavía hoy, en determinadas disciplinas, los ligeros y potentes motores de «dos tiempos» siguen rugiendo en la competición motociclista, mostrando una potencia específica superior a los complejos y eficaces motores de válvulas.

Cuando la presión del ejército soviético sobre la población alemana se relajó, Kaaden comenzó a pensar en su futuro. Se le ocurrió poner en marcha una empresa de reparación de tejados con un amigo, una idea acertada dado el precario estado en que habían quedado la mayoría de las casas por culpa de los bombardeos. Sus sueños de ingeniero quedaban aparcados. La fábrica DKW seguía en pie. Sus tejados verdes, semiocultos entre los árboles, la protegieron de las bombas de la RAF, pero su contenido había sido saqueado como botín de guerra por los soviéticos, que desensamblaron la planta de producción y la enviaron a una factoría en Izhevsk, mil kilómetros al Este de Moscú.

Los aliados no fueron más clementes, pues se repartieron lo mejor de la industria alemana de la época: las NSU sobrealimentadas fueron enviadas a la fábrica Indian de Massachusetts; BSA y Harley-Davidson se apropiaron del diseño de la DKW RT 125 para crear sus motos ligeras Bantam y Hummer, respectivamente; y Norton intentó hacerse con las BMW Kompressor, pero gracias al empeño de Georg Meier, el gran campeón de los años treinta, no lo logró.

En 1949 se creó la República Democrática Alemana, un Estado satélite soviético. En menos de un lustro, los alemanes del este pasaban de vivir en la paranoia hitleriana a verse atrapados bajo la dictadura del régimen soviético, que en la RDA alcanzó niveles de demencia colosales.

Walter Kaaden (con corbata) eligió quedarse en Alemania,
con su familia, alejado de la industria militar y consagrado
al desarrollo del motor de "dos tiempos" moderno.

Kaaden tuvo que dejar su negocio de reparación de tejados y se refugió en la mecánica, abriendo un pequeño taller en Walkirchen y recuperando las viejas y desvencijadas motos que aún quedaban por las calles. Abundaban principalmente las DKW RT 125, una moto diseñada por Hermann Weber a finales de la década de los veinte, con un ligero y pequeño motor de «dos tiempos». Aplicando los conocimientos adquiridos en Peenemünde sobre las ondas de resonancia y los motores a reacción, Kaaden supo mejorar el rendimiento del motor. Su efectividad no tardó en llegar a oídos de las autoridades, que en 1953 lo pusieron al frente del departamento técnico de IFA, la nueva marca estatal, que se levantó sobre las cenizas de la antigua DKW.

Desde ese momento, Kaaden consagró su vida a la marca, que pasó a denominarse MZ (Motorradwerk Zschopau) en 1956, trabajando en el desarrollo y el perfeccionamiento del motor de dos tiempos de válvula rotativa, aplicando los conocimientos sobre resonancia adquiridos de las bombas V-1 para el desarrollo de la mecánica y estableciendo las bases del moderno motor de «dos tiempos». Von Braun acabó siendo una de las piezas clave en la NASA, y terminaría convertido en el padre de la carrera espacial de Estados Unidos, responsable de la fabricación de los cohetes Saturno, que llevarían al hombre a la Luna en 1969, haciendo de Von Braun uno de los talentos más célebres de la historia.

Es curioso el destino. Dos hombres con orígenes tan diferentes como Von Braun y Kaaden compartieron objetivos en un momento concreto de la vida, pero el destino los devolvió a su propia condición. La regalada vida de Von Braun en el paraíso capitalista de Estados Unidos, y la sufrida y trabajosa existencia de un trabajador como Kaaden en la RDA, paraíso —a su pesar— del socialismo. Von Braun lograría fama y éxito; a Kaaden le arrebatarían la gloria cuando la acariciaba con la punta de los dedos.

Volver a las carreras

El 2 de septiembre de 1945, el ministro de Asuntos Exteriores de Japón, Mamoru Shigemitsu, firma el Acta de Rendición de Japón a bordo del acorazado estadounidense USS Missouri. Con este acto se ponía fin definitivamente a la II Guerra Mundial, unos meses después de la capitulación alemana en Berlín. La vida, tal como se había conocido hasta solo seis años atrás, podía volver a su curso, y con ella las carreras de motos. De hecho, la primera competición internacional que se disputa en la Europa liberada será el Grand Prix des Frontières, en Chimay (Bélgica), carrera de larga tradición, que se disputó el 23 de septiembre de 1945, aunque poco después de la caída de Berlín ya comenzaron a disputarse competiciones en los países menos castigados por la guerra.

España, que se mantuvo alejada del conflicto, recuperó antes la actividad, pero de una forma aislada y esporádica, prácticamente casual, y mientras las bombas y el terror asolaban el continente, aquí algunos intentaban evadirse de la miseria vivida durante la Guerra Civil intentando regresar a su vida anterior. El 28 de abril de 1940 se disputa la clásica Subida a Vallvidrera, a cargo del Moto Club Cataluña, que tuvo que prorrogar su plazo de inscripción a la víspera de la carrera debido al reducido número de inscritos. Al final, solo acudieron catorce pilotos. A partir de 1941, algunos clubes motociclistas intentan recuperar el ritmo. En Madrid, el Real Moto Club de España organiza una carrera el 30 de marzo a beneficio de las personas afectadas por el incendio de Santander, que arrasó buena parte de la ciudad en el mes de febrero. Meses después, el 22 de junio, Montjuïc reabre sus puertas con otra carrera.

Y el 13 de julio, el Real Moto Club de España programa una carrera bajo la denominación de I Campeonato Motociclista Militar de España.

La influencia castrense estará presente en aquellos años en el ámbito motociclista español, y en general en cualquier actividad. La dictadura de Franco fiscalizaba todo a través de un férreo control de cualquier institución, al frente de la cual situaba a personajes afectos al régimen, preferentemente militares. Los clubes también mostrarán un especial apego a los uniformes, como un modo de lubricar adecuadamente la retorcida administración franquista. Ese primer Campeonato de España tras la guerra, disputado en la Casa de Campo de Madrid, contó con la representación de las diferentes unidades motorizadas de la policía, la guardia civil y el ejército. Pero en 1941 no estaban los tiempos para tonterías y carreritas. Hasta ese momento las cosas le iban bastante bien a Hitler, y el intercambio de bienes y suministros alemanes por materias primas españolas —el valioso wolframio, entre otras cosas, fundamental para los blindajes de los carros de combate— permitía disfrutar de cierto equipamiento. Pero cuando Hitler se pegó un tiro en el pie abriendo el frente oriental en el verano de 1941, las cosas se complicaron para Franco. La generosidad alemana e italiana para con el régimen franquista cesó, y todos los recursos se destinaron a los cuantiosos frentes abiertos. Y así, sin ayuda exterior y aislada por los aliados, la España de Franco empezó a carecer de todo. Cuando algún activo miembro de un club, en uno de esos repetidos encuentros en la tasca de turno que ejercía de local social —a falta de un mejor emplazamiento—, se entusiasmaba con la peregrina idea de montar una carrera por la sierra de Guadarrama, o recuperar la Subida a Castrejana, o a Vallvidrera, o una sencilla carrera de regularidad, los demás parroquianos lo miraban con resignación. ¿Con qué gasolina? ¿Y neumáticos? Un país que viviría hasta 1952 con la cartilla de racionamiento en la mano no estaba para muchas alegrías.

Otro «pequeño» problema era la falta de material. Las pocas motos existentes en manos de particulares estaban sometidas a la requisa militar, y la inexistencia de una industria motociclista nacional abocaba al motociclismo español a una existencia paupérrima, absolutamente tercermundista, mucho antes de que se extendiera esta expresión.

En este sentido, la devastada Europa estaba infinitamente mejor que España. La mayoría de las ciudades centroeuropeas habían quedado destruidas en las continuas oleadas de los bombarderos Lancaster británicos y los B-17 y B-24 estadounidenses, y eso incluía, por supuesto, las industrias motociclistas. Apenas se salvó DKW y la fábrica de tejados verdes que pasó desapercibida desde el cielo, aunque los soviéticos se encargaron de expoliar su contenido, incluidas las plantas de montaje. La popular DKW RT 125, con su pequeño, ligero y sencillo motor de «dos tiempos», diseñada por Hermann Weber a comienzos de los años treinta, se había convertido en una moto popular y conocida, y sirvió de base para muchos diseños posteriores de diferentes fabricantes gracias a su simplicidad. La industria británica y sus potentes motos habían salido muy bien paradas, y la italiana, de una riqueza y variedad sin igual, también. En septiembre de 1945 no era el momento de ponerse a pensar en prototipos de carreras, sino en una mecánica que ayudara a motorizar la nueva sociedad europea, que intentaba abrirse paso entre los escombros y los rescoldos humeantes. En todas las fábricas del mundo no se complicaron la vida, y no tuvieron reparos en echar un vistazo a la RT 125, desarrollando una versión de ese modelo. Lo hicieron los británicos, los italianos, los japoneses y los norteamericanos. Pobre señor Weber, que de eso no cobró ni un *royalty*...

Una moto así, para salir del paso, para ir de aquí para allá, estaba bastante bien. Pero si hablamos de carreras, porque enseguida volvió la competición, teníamos que buscar otras cosas. En 1946 volvieron los Grandes Premios clásicos de antaño. El Gran Premio de Suiza, disputado en Ginebra, es el primero. Y allí se dan cita nombres que vieron su carrera interrumpida por la guerra: Freddie Frith, Jock West, Harold Daniel, Nello Pagani, George Monneret, Leslie Graham... Han pasado siete años sin competir, pero no han perdido facultades. Algunos ejercieron como enlaces motorizados aprovechando sus habilidades, o llegaron a ser pilotos de caza, como Graham, que fue un destacado piloto de la RAF. En estas primeras carreras se aprovecha el material disponible, desempolvando antiguas mecánicas. Jock West ganará en Chimay con la NSU V4 sobrealimentada, y Pagani impondrá la Gilera 500 sobrealimentada en Ginebra. Será la última victoria de este tipo de motores antes de que la Federación Internacional de Clubes Motociclistas (FICM) prohíba su uso.

Con esta prohibición, los ingenieros tendrán que empezar a devanarse los sesos para conseguir el rendimiento que se obtenía antes de la guerra. Gilera desmonta el compresor de su 500 tetracilíndrica y ve reducida su potencia a la mitad, y la moto se vuelve pesada y perezosa, hasta tal punto que algunos de sus pilotos prefieren correr con la Saturno 500 monocilíndrica. AJS diseña una bicilíndrica para sustituir a su V4 comprimida.

En las categorías inferiores, los sencillos motores de «dos tiempos» parecen limitados en su desarrollo. Para entonces, Walter Kaaden seguía trabajando como albañil, reparando los tejados de Zschopau. Es el tiempo de los auténticos relojeros,

En 1948 el Dutch TT de Assen ya volvía a lucir en todo su esplendor, como antes de la II Guerra Mundial.

ingenieros que desarrollan motores de «cuatro tiempos» de baja cilindrada que terminan mostrándose más eficientes que los diseños derivados de la RT de Weber. Alfonso Drusiani, ingeniero jefe de Mondial, le dice al propietario de la marca, el conde Giuseppe Boselli: «Déjeme construir un motor de carreras de "cuatro tiempos" y les daremos una paliza a los "dos tiempos"». Con semejante entusiasmo y convencimiento, cómo decir que no...

Hasta 1949, la categoría de 125 cc había estado alejada de los campeonatos oficiales. Solo se había incluido en el programa del Gran Premio de Europa en la edición de 1928, disputada en Ginebra. Pero cuando la FICM pone en marcha el Campeonato del Mundo de Velocidad en 1949, incluye la categoría de 125 dentro de las cinco clases del campeonato, junto con las de 250, 350, 500 y sidecares.

Y ese pequeño motor desarrollado por Drusiani dominará los primeros años de competición, ganando el título con Nello Pagani (1949), Bruno Ruffo (1950), y Carlo Ubbiali (1951), además de todas las carreras disputadas durante esas tres temporadas. El primero en plantar cara a Mondial fue MV Agusta, la pequeña fábrica fundada en 1945 por el conde Domenico Agusta, con la intención de desarrollar pequeñas motos sobre un motor de 98 cc de «dos tiempos» inspirado en la DKW RT. Las motos MV (Meccanica Verghera) eran una ocupación secundaria, porque el negocio principal era Aeronautica Agusta. Pero a raíz del Tratado de Paz de París, a Italia se le prohibió realizar producción aeronáutica, volcando toda su atención en las motos. Posteriormente, a partir de 1950 fue autorizado a seguir con sus proyectos aeronáuticos, concentrándose especialmente en los helicópteros, y produciendo además una amplia variedad de modelos bajo licencia Bell, Sikorsky, Boeing y McDonnell-Douglas. Pero al conde Agusta lo que de verdad le gustaban eran las motos, y se volcó en ellas.

Se implicó en el primer Mundial de 125, pero sus motos apenas tenían opciones frente a las Mondial. El mejor resultado del año fue la tercera posición de Carlo Ubbiali en el Dutch TT, a más de un minuto del ganador, Nello Pagani. Comprendiendo que el motor de «dos tiempos» tenía un horizonte más bien limitado, el conde Agusta se centró en buscar un diseño que pudiera darle opciones y, aprovechando sus enormes recursos, no dudó en hacerle una propuesta al reconocido ingeniero Piero Remor, autor de la Gilera 500 sobrealimentada. Sabiendo que Remor, hombre de difícil carácter, había tenido problemas personales con Giuseppe Gilera, le resultó muy fácil persuadirle para que se uniera a él. Además, aprovechando las circunstancias, su ambicioso plan contemplaba desarrollar una nueva 125, además de una 500, por supuesto, con motores de «cuatro tiempos».

TODO UN CARÁCTER

Piero Remor era un ingeniero que disfrutaba del mayor reconocimiento en Italia. En los años veinte, junto a su joven compañero de estudios Carlo Gianini, se asoció con el conde Bonmartini, un pionero de la aviación comercial italiana, y crearon GRB (Gianini Remor Bonmartini). Su primer diseño fue un motor de «cuatro tiempos» de cuatro cilindros en línea, una configuración que sigue presente en el mundo de la competición y que ha sido la más exitosa en la historia de los Grandes Premios: 31 de los 72 títulos conseguidos en el Mundial de 500/MotoGP corresponden a esta configuración, empleada por Gilera, MV Agusta, Yamaha y Suzuki (tanto en 500 como en MotoGP) en sus motos campeonas, desde 1950 hasta 2021.

Remor fue un hombre controvertido y exigente, que mantuvo una difícil relación con sus patronos y con los pilotos, hasta el punto de que muchos se negaron a trabajar con él. Pero sin duda fue un hombre brillante. En sus inicios en GRB diseñó junto a Gianini el motor transversal de cuatro cilindros, que le acompañó a lo largo de la mayor parte de su carrera profesional.

Todo empieza en 1924. Italia vive un momento de expansión tecnológica. Eran tiempos marcados por todo tipo de corrientes artísticas y de pensamiento, y el modernismo era una de las vanguardias del arte más acentuadas, cuyas obras propugnaban el culto a la máquina. No es de extrañar que, en el periodo de entreguerras, el desarrollo de la motorización propiciara notables avances en el terreno de la aeronáutica y la automoción, actividades que estuvieron estrechamente relacionadas en ese periodo.

Como contábamos en el capítulo 3, el conde Bonmartini, que poseía CNA (Compagnia Nazionale Aeronautica), quedó tan impresionado con el trabajo de GRB que buscó nuevos recursos con los que seguir desarrollando el prototipo. Creó una nueva empresa, OPRA (Officine di Precisione Romane Automobilistiche), y logró financiación de acaudalados miembros de la aristocracia italiana vinculados al clero vaticano y al preponderante fascismo, que solo un par de años antes había realizado su Marcha sobre Roma (1922), con la que Mussolini impuso su régimen fascista en Italia.

El interés de OPRA por los proyectos relativos, dado que su su principal actividad era la aeronáutica, una actividad que

Las élites fascistas y el Vaticano financiaron el desarrollo de
proyectos motociclistas como OPRA y CNA Rondine.

terminaría atrapando a Gianini, mientras que Remor se centró en el motor de cuatro cilindros en línea, con culata refrigerada por agua, que culminó en 1929. La aportación de Piero Taruffi como pilotos de pruebas desde una doble vertiente, porque él también era ingeniero, impulsó el desarrollo de la OPRA 500.

Los problemas acabaron con el proyecto OPRA y Taruffi regresó a sus Norton —en 1932 se proclamó campeón del Gran Premio de Europa de 500, con nuestro Fernando Aranda como subcampeón—, Gianini se centró en la aeronáutica, y Remor comenzó a tener dificultades por su carácter, enfrentándose al conde Bonmartini, con el que sostuvo agrias disputas en cuestiones de diseño. Se habla siempre del carácter inflexible de Remor, pero, pongámonos en su lugar: un brillante ingeniero al que un aristócrata ilustrado pretende enmendarle su trabajo. Visto así, tampoco resulta tan extraña su airada respuesta, porque en 1930, se despidió de OPRA y se fue a OM (Officine Meccaniche), a diseñar motores de coche. Pero estos continuos cambios de trabajo marcarían su carrera profesional, granjeándole una fama de persona de difícil carácter, lo cual también era cierto.

En 1933, Bonmartini encargó a Gianini que recuperara el proyecto OPRA, contando de nuevo con Taruffi, que se había labrado un gran reconocimiento en las competiciones automovilísticas con Maserati. Aquella moto pasó a denominarse CNA Rondine (en italiano, «golondrina»). Sin embargo, Bonmartini cambió de planteamiento y decidió abandonar el proyecto, vendiendo CNA a la aeronáutica Caproni. Ante el peligro de que el proyecto pudiera perderse, Taruffi se puso en contacto con Giuseppe Gilera, que negoció con Caproni y en 1936 adquirió todo el material de competición, y de esta forma las CNA Rondine pasaron a denominarse Gilera.

La necesidad de mejorar y potenciar el desarrollo de la moto llevó a Gilera a ponerse en contacto con Remor en 1939 que, tras la adquisición de OM por parte de FIAT, se había quedado sin empleo. En aquellos días, Gilera se había especializado en los récords de velocidad de la mano de Taruffi, desarrollando una carrocería aerodinámica en colaboración con Caproni (ver capítulo 3) que les permitió batir el récord de velocidad.

Fueron años de dura disputa con Ernst Henne y la BMW con compresor, y con Eric Fernihough y su Brough Superior de 1.000 cc sobrealimentada.

Ajeno a todo cuanto sucedía a su alrededor, como si la guerra y el conflicto que comenzaban a desangrar Europa no fueran con él, Remor se puso a trabajar en un nuevo diseño, un motor de 250 cc sobrealimentado, con la suspensión trasera con amortiguador de fricción, que vio la luz en 1940. Sus roces con Taruffi volvieron a hacerse presentes. Remor era muy celoso de su trabajo y no quería que nadie más pudiera influir en Giuseppe Gilera, y que este alterara sus ideas. Por eso contempló con satisfacción la dedicación de Taruffi a las carreras automovilísticas. Y a todo esto, el desarrollo de la II Guerra Mundial trastocó los planes de todos.

Cuando se retomó la actividad en 1946, el reglamento de la FICM prohibió los motores sobrealimentados, así que Remor tuvo que reformar su proyecto del motor 250 sobrealimentado, para reconvertirlo en una 500 cuatro cilindros de aspiración. Como no tenía un motor acorde para competir, Gilera puso en pista su Saturno monocilíndrica mientras Remor rediseñaba su prototipo, que no estuvo listo hasta 1948. Sin Taruffi, sus pilotos eran Carlo Bandirola y Massimo Masserini, y como sucediera con anterioridad, la relación de Remor con ellos fue pésima, ya que les hacía responsables de las averías. La moto sufrió muchos problemas y numerosas roturas, principalmente porque Remor parecía incapaz de solucionar un fallo en la lubricación. Los pilotos empezaron a desconfiar de él. Masserini llegó a decir que Gilera tenía dos problemas: «Uno es la respuesta del motor, y otro es el fallo en la lubricación que Remor no sabe cómo resolver». Masserini dijo de Remor que no era más que un charlatán que se había aprovechado del conocimiento de Gianini, y que también se beneficiaba de su relación privilegiada con el departamento técnico de Alfa Romeo. Tiempo después, Masserini aseguró: «Solo era un teórico, no un ingeniero práctico». Al final, quien resolvió el fallo de la lubricación fue su asistente, Alessandro Colombo.

Todo este ambiente empezó a provocar disputas ente Gilera y Remor. La historia se repetía. El enfrentamiento se extendió

Piero Remor fue un ingeniero de gran talento pero con un complejo carácter
que le provocó frecuentes encontronazos con sus patronos y sus pilotos.

incluso al nuevo piloto de la marca, Nello Pagani, que llegaba procedente de Moto Guzzi. Pagani sufrió muchos problemas en 1948 y 1949, y manifestó muchas quejas, lo que se tradujo en que Remor le prohibiera usar la cuatro cilindros. Empezó la temporada 1949 con la Saturno, una decisión que le costaría el título, y solo a partir de la carrera de Assen, tercer Gran Premio de la temporada —el campeonato constaba de solo seis carreras—, gracias a la intervención directa del propio Giuseppe Gilera, volvió a subirse en la tetracilíndrica, y ganó. Pero ya era tarde. A pesar de acumular mayor número de puntos brutos, la suma de puntos netos terminó dando el título a Leslie Graham y su AJS Porcupine E90, una moto teóricamente inferior a la Gilera.

PESCAR EN RÍO REVUELTO

Finalizada la temporada, Remor abandonó Gilera de una forma abrupta, dejando atrás una mala fama de hombre irritable y de difícil trato. Los pilotos se negaban a trabajar con él. Pero no abandonó las carreras. El conde Agusta, atento y oportunista, vio en Remor la solución a su problema con el poco competitivo motor de su 125. Y lo contrató.

Encargó a Remor que diseñara motos de carreras que no derivaran de sus modelos de serie, y el ingeniero realizó una 125 monocilíndrica bialbero, y una 500 cuatro cilindros. Remor empleó como base los planos del motor Gilera, lo que provocó la indignación de su antiguo patrón. Y ya cuando Arciso Artesiani, que había sido piloto del equipo en el Mundial de 500, se unió a MV Agusta, Gilera calificó aquello como una auténtica traición. Lo cierto es que Gilera había hecho responsable a Artesiani de que su marca no lograra el título de fabricantes en 1949 —perdió por un solo punto frente a AJS—, debido a la avería sufrida en el Ulster Grand Prix, así que el piloto también deseaba cambiar de aires y, a pesar de su mala relación con Remor, aceptó la oferta del conde Agusta.

En honor a la verdad, hay que decir que la MV Agusta tampoco era completamente igual a la Gilera. Remor hizo algunos cambios, como las culatas desmontables —la Gilera las tenía fundidas en una sola pieza con el bloque del cilindro—, la transmisión y las suspensiones. Poco después se incorporó al equipo Arturo Magni, otro ingeniero procedente de Gilera que también había trabajado con Remor, que se haría cargo del desarrollo posterior de los motores de MV Agusta. Esa constante fuga de talento por parte de Gilera con destino a MV Agusta acrecentó enormemente la rivalidad entre las marcas que, hasta 1950, nunca se habían visto las caras en las carreras.

Remor solo aguantó en MV Agusta hasta 1953. Un aristócrata de la vieja escuela como era el conde Agusta no estaba para aguantar gente airada: no era ese el tipo de relación que solía consentir a nadie. Fiel a su carácter, Remor cambió nuevamente de ubicación. Pasó a trabajar para Motom, fabricante italiano especializado en velomotores y motos ligeras, realizando un cambio radical en la orientación de su trabajo. Allí se mantuvo hasta 1957, ya completamente desvinculado de la competición. Después siguió trabajando como consultor tecnológico hasta su fallecimiento en Roma en 1964, a los 66 años, dejando atrás una historia brillante y discutida.

Para entonces, MV Agusta ya se medía de tú a tú con Gilera, y ambos fabricantes italianos habían superado con claridad a Norton, último vestigio del glorioso pasado de la industria motociclista británica. En definitiva, Italia tomó el mando del motociclismo deportivo, prácticamente en todas las categorías. La readmisión de Alemania Occidental en las competiciones internacionales a partir de 1951 permitió que su desmantelada industria se incorporara poco a poco al Mundial. Fue básicamente en las categorías inferiores, porque en 500, donde BMW llegó a triunfar en el Campeonato de Europa con su boxer con compresor, no alcanzó el nivel de los años treinta. La marca alemana desarrolló una nueva 500 de Gran Premio denominada Mustang, similar a la Kompressor de preguerra, pero dotada de carburadores y suspensión delantera por horquilla telescópica. El veterano campeón de 1938, Georg Meier, reorganizó la actividad deportiva de BMW en torno al equipo Veritas, al que incorporó a los mejores talentos alemanes, como el joven Walter Zeller, que fue capaz de batir a las nuevas NSU tetracilíndricas en el *Eilenriede Rennen* de Hannover. Pero fuera de Alemania los resultados no eran tan buenos y la nueva 500 no resultaba suficientemente competitiva.

BMW reorientó el desarrollo de su motor. En 1951, la FIM estableció que los sidecares pasarían de tener una cilindrada máxima de 600 a 500 cc, lo cual facilitó su trabajo, al centrar el desarrollo técnico en un solo propulsor que sería válido para las dos categorías, 500 y sidecares. En 1953 BMW desarrolló una nueva moto que se reveló como el arma definitiva: la Rennsport 500. Dotada de nuevas cotas internas (494 cc) y diferente geometría y reparto de peso, disponía de amortiguadores telescópicos y una horquilla tipo *Earles*, y solo pesaba 125 kilos. BMW acudió al Mundial con Hans Baltisberger como piloto habitual, mientras que, en sidecares, el dúo Wilhelm Noll-Fritz Cron empieza a hacerse notar.

El motor Rennsport 500 se mostró extraordinariamente potente. En 1953 BMW introdujo una novedad, sustituyendo los carburadores por un sistema de inyección directa mediante bomba Bosch, dando una nueva proyección a su moto, que resultó especialmente eficaz en los trazados rápidos, mientras que en los circuitos más revirados los pilotos se decantaban por los carburadores. Pero los problemas derivados del par de inversión le impidieron estar a la altura de las Gilera y MV Agusta. En cambio, en sidecares, el rendimiento de ese motor fue excepcional. Desde 1952, el dúo Wilhelm Noll-Fritz Cron se había destacado como el mejor equipo BMW en el campeonato, y su progresión se confirmó con la incorporación del motor Rennsport a partir de 1953. Al año siguiente, Noll-Cron lograron el título por delante del británico Eric Oliver, el gran dominador de la categoría, logrando BMW además el título de fabricantes. A partir de ese momento, la marca comenzará una etapa de dominio en la categoría de sidecares, que se extenderá hasta 1974.

Mientras tanto, en las categorías inferiores NSU y DKW intentan abrirse paso. DKW ya no es la marca que dominó el Campeonato de Europa de 250 y 350 en 1938 y 1939, sino una fábrica prácticamente desmantelada que busca un camino. El ingeniero Erich Wolf explora las opciones del motor de «dos tiempos», aplicando ideas del motor Diesel al escape de su 125, pero donde realmente logra resultados es con el nuevo bicilíndrico 250 diseñado por Helmut Gorg, que logra la victoria en el Gran Premio de Alemania de 1952 con Rudolf Felgenheier. Esa carrera marcará un antes y un después para la Alemania motociclista, porque también Werner Haas, con la NSU 125, se hace con el triunfo, rompiendo con la hegemonía italiana en las clases inferiores del campeonato.

NSU ganará el Mundial de 125 con Haas en 1953 y con el austriaco Rupert Hollaus al año siguiente, con el triste destino de convertirse en el primer campeón póstumo de la historia del campeonato, ya que falleció durante el Gran Premio de las Naciones, en Monza. Además de ganar en 125 el año anterior, Haas se impuso también en 250 y sumó un segundo título en 1954, y en 1955 Hermann Paul Müller, un antiguo competidor de motociclismo y automovilismo en los años treinta, se hizo con la corona de 250 esa temporada, a la edad de 45 años, convirtiéndose en el campeón más veterano de la historia del campeonato.

Y, sorprendentemente, después de haber alcanzado el máximo nivel, tanto NSU como DKW dejaron el campeonato, aunque algunas de sus motos siguieron estando presentes en manos de pilotos privados. Italia volvió a reinar de nuevo. En 1956, BMW hizo una firme apuesta por el Mundial de 500. Decidió dotar a la Rennsport de un carenado integral, y contrató al excampeón del mundo Fergus Anderson para colaborar en su desarrollo. Anderson, que se había retirado dos años antes, contaba ya con 47 años, pero no dudó en regresar a los circuitos. El arranque de la temporada resultó desolador para BMW. El 20 de abril, durante las primeras pruebas de su nuevo sidecar en Hockenheim, los campeones reinantes Willi Faust y Karl Remmert sufren un accidente que se cobra la vida de Remmert y aparta definitivamente de la competición a Faust. Dos semanas después, Anderson fallece en la carrera internacional de Floreffe (Bélgica), tras haber dado muestras de la eficacia de la nueva Rennsport 500 en un par de carreras internacionales disputadas con anterioridad.

Hillebrand-Grunwald, campeones del mundo en sidecar en 1957, a quienes les aguardó un destino trágico en el Gran Premio de Bilbao de ese año.

En la fábrica se viven sentimientos encontrados. Moralmente hundidos por la tragedia, al mismo tiempo comprueban la competitividad de la nueva Rennsport. Se decide no dar marcha atrás. Además de consolidar el equipo de fábrica con Zeller, se desarrolla una corta serie de motos para pilotos privados que acogen con entusiasmo la nueva montura, que se presenta como una alternativa viable a las inalcanzables Gilera, MV Agusta y Moto Guzzi. El buen rendimiento de la Rennsport en manos de Zeller le permitió alcanzar el subcampeonato de 500. Nunca una BMW había llegado tan alto. Y en sidecares continúa su racha exitosa con Noll-Cron.

En 1957, sin embargo, BMW reduce sus esfuerzos, centrándose solo en Zeller. Este mantiene su buen nivel con un par de podios, pero abandona la competición de forma súbita tras el fallecimiento de su hermano. Fue otro año duro para la marca. Semanas después de coronarse campeones del mundo de sidecares, Fritz Hillebrand falleció en los entrenamientos del Gran Premio de Bilbao, quedando Manfred Grunwald seriamente herido.

MV AGUSTA SE QUEDA CON TODO

En esos momentos, la industria motociclista italiana era el núcleo fundamental del Campeonato del Mundo de Velocidad. La hegemonía británica era cosa del pasado, aunque los pilotos ingleses seguían teniendo un peso muy importante en la competición, y Alemania no acababa de recuperar el empuje y la presencia que alcanzó en el periodo de entreguerras. Así que el Mundial se sostenía prácticamente gracias a los fabricantes transalpinos: Gilera, Moto Guzzi, Mondial, MV Agusta y, en menor medida, Ducati.

El arranque de la temporada estuvo marcado por una accidentada edición de la Copa de Oro Shell, en Imola, donde Bill Lomas y Geoff Duke, los grandes dominadores en las categorías de 350 y 500, respectivamente, sufrieron sendos accidentes que les condicionaron para el resto del campeonato.

Además, Lomas volvió a lesionarse en su regreso, en Assen, y aquello marcó el final de su carrera. En Gilera, afortunadamente, tuvieron una buena alternativa para Duke, ya que tanto Libero Liberati como Bob McIntyre hicieron un campeonato impecable, logrando el título de 500 el italiano por delante del británico.

En Moto Guzzi, el australiano Keith Campbell, que hasta esa temporada no había tenido un papel muy significativo en el campeonato, se convirtió en un inesperado líder para Moto Guzzi, que además vio cómo su otro piloto de fábrica, Dickie Dale, también se lesionaba. Campbell —cuñado de Duke, por cierto— se puso los galones y ganó el título de 350 con autoridad. Y en 125 y 250, el dominio de Mondial era completo. Tarquinio Provini ganó con claridad en 125 y fue subcampeón en 250, por detrás de su compañero Cecil Sandford, que ganaba en el «cuarto de litro».

El Gran Premio de las Naciones, en Monza, cerró la temporada el 1 de septiembre. El Mundial llegó de luto por el accidente mortal de Fritz Hillebrand, días después de haberse proclamado campeón del mundo de sidecares junto con Manfred Grunwald. La última cita del Mundial fue un canto a la industria italiana, con triunfos en todas las categorías, incluso en sidecares, con victoria de los hermanos Albino y Rosano Milani, con Gilera. Todas las victorias en 1957 cayeron del lado de marcas italianas, salvo en sidecares, dominada por BMW. Gilera ganó nueve carreras, Mondial ocho, MV Agusta cinco, y Moto Guzzi tres. Después del Mundial se retomaba la temporada nacional en diferentes países, y también algunas pruebas de carácter internacional, que permitían a los pilotos cuadrar su economía. Los campeones en título y los mejores clasificados en la temporada recién finalizada eran muy cotizados por los organizadores de estas carreras.

La rivalidad de Gilera, Moto Guzzi y MV Agusta había conseguido elevar el nivel de la competición, impulsando el desarrollo tecnológico. Gilera, que dominaba con autoridad en 500 y tenía positivos resultados en 350, quería expandirse a la categoría de 250, desarrollando una cuatro cilindros a imagen y semejanza de su hermana mayor.

MV Agusta, que aunque ya en 1956 había ganado en 500 de la mano de John Surtees, tenía su fuerte en 125 y 250, pero seguía teniendo como principal objetivo el Mundial de 500. Trabajaba en su 500-6, con la que John Hartle había llegado a competir, aunque sin grandes resultados.

Moto Guzzi se había especializado en 350, donde reinaba con autoridad desde 1953, y quería dar un nuevo impulso a su 500 V-8, mejorando su diseño (un nuevo cigüeñal, mejoras en lubricación y refrigeración, y un nuevo chasis), además de fabricar una 500 monocilíndrica bialbero para circuitos cortos. El proyecto Moto Guzzi era de lo más atractivo. Tanto que el propio Surtees se había interesado por la 500 V-8. La fábrica de Mandello del Lario acogió con entusiasmo el interés de Surtees, y se fijó una fecha para que probara la moto. Sería el 26 de septiembre. Sin embargo, poco antes de que Surtees pusiera rumbo a Italia, recibió una llamada que cancelaba la prueba. ¿Por qué?

Se sospechaba que algo sucedía cuando Gilera no acudió al Campeonato de Italia el 16 de septiembre, en Módena, donde Moto Guzzi ganó los títulos de 350 y 500 con Alano Montanari y Giuseppe Colnago, respectivamente. A Giulio Cesare Carcano, responsable técnico de Moto Guzzi, se le comunicó la decisión de dejar la competición al día siguiente de aquella carrera. Duke también se olió algo cuando le comunicaron que las Gilera se quedaban en Arcore y no podría disponer de ellas para su temporada británica. Y así, el 26 de septiembre de 1957, Gilera, Moto Guzzi y Mondial emitían un comunicado conjunto en el que anunciaban su retirada del Mundial. Los fabricantes lamentaban que mientras defendían los intereses de la industria italiana, «en Italia las competiciones se han desarrollado en un clima de continua incertidumbre y dificultad debido a particulares orientaciones de la autoridad y de cada una de las esferas de la opinión pública».

Se referían así a la creciente animadversión hacia las carreras en carretera abierta tras la tragedia de la Mille Miglia (12 de mayo de 1957), donde el accidente de Alfonso de Portago y su copiloto Edmund Nelson se cobró su vida y la de nueve espectadores, entre ellos cinco niños, una tragedia que caló hondo en la opinión pública italiana. Se prohibieron competiciones míticas, como la Milano-Taranto, y también el Motogiro de Italia, que estaba permanentemente en la picota por su peligrosidad, en el que se implicaban todos los fabricantes motociclistas italianos.

Ante estas circunstancias no les quedó más alternativa que, de común acuerdo, retirarse de la competición. Pero también había razones de índole económico tras esta tajante decisión. La creación del Mercado Común Europeo en 1957, en el que se integraban Italia, Francia, Alemania, Bélgica, Holanda y Luxemburgo, implicaba una dura exigencia a los fabricantes, que reconocían «la necesidad de adaptar la producción ante un ámbito nuevo no menos duro que las competiciones: los impuestos del Mercado Común Europeo», decían en su comunicado.

Había otra cuestión importante: el utilitario. Después de la II Guerra Mundial, la moto cubrió las necesidades de motorización en todos los países europeos, y cuando las mejoras

El equipo Gilera era en su momento la formación
más potente del Campeonato del Mundo.

sociales y económicas lo permitieron, la aparición de los utilitarios, como el FIAT 500 o el SEAT 600 en España, se convirtió en la palanca de la nueva motorización, a costa de la moto. La industria motociclista sufrió una severa crisis y la necesidad de reducir gastos hizo que lo primero que se recortara fuera la inversión en las carreras. No fue un caso exclusivo de Italia. En la España de la autarquía franquista, el Plan de Estabilización Nacional también forzaría a las empresas españolas a reducir gastos e incrementar el ahorro. Estas circunstancias llevaron a Pere Permanyer a retirar a Montesa del Mundial en 1957, y posteriormente a cerrar el departamento de competición al año siguiente, decisión que provocó su enfrentamiento con FranciscoX. Bultó y finalmente la salida de este, para terminar fundando Bultaco solo unas semanas después.

En Gilera, además, se dieron otras razones para la retirada. La desmotivación de Giuseppe Gilera fue un añadido a las razones económicas. Gilera llevaba enrolado en la competición desde antes de la I Guerra Mundial, y llegada ya la madurez confió la dirección deportiva del equipo a su hijo Ferruccio a finales de 1955. Pero al año siguiente, Ferruccio enfermó tras contraer una hepatitis vírica en Argentina y falleció a los 26 años, lo que sumió a su padre en el desánimo. Gilera no encontró argumentos para rebatir los datos de su departamento administrativo, que le exhortaba a dejar las carreras para reducir los costes y manejar mejor la caída del mercado.

En Moto Guzzi, el administrador delegado, Gerardo Bonelli, tampoco se anduvo por las ramas e impuso la lógica de los balances económicos al romanticismo de las carreras. De hecho, de las tres marcas que firmaron el «Pacto de la Abstención», Moto Guzzi fue la más fiel al acuerdo. Gilera ofreció sus motos para batir varios récords, y cedió sus máquinas a Duke en 1963 para montar la escudería Duke Stable, con las que compitieron John Hartle, Phil Read y Derek Minter. Mondial cedió sus motos a partir de 1958, entre otros pilotos a un espigado joven de Oxford llamado Mike Hailwood…, y posteriormente puso en manos de Francesco Villa sus viejas 125 bicilíndricas, con las que él y su hermano menor Walter lograrían seis títulos italianos en los años sesenta.

La retirada de Gilera, Moto Guzzi y Mondial dejaba en manos de MV Agusta el dominio absoluto del campeonato. De hecho era la única marca con presencia en las cuatro categorías, y esta situación propiciaría que la marca de Gallarate se anotara todos los títulos en liza, de 125 a 500, en los tres años siguientes, antes de que retirarse a las trincheras en 1961 para contemplar qué iba a dar de sí Honda en su despliegue en el Mundial.

Los tres fabricantes contactaron con MV Agusta para que se sumara a su decisión, pero el conde Domenico Agusta se opuso. ¿Por qué debía retirar su equipo, si su marca se había iniciado de forma más reciente que las otras? MV Agusta se fundó en 1945 y realizó su primera moto de carreras en 1948, y cuatro años después ganó su primer título en 125, con Cecil Sandford. Después, en 1955 volvió a ganar en 125, esta vez con Carlo Ubbiali, y al año siguiente Ubbiali ganaba en 125 y 250, y Surtees en 500. Y a partir de 1958 lo ganó todo, porque apenas tuvo oposición.

BMW también dio un drástico giro a sus planteamientos en 1958, retirando el equipo oficial y dotando a una serie de privados de motores semioficiales, tanto en 500 como sidecares. Como el resto de los fabricantes, la marca muniquesa no era ajena a la crisis de la industria motociclista, perjudicada por el auge del automóvil. El gran Geoff Duke se sumó a este plan aunque, descontento con el rendimiento de la Rennsport —su mejor clasificación fue un cuarto puesto en Spa—, rompe su acuerdo con BMW y se va con Norton. No obstante, la Rennsport conseguirá buenos resultados en manos del privado Dickie Dale, que acaba el Mundial en cuarta posición, y al mismo tiempo Scheneider-Strauss sumarán el primero de sus dos títulos consecutivos en sidecares.

Desde ese momento, BMW se concentró casi en exclusiva en la categoría de sidecares, mientras que las 500 de Gran Premio prácticamente desaparecieron de las parrillas del Mundial. Salvo en contadas apariciones destacadas de Dale y Ernst Hiller —con apoyo de fábrica—, las Rennsport 500 solo rodaban en manos de pilotos alemanes, austriacos y suizos.

La presencia de MV Agusta en el Campeonato del Mundo, como industria y como marca deportiva, obedecía al interés por el motociclismo del conde Agusta, desde muy joven aficionado al motociclismo, cuya familia gozaba de una sólida posición gracias a su industria aeronáutica. A pesar de que la marca sufría igualmente los problemas del mercado motociclista, el conde Agusta se podía seguir permitiendo el capricho de mantener su equipo de carreras, y eso marcaba la diferencia con el resto de los competidores.

De esta forma, lo que podría haber sido una absoluta catástrofe para el campeonato se solucionó al echarse a la espalda MV Agusta el peso de la competición, manteniendo un elevado nivel técnico. Deportivamente hablando, MV Agusta se quedó sin rivales, acomodando en sus filas a los mejores pilotos del momento. Carlo Ubbiali en 125 y 250, y John Surtees en 350 y 500, ganaron los títulos de 1958 a 1960.

La competencia se atomizó. En 500, las MV peleaban contra una legión de Norton Manx, ya sobrepasadas, y algunas BMW Rennsport. En 350, las parrillas no pasaban de ser una copa Norton, con dos MV marcando el ritmo. Y en 125 y 250, MZ plantaba cara con sus motores de «dos tiempos» con excelentes resultados, y también Ducati ofreció resistencia en 125, pero el resto de la inscripción se completaba con una suerte variada de NSU, Adler, Morini, DKW y Mondial privadas de diferente procedencia y nivel.

MV Agusta reinó a sus anchas hasta 1961. Ese año, Ubbiali y Surtees dejaron el Mundial: el italiano se retiró y Surtees se concentró exclusivamente en la Fórmula 1, donde se proclamaría campeón en 1964 con Ferrari. El conde Agusta retiró sus motos del campeonato para contemplar desde fuera qué eran capaces de hacer los hombres de Honda, que ya en 1960 habían realizado su primera temporada completa en 125 y 250 con positivos resultados. Agusta cedió sus motos a Gary Hocking, ofreciéndole el apoyo de un mecánico de fábrica y material de recambio. Las motos lucieron en el depósito el logotipo de MV Privat, para distinguirlas del equipo directo de fábrica. Aunque Hocking ganó la primera carrera de 250 en Montjuïc, se concentró en 350 y 500, dominando con autoridad en ambas categorías para lograr un doblete histórico. Después de esta discreta presencia, MV Agusta regresará de forma oficial al Mundial en 1962, permaneciendo de forma ininterrumpida en el campeonato hasta 1976, pero ya exclusivamente en las categorías de 350 y 500.

UN JAPONÉS EN LA ISLA DE MAN

Hasta 1953, Honda disfrutaba de un crecimiento constante en su compañía. En pocos años había pasado de ser una pequeña empresa que funcionaba en un humilde taller —el Instituto de Investigación Técnica Honda—, a ser una importante compañía nacida en 1948, Honda Motor Company, que contaba con modernas instalaciones. Una expansión que se había realizado entre 1952 y 1953 a base de recursos un poco discutibles: cobrar pronto a sus distribuidores y retrasar el pago a los proveedores.

El tratado de paz firmado con Estados Unidos en 1952 ponía fin a la ocupación y Japón recuperaba su independencia. Sin embargo, en 1953 las cosas empezaron a ir mal. El final de la Guerra de Corea dio paso a una recesión económica. Hasta ese momento, el éxito de la Honda Dream E había sustentado a la compañía, pero el crecimiento programado por Honda exigía financiación de los bancos, por lo que tuvieron que hipotecar todas sus instalaciones, y aun así tuvieron dificultades para conseguir los créditos. En 1954 los problemas empezaron a llegar de los compradores, que no estaban satisfechos con los cambios realizados en la Dream E: el motor pasó de 200 a 225 cc, empleando la base mecánica original de 146 cc. Y el resultado no fue bueno.

Llegó un momento en que Takeo Fujisawa, la mano derecha de Soichiro Honda y responsable comercial de la empresa, llegó a plantear declararse en quiebra. En medio de esa vorágine de días sin dormir para los directivos, con Fujisawa haciendo juegos malabares con banqueros, proveedores y sindicatos, Honda había tomado la decisión de enviar una moto a la carrera internacional de São Paulo. Aquella sería la primera competición internacional de la marca.

Las carreras en Japón estaban muy limitadas en aquella época. Soichiro Honda, al que siempre le fascinaron las competiciones, concibió su participación en las carreras como la mejor forma de llevar al límite sus productos y comprobar su rendimiento. Como vemos, esa forma de pensar era muy común entre los fabricantes de la época. En noviembre de 1953 alineó varias de sus Dream E en la carrera Sapporo-Kagoshima, una prueba de resistencia de 2.700 kilómetros de recorrido por carreteras descarnadas y caminos de roca volcánica.

En febrero de 1954 envió un equipo a la carrera internacional de São Paulo (Brasil), que formaba parte de la celebración del 400 aniversario de la fundación de la ciudad. En la ciudad carioca se encuentra la mayor concentración de población japonesa fuera de Japón. Honda envió allí una Dream E 125 pilotada por Mikio Omura, que no pasó de la 13.ª posición entre 22 participantes.

Fue un resultado discreto, pero Honda concebía aspiraciones mayores. En la fábrica se vivía en estado de efervescencia, intentando reactivar la producción de una renovada Dream de 225 cc y contratando más personal. Llegaron muchos trabajadores nuevos e inexpertos, algunos muy jóvenes, y Soichiro Honda solía supervisar su trabajo, mostrando su malestar cuando no estaba contento con el resultado y creando cierta inquietud y malestar entre los trabajadores, que no tenían la moral muy alta por las muestras de desconfianza de Honda.

En mayo, Honda anunció su intención de llevar en 1955 un equipo a la isla de Man, para competir en el Tourist Trophy contra los mejores fabricantes mundiales. Aquello sirvió de incentivo. Tras la guerra, la moral del país estaba muy baja por las humillantes condiciones de rendición impuestas a Japón. Fue una motivación para toda la compañía el simple hecho de que una Honda representara a Japón frente a otros países. Soichiro Honda encomendó a dos jóvenes ingenieros, Tadashi Kume y Kimio Shimmura, realizar el proyecto de la nueva moto. Fue una decisión inusual para una compañía de Japón, donde por lo general se respeta escrupulosamente la antigüedad y la categoría, aunque eso parecía importarle poco a Soichiro Honda, como demostrará a lo largo de la historia, encomendando proyectos nuevos a jóvenes ingenieros, como sucedería una década después con Soichiro Irimajiri, autor de algunos de los diseños más embriagadores de la ingeniería motociclista.

Honda y Fujisawa viajaron a la isla de Man en junio de 1955, donde quedaron sorprendidos por el nivel de la competencia. Las NSU Rennfox 125 que dominaban la categoría rendían 18

CV de potencia, mientras que la Honda daba poco más de diez. Pero Honda no se desmoralizó. Adquirió cadenas Reynolds, neumáticos Avon, carburadores Dell'Orto y bujías Champion, así como utilería diversa, por un valor de 450 millones de yenes de la época, una verdadera fortuna, y regresó a Japón, a seguir trabajando con la determinación de hacer una moto suficientemente competitiva. En 1956 Honda recibió un inesperado regalo: el conde Boselli, propietario de Mondial, le cedió una de sus 125, una de las motos más competitivas de la categoría en aquella época (Tarquinio Provini ganaría el Mundial en 1957). Honda solicitó un estudio de materiales a un instituto industrial japonés, descubriendo una elevada calidad en los mismos, especialmente el aluminio, que hasta la década de los años sesenta no sería posible obtener en Japón.

Honda decidió trabajar en motores bicilíndricos que pudieran girar a regímenes más altos, y apostó por decisiones audaces, como el aligeramiento de algunas piezas. Por ejemplo, obligó a rediseñar las bielas que habían sobredimensionado para aguantar un mayor régimen de giro, apoyándose en un proverbio japonés: «Un árbol grande no puede resistir la fuerza de los vientos, pero un bambú delgado y flexible sí puede hacerlo».

Trabajaron durante dos años en sus motos, al tiempo que competían en las carreras japonesas de la época, cuyo desarrollo tenía poco que ver con los Grandes Premios que se corrían en Europa. La Asama Race, o la subida al monte Fuji, eran completamente diferentes a los rapidísimos circuitos europeos de la época. Honda cosechó sus primeros éxitos en estas carreras y poco a poco fue perfeccionando su moto. Ya entonces se reveló el carácter de la marca, impreso por el impulso y la determinación de Honda. «El piloto es tan importante como la máquina (...). Sin un piloto de primera fila, seguiríamos sin poder ganar la carrera. Teníamos que hacer una moto tan buena, que pudiera ganar incluso sin un gran piloto», llegó a decir.

En 1959, por fin, Honda tiene todo a punto para debutar en el Mundial. Habían perfeccionado su diseño con la experiencia adquirida en la Asama Race, una carrera en la que, en

1958, se impuso un piloto que resultará crucial para la entrada de Honda en el campeonato, el norteamericano Bill Hunt, que serviría de cicerone a los pilotos japoneses en su primera salida fuera de Japón. Honda envió un equipo de cinco pilotos, con Hunt al frente, junto a Junzo Suzuki, Giichi Suzuki, Naomi Taniguchi y Teisuke Tanaka. Otro miembro del equipo, Kunihiko Akiyama, había muerto en abril en un accidente mientras rodaba un documental en Japón. Tanaka se incorporó a última hora para sustituir al fallecido Akiyama, y tuvo que correr con una versión más antigua (RC141).

La moto con la que debutaron fue la RC142, una bicilíndrica con doble árbol de levas y culata de cuatro válvulas, y cambio de seis velocidades. Las enviaron en vuelo directo de Tokio a Londres, lo que supuso un considerable gasto. En solo una carrera, Honda se iba a gastar tanto dinero como el que empleaba un fabricante europeo en toda la temporada. Aquello era toda una demostración de intenciones, y una exhibición

El equipo Honda que llegó a la isla de Man en 1959, en la primera salida de la formación japonesa a un Gran Premio del Mundial.

de músculo económico. Los japoneses no pudieron evitar medias sonrisas y miradas burlonas cuando desembalaron las cinco RC142 llegadas a Douglas, que todavía mostraban los neumáticos de tacos de la Asama Race.

El orgulloso Honda aguantó con estoicismo los comentarios maliciosos. No soportaba que lo llamaran *jap* de forma despectiva, y los que se tomaron su presencia de forma burlona y desconsiderada, tuvieron que comerse sus palabras. La carrera de 125, que desde 1954 venía disputándose en el Clypse Course, el circuito «corto» (17,3 kilómetros), terminó con el esperado éxito de Tarquinio Provini y la MV Agusta, que campaba a sus anchas en el campeonato. Luigi Taveri, ocasionalmente sobre una MZ, llegó a siete minutos, y dos minutos después lo hizo el joven Mike Hailwood con la Ducati. Para entonces, los que miraban a los japoneses con displicencia había comenzado a fruncir el ceño. Taniguchi fue sexto, dando a Honda su primer punto en el campeonato; tras él llegaron Giichi Suzuki y Tanaka, con Junzo Suzuki undécimo. Hunt no logró terminar.

Con estos resultados, Honda ganó el trofeo al fabricante. Volvieron a casa con satisfacción y se pusieron manos a la obra para preparar su futuro desembarco en el Mundial. Consiguieron ganar, por fin, la categoría de 250 en la Asama Race, empleando la nueva RC160 de cuatro cilindros, toda una exquisitez impensable en Europa, donde algunos fabricantes plegaban velas por la crisis y otros se miraban complacidos consigo mismos. No sabían la que les venía encima.

Motorizar desde los escombros

No faltaban ganas e imaginación para recuperar el ritmo de la competición, lo cual no resultó nada sencillo, habida cuenta del estado de calamidad en que se encontraba el mundo tras la II Guerra Mundial. En realidad, no todo el mundo, porque el amigo americano se había ido de rositas combatiendo a miles de kilómetros de casa, pero pagando un elevado coste en vidas humanas. Su industria salió fortalecida de la guerra, pero en Europa y Japón no se podía decir lo mismo.

La industria japonesa fue arrasada hasta sus cimientos. Pero eso no fue suficiente. Durante el periodo de administración norteamericana tras la rendición japonesa, una de las medidas más determinantes que se tomaron fue la del desmantelamiento de las *zaibatsu*, las grandes corporaciones empresariales que estaban en manos de una reducida oligarquía. Así, se ordenó el desmantelamiento de Mitsui, Mitsubishi, Sumitomo y Yasuda. Todas las industrias quedaron reducidas a la mínima expresión, abocando al país a una economía muy básica y esencial. Soichiro Honda, que había visto cómo su compañía Tokai Seiki se había venido abajo, buscaba nuevas oportunidades para rehacerse. Con las enormes trabas impuestas por el gobierno de ocupación le resultaría imposible volver a fabricar motores, y debería plantearse otra cosa, dejar de pensar a lo grande para buscar una forma de regresar a la actividad de un modo más básico y asumible, porque además, económicamente, no pasaba por un buen momento.

Cuando fundó en 1946 el Instituto de Investigación Técnica Honda, su primer trabajo fue reciclar los pequeños motores empleados por el ejército japonés en las telecomunicaciones.

Los compraba a bajo precio, los reparaba, los ponía en orden de marcha y los adaptaba a bicicletas, que se vendieron muy bien. Pero llegó un momento en que se acabaron los motores, así que a Honda no le quedó más remedio que ponerse a fabricarlos. Aquellas bicicletas con motor se vendieron como rosquillas. No había medios de comunicación, porque las líneas de ferrocarril habían quedado casi inutilizadas y apenas circulaban unos pocos trenes, y muchas calles y carreteras estaban en pésimas condiciones, así que las ligeras y manejables bicicletas motorizadas se convirtieron en el medio de transporte ideal.

Fue un momento muy duro para Japón, que padecía una enorme escasez de alimentos. El país estuvo a punto de caer en la hambruna. Los comerciantes encontraron en las bicicletas de Honda un excelente medio para llevar sus mercaderías a todos los rincones de Japón. En esa complicada situación, el mercado negro floreció, y estos mercaderes siempre tuvieron dinero fresco para comprar bicicletas. Honda exploró todo tipo de posibilidades para sacar partido de la situación, como la venta de

Antes de la II Guerra Mundial, Soichiro Honda estuvo implicado al máximo en la industria automovilística.

combustible a base de gasolina y aceite de trementina. La escasez de materias primas convirtió la gasolina en un bien muy preciado, porque además estaba racionada y bajo un estricto control gubernamental. Ya durante la guerra, cuando la situación comenzaba a complicarse para Japón, se experimentó con esa mezcla para crear combustible para aviones. Al llegar la paz, las limitaciones convirtieron la gasolina en algo prohibitivo, y fiel a su inquieto carácter, Soichiro Honda decidió experimentar por su propia cuenta la mezcla de gasolina y aceite de trementina, una sustancia que se extraía de las raíces de los pinos.

Honda compró un bosque de pinos, y para extraer sus raíces no se le ocurrió mejor manera de hacerlo que dinamitar la base de los árboles. Puso un explosivo en un árbol y la detonación provocó un incendio que casi consumió todo el bosque... Pero consiguió las raíces y extrajo el aceite de trementina, una sustancia de fuerte olor. Compraba la gasolina en el mercado negro, y cuando la policía le interceptaba para saber de dónde había sacado el combustible, algo que terminó convirtiéndose en una intervención de lo más habitual para los agentes, Honda abría el depósito para que emanara el olor a trementina, explicando que mezclaba la exigua cuota de gasolina que le correspondía con aceite de trementina para disponer de mayor cantidad de combustible. Y los agentes le dejaban proseguir su camino sin más indagaciones. En muchas ocasiones ni siquiera llevaba esa mezcla; simplemente vertía una porción de la olorosa sustancia en el depósito para que su fuerte aroma envolviera todo.

Esa carencia de materias primas también la vivimos en España, donde también se buscaron imaginativos métodos para generar combustibles alternativos. Aquí, tras la Guerra Civil, se hizo muy común el uso de gasógenos, aparatos que, mediante el procedimiento de la gasificación, convertía combustibles sólidos como el carbón o la leña en un combustible gaseoso denominado gas de gasógeno, que permitía el funcionamiento de los motores. La mayor inconveniencia del gasógeno era el volumen del aparato, ya que en ocasiones terminaba acoplado a un pequeño remolque para no robar espacio al maletero del coche, a la caja del camión, o restar plazas al autobús de línea.

Una de las empresas que más éxito tuvo en el desarrollo de estos aparatos fue Gasógenos Permanyer, en Barcelona, que desde el pequeño taller mecánico que regentaba Pere Permanyer en la calle Rómulo Bosch, donde se encontraba el almacén del antiguo negocio familiar —su abuelo había fundado una importadora de combustibles vegetales, Carbones Permanyer, que traía desde Italia—, tuvo que trasladarse a unas instalaciones más amplias en la calle Córcega 408, donde apenas daba abasto para responder a la enorme demanda que recibía.

El negocio del gasógeno iba bien, pero el perspicaz Permanyer comprendió en 1944 que, tal como iban las cosas por Europa, lo de los gasógenos iba a tener un recorrido más bien corto. Cuando los aliados dieran caza a Hitler, más tarde o más temprano Europa y el mundo recuperarían la normalidad, y la gasolina dejaría de estar racionada. Así que se puso a pensar en una nueva actividad industrial a la que poder dedicarse.

Casualmente, su jefe de taller, José Antonio Soler y Urgell, Jasu, con el que había trabado una gran amistad durante la Guerra Civil, en la que ambos sirvieron en Zaragoza en un taller de reparación y reconstrucción de vehículos de la aviación franquista, le puso en contacto con su cuñado, un joven ingeniero llamado Francisco X. Bultó, que en aquellos días también andaba dándole vueltas a la cabeza sobre qué hacer con su vida.

Durante una comida familiar, en el otoño de 1944, Jasu le dijo a Bultó: «¿Sabes que Pere está muy preocupado porque se acaba lo de los gasógenos? ¡Y a ver qué va a hacer!». Bultó, sin pensarlo mucho, le soltó: «Dile a ver si quiere fabricar una moto». Jasu se sorprendió. «Sí, con un motor de dos tiempos, que aunque a día de hoy no está muy reconocido, creo que tiene porvenir», añadió Bultó. Y siguieron con su sobremesa, sin más. Luego hablarían de fútbol, o de cualquier nimiedad.

Bultó se había asociado con su amigo Antonio Barella en 1940 para crear «Barella y Bultó S.L. Fábrica de aros para émbolo». Fabricaban segmentos para los pistones de los motores de aviación de la aeronáutica Elizalde. El motociclismo era algo enormemente atractivo para él. Desde muy joven se sintió atraído por el mundo del motor y en especial por las motos. La cercanía del Autódromo de Terramar de la finca familiar le permitió acudir con frecuencia a contemplar las carreras, y en cuanto pudo, él mismo compitió, bajo el pseudónimo de Patek. Con su primo Luis Marqués y su amigo Carlos Carreras, todos ellos estudiantes de ingeniería, formaron lo que denominaban «el grupo de la bencina», que disfrutaba de las carreras por pura afición y sin pretensiones profesionales, y a costa de no pocos costalazos.

Permanyer, por su parte, también tenía interés por los motores, pero nunca contó con la atracción de la competición que sentía Bultó. Durante su etapa en Zaragoza le llamó poderosamente la atención el motor de «dos tiempos» de las furgonetas DKW, y una de las primeras ideas que se le ocurrieron cuando comenzó a pensar en alternativas para el negocio de los gasógenos fue la de construir un pequeño motor de «dos tiempos» que se pudiera acoplar a una bicicleta, y de esta forma lograr un sencillo medio de locomoción. Separados por miles de kilómetros de distancia, Honda y Permanyer, el pensamiento lógico y el sentido común los conducía en la misma dirección.

Cuando Jasu le contó a Permanyer la idea de Bultó, su amigo se mostró interesado, aunque a él, en realidad, le atraía la ingeniería que había detrás del diseño y la construcción de un motor. Lo de la moto ya era secundario. Cuando entablaron contacto los dos, Bultó defendió con vehemencia la idea de hacer la moto, y consiguió persuadirlo para fabricar una modelo de 100 cc. Permanyer le dijo que si era capaz de asumir el diseño, él estaba dispuesto a fabricarla. Bultó tomó como base la Motobécane B1 V2 Grand Routier comprada en Francia para su sobrino Juan Soler Bultó, el hijo de Jasu. La compró en 1942, en Francia, en un pintoresco viaje organizado con un grupo de amigos y el hijo del general Moscardó, en el que se alojaron en un edificio de la Gestapo en Perpiñán. Era necesario sacar los planos de aquel motor, así que gracias a su buena relación con la aeronáutica Elizalde, para quienes Barella y Bultó S.L. fabricaba los segmentos de los motores Wright Cyclone, pusieron a su servicio a un delineante proyectista llamado José Nomen, que fue el encargado de dibujar el motor de la Motobécane para la nueva moto.

Bultó se encargó de modificar el diseño del chasis y de dar un aspecto más atractivo al conjunto, con un aire muy británico, de clara inspiración Norton. La habilidad de Permanyer para conseguir proveedores resultó providencial, así como el ofrecimiento de Manuel Giró, propietario de Orfeo Sincrónico S.A., reconocido fabricante de unas excelentes máquinas cinematográficas, y entusiasta competidor motociclista, que en su momento tuvo intención de fabricar motos. Años atrás había adquirido cien platos magnéticos Bosch con ese fin, pero el golpe del 18 de julio y la Guerra Civil frustraron sus planes, y al conocer el proyecto de Bultó se lo ofreció. Con los volantes magnéticos incluyó tubo estirado para chasis, y una estampadora para la horquilla delantera, y todo a precio de coste: 22.000 pesetas. Todo ello sirvió para que Permanyer y Bultó fabricaran las primeras unidades de una moto que no tenía nombre. Y en señal de agradecimiento, la noche de Navidad se acercaron hasta el domicilio de Giró y, aupados en una escalera, dejaron en el balcón de su casa una de esas primeras unidades que fabricaron, como reconocemiento a su ayuda.

Para contrastar la fiabilidad de la moto, el 11 de febrero de 1945 la inscribieron bajo la marca XX en la prueba de regularidad del Real Moto Club de Cataluña, con José Luis Milá —padre de los periodistas Mercedes y Lorenzo Milá— como piloto, viéndose obligado a abandonar por un fallo en el sistema de encendido.

No era cuestión de ir por ahí con una moto que se llamara XX, así que empezaron a barajar posibles nombres. Alguien propuso Perbusol, acrónimo surgido de unir los apellidos Permanyer, Bultó y Soler, pero, como dijo el propio Bultó, «era un nombre más indicado para un dentífrico o un detergente que para una moto». Bultó propuso Montesa, y a todos les pareció bien. Aunque a la Orden de Caballería de Montesa, una orden religiosa y militar fundada por el rey Jaime II de Aragón en el siglo XIV, no le gustó la idea y presentó una reclamación en los juzgados por esta denominación. En su defensa, los industriales alegaron, con mucho ingenio, que el nombre correspondía a un acrónimo de Montura Barcelonesa, lo cual no era cierto: no era más que una sencilla invención para salir del paso en esa comprometida situación, pero al juez le pareció correcto y ganaron el recurso. Y desde entonces, la nueva marca tuvo su nombre y, por fin, se pudo hablar de una industria motociclista nacional propiamente dicha.

En Alemania, la industria motociclista que surge de los escombros vive una suerte dispar. Por ejemplo, las factorías de BMW quedaron repartidas: Múnich y Spandau en el lado occidental, y Eisenach en el lado oriental. Las instalaciones de Múnich resultaron muy dañadas, mientras que, en la zona de control soviético, Eisenach pudo mantener su producción sin excesivos contratiempos hasta el final de la guerra. De hecho, buena parte del material disponible, así como recambios, utilería y planos terminaron en Eisenach, aunque la prohibición inicial de fabricar motocicletas hizo que las actividades de la marca quedaran reducidas a la producción de utensilios y menaje.

Las autoridades de ocupación enseguida se dieron cuenta de que así nunca progresaría un país con semejante capacidad

Pere Permanyer (izquierda) y Francisco X. Bultó
se unieron para fundar Montesa.

industrial, así que levantaron la prohibición de fabricar motos en 1947, y al año siguiente se retoma la producción desarrollando la R 24, un modelo de 247 cc realizado a imagen y semejanza de la R 23 de antes de la guerra. Por algo había que empezar. Fue un comienzo complicado, porque uno de los ingenieros más prestigiosos de la marca, Rudolf Schleicher, decidió dejar BMW justo en ese momento para montar su propia empresa, dedicada a la fabricación de culatas para diferentes marcas automovilísticas.

Durante la década de los años cincuenta, el milagro alemán transformó la parte occidental del país. La clave residía en que, a pesar de la devastación sufrida durante la guerra, en Alemania seguía habiendo importantes fortunas ligadas a la actividad industrial que volvieron a invertir en los grandes negocios. Inmune su mayoría a los juicios políticos tras la caída del régimen nazi, después de haber sacado tajada durante doce años de la espiral de odio y violencia generado por el III Reich, estos grandes inversores siguieron con sus negocios, y los alemanes miraron a otro lado sin rendirles cuentas. La familia Quandt, que adquirió BMW en los años cincuenta, fue un habitual contribuyente del régimen nazi, después de haber sido también víctima del mismo. Günther Quandt, el patriarca, fue encarcelado durante unas semanas por una intriga, pero una vez libre decidió colaborar con el régimen para sacar partido de él.

DKW, otro de los puntales de la industria motociclista alemana, había quedado en la zona de ocupación soviética, pero sus dirigentes decidieron trasladar su actividad a Ingolstadt, en la Alta Baviera, donde levantaron una nueva fábrica. La verdad es que en los años posteriores a la guerra no había mucho que hacer debido a las limitaciones a la producción impuestas a la industria alemana, así que básicamente se dedicaron a recopilar todo el material militar que podían para adaptarlo a la nueva vida civil. El levantamiento de la prohibición en 1947 permitió que los antiguos directivos de Auto Union, cuyas fortunas habían quedado a buen recaudo durante la guerra y la ocupación aliada, fueran autorizados a retomar la actividad, invirtiendo la suficiente cantidad de dinero como para reiniciar el trabajo allí donde lo habían dejado. Y en el caso de DKW, con más razón que nadie, se pusieron manos a la obra con el archiconocido modelo RT 125.

El caso de NSU fue más peculiar, porque en realidad nunca cesó su producción, ni siquiera una vez ocupada Alemania por los aliados. Su planta de Neckarsulm cayó del lado occidental, bajo control estadounidense, permitiendo que siguieran produciendo sus vehículos, una todavía considerable partida de motos, pero sobre todo miles de bicicletas. En 1945 produjeron casi 9.000 bicicletas. Mientras otras fábricas alemanas, antiguos templos de la ingeniería, se dedicaban a la humilde labor de fabricar ollas y cacerolas, en NSU producían pequeñas partidas de vehículos. Una cifra nada comparable a la producción de antaño, pero eso permitió que la actividad nunca decayera, y cuando la prohibición aliada a la fabricación de vehículos se levantó, NSU pisó el acelerador como ninguna marca: en 1948 fabricaron 58.000 bicicletas y más de 9.000 motos.

Una de las ventajas de que Alemania se viera apartada de las competiciones internacionales hasta 1951, es que los grandes fabricantes desempolvaron sus motos sobrealimentadas de antes de la guerra y siguieron compitiendo con ellas. En 1950 NSU había llevado al máximo nivel de su desarrollo la 500 de cuatro cilindros sobrealimentada, que rendía 98 CV de potencia, y Heiner Fleischmann se medía con el todopoderoso Georg

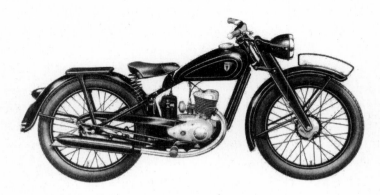

DKW RT 125, seguramente, la moto más copiada de la historia, porque la mayoría de los diseños de motos ligeras de «dos tiempos» se inspiraron en ella.

Meier y su BMW Kompressor para lograr la hegemonía en el *Eilenriede-Rennen* de Hannover, el campeonato alemán. No podían competir en el Mundial, pero el éxito en las carreras locales se traducía en mayor número de ventas. Los alemanes no pasaron las calamidades que vivieron los japoneses, no hubo el hambre que se vivió allí, ni acudieron al Palacio Imperial de Tokio para pedir arroz al Hijo del Sol, como tuvieron que hacer miles de japoneses hambrientos. Simplemente aplicaron la máxima del pragmatismo: dar prioridad al valor práctico de las cosas sobre cualquier otro valor. Y parece que les funcionó.

Autarquía y servidumbre: el motociclismo en la España franquista

Antes de la Guerra Civil, la actividad de la industria nacional era tan escasa que podemos decir que no había industria motociclista nacional en España. En los años veinte del pasado siglo, un puñado de pioneros se puso el mundopor montera y decidió dedicarse a la fabricación de motos. Hoy les habrían llamado emprendedores, pero entonces sencillamente pensaban que estaban completamente locos. Son pequeñas fábricas sin recursos, con más voluntad que medios, que intentan abrirse paso en una España rural y atrasada. Pero las motos son para los ricos, los únicos que se pueden permitir caprichos tan caros como una moto.

El fabricante más importante en ese periodo fue Patria, una marca que Antonio Serra, hijo de industriales textiles y entusiasta de los motores, funda en Badalona en 1922. Un par de años antes había intentado poner en marcha una fábrica de coches, pero apenas llegó a fabricar un puñado de unidades. Así que se pasó a las motos con el objetivo de convertirse en proveedor del ejército y el Estado. Aquello no era mala idea, porque el españolito medio de aquella época no estaba para motos ni gastos semejantes, solo al alcance de las clases acomodadas. Pero Serra no es ingeniero, no diseña motores, ni es proyectista, ni tiene conocimientos técnicos. Su buena posición le abocaba a continuar con el próspero negocio familiar de los textiles, que permitiría disfrutar de una desahogada existencia a un buen número de familias de la burguesía catalana. Y sin conocimientos, ¿qué se puede hacer? Sencillamente, comprar materiales y equipamiento, y dedicarse a ensamblarlo para dar forma a una moto.

Patria construirá motos de la más variada cilindrada, empleando motores de origen extranjero, como los ligeros «dos tiempos» Villiers de 175 cc, o los JAP de «cuatro tiempos». También se proyectó una gran tetracilíndrica con motor norteamericano Henderson 1.100 cc, pero finalmente Serra no consiguió el contrato con el Estado. Entre los modelos más populares de entonces destacó la Patria 500 Gran Sport, con motor JAP 488 cc. Pero llegó la Guerra Civil y la fábrica terminó cerrando, Serra abandonó el país y la fábrica de Badalona se convirtió en un cuartel de las Brigadas Internacionales. Serra regresó en abril de 1939, una vez acabada la guerra, pero falleció de forma inesperada apenas dos meses después.

Otra marca con iniciativa fue Simó, pero su caso es diferente. Miquel Simó entró en la Escuela Industrial de Barcelona en 1922, cuando tenía quince años, y al llegar el momento de definir su proyecto de fin de estudios, dejó boquiabiertos a sus profesores al anunciar que construiría una moto. Su aplicación y el convencimiento con que abordó el proyecto hizo que el director de la Escuela pusiera a su disposición todos los medios disponibles para completar el proyecto, y así Simó completó la construcción de una moto con motor de «dos tiempos» de 148 cc. Hay que reconocer que no era la primera vez que se metía en un fregado semejante. Con solo catorce años había conseguido acoplar un motor auxiliar DKW de 118 cc a una bicicleta, con la que se lanzaba a toda velocidad por las carreteras circundantes de Barcelona. No pasó desapercibido para nadie, por la velocidad con la que rodaba por aquellas vías, ni por los costalazos que con relativa frecuencia se pegaba. En una ocasión Ricardo Zamora, portero del F. C. Barcelona y de la selección española, la primera gran estrella del fútbol español, tuvo la ocasión de verle en unas de sus idas y venidas, y decidió regalarle un par de rodilleras de su equipación, con el fin de mitigar los golpes y moretones que sufría.

Además de ser un apasionado de la velocidad, Simó profundizó en sus conocimientos técnicos y se mostró atento a cualquier oportunidad, como cuando la Escuela Industrial de Barcelona recibió la visita del ministro de Industria. Ni corto ni perezoso, Simó le mostró su proyecto y, sin el menor rubor, comentó al ministro que si tuviera financiación podría desarrollar una moto más potente y moderna. Su descaro no cayó en saco roto. En 1927 el Ministerio de Industria le concede una subvención de 2.500 pesetas para el desarrollo de su proyecto. Invirtió el dinero en el perfeccionamiento de su proyecto de fin de estudios. Y también descubrió que el Estado podía ser un buen cliente si se le ofrecía el producto adecuado.

«Leí en un diario que existían subvenciones gubernamentales para las nuevas industrias y no dudé en plantarme en Madrid con mi moto. Después de hacerme volver una y otra vez, me encontré en el Ministerio de la Guerra presentándole

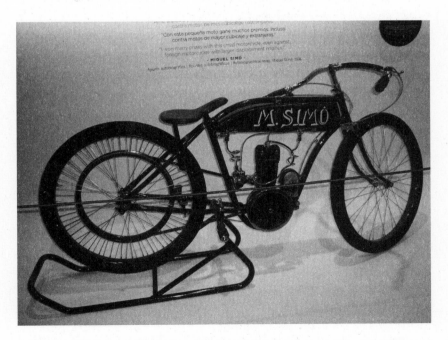

Miquel Simó desarrolló sus propios diseños con una singular iniciativa, aunque el negocio de la moto en la España de los años veinte no prosperó.

al general Primo de Rivera mi moto, quien me encargó veinticinco unidades, a 2.500 pesetas la unidad», contó Simó. Y así fue como de 1929 a 1932 Simó se convirtió en proveedor del Estado, realizando una variada producción de sus modelos de 148 cc y 250 cc, con motor de «dos tiempos». Los destinatarios fueron el ejército y Correos.

Pero tampoco era el negocio del siglo. Simó llegó a construir unas 600 motos, una cantidad pequeña comparada con la de los grandes fabricantes europeos, pero enorme si contemplamos la escasez de la industria nacional. Abandonó la actividad en 1932 y se puso a trabajar en General Motors, pero el gusanillo de las carreras hizo que se dedicara a competir a partir de 1933, con bastante éxito tanto en España como en Europa, con el apoyo del fabricante francés Terrot. Su carrera se vio interrumpida en 1939 a consecuencia de un accidente en el Tourist Trophy de la isla de Man, que lo dejó postrado en una silla de ruedas. Eso no le apartó de las motos ni de la mecánica. Después de la guerra se dedicó a realizar cochecitos para inválidos, y en los años sesenta se convirtió en un afamado restaurador de vehículos clásicos.

Hay que reconocerlo. En España nos faltaban un montón de cosas para poder competir con países como Italia, Reino Unido, Alemania y Francia en materia motociclista. Para empezar, no teníamos capacidad económica ni ambición industrial. Todo se quedaba en proyectos menores que sobrevivían miserablemente.

Después de la Guerra Civil sí que se producirá un cambio en el perfil industrial del fabricante de moto, que verá en este tipo de vehículo el medio de transporte ideal para un país que intentaba abrirse paso entre la miseria, las carencias, el racionamiento y el estraperlo, cuatro verdaderas plagas que sacudían España. Ricardo Soriano fue el primer industrial que quiso motorizar a la sociedad española, y lo hizo con unas motos adaptadas a las circunstancias. Tampoco él cumplía el perfil típico de industrial que se conocía en Europa. Aristócrata —marqués de Ivanrey— y millonario, Soriano se había distinguido por una vida sin limitaciones en la que hizo cuanto quiso. Era ingeniero y tenía excelente formación, construyó un trineo de velocidad, el Gredos, que el Comité Olímpico Internacional consideró el antecesor del *bobsleigh*. Probó fortuna en la industria automovilística, y también fue mecenas de artistas: aportó la financiación a Luis Buñuel para que pudiera realizar *Un perro andaluz*.

En 1942 puso en marcha la marca Soriano, dedicada a la fabricación de unas peculiares motos que se distinguían por sus pequeñas ruedas 4,00x8 y su reducido tamaño. Tenían motores propios de 122 cc o motores Villiers británicos, y sus modelos tenían nombres inconfundibles: Potro de Acero, Puma, Tigre, Lince y Pantera. Eran motos accesibles para el españolito de a pie. Cuando los nuevos fabricantes españoles iniciaron la producción de motos convencionales, las peculiares Soriano carecían de sentido. Sinceramente, parecían una broma. Y entonces, en 1951, la fábrica cesó su actividad y Ricardo Soriano se concentró en su nueva actividad: inventar Marbella.

Lo curioso del caso es que el origen de los futuros grandes productores motociclistas españoles estaba alejado de la automoción propiamente dicha, pero no resultaban tan ajenos. Pere Permanyer construía gasógenos y FranciscoX. Bultó tenía una fábrica de segmentos para motores, y juntos crearon Montesa, y luego Bultó crearía Bultaco; Simeón Rabasa fabricaba bicicletas antes de levantar la factoría motociclista Derbi, y Riera y Juanola realizaban accesorios ciclistas hasta que les dio por hacer bicicletas primero, y comprar pequeños motores franceses después. Podemos decir que todos tenían cierta relación con el mundo de la automoción, y luego están los casos extremos: OSSA, nacida por iniciativa de Manuel Giró, que fabricaba cámaras cinematográficas de excelente calidad, pero que además era un gran aficionado y competidor —llegó a ser campeón de España de sidecares—; y Sanglas, especializada en motores estacionarios; pero los hermanos Sanglas, ambos ingenieros, supieron ver el negocio de fabricar motos de gran cilindrada para proveer a las fuerzas y los cuerpos de seguridad. También Lube, que fabricaba modelos propios bajo licencia NSU, con altibajos y falta de renovación técnica, pero con cierto éxito.

AFECTOS AL RÉGIMEN

Lo importante en aquellos momentos no era la procedencia de los fabricantes, no era una cuestión de pedigrí; lo importante era que, por fin, se podía hablar en España de una verdadera industria motociclista nacional, pequeña, atomizada, limitada, pero activa como ninguna. Si antes de 1945 apenas había nueve fabricantes de motos inscritos en el registro de actividades industriales del Ministerio de Industria, solo cinco años después pasan de cincuenta las empresas declaradas como fabricantes de motocicletas.

La situación por la que pasaba España tras la II Guerra Mundial, apuntada en el bando de los perdedores, pobre, devastada por su reciente guerra y aislada de los países por su complicidad con las potencias del Eje, marcaba un horizonte muy limitado para cualquier actividad, y los fabricantes nacionales se las apañaron como buenamente pudieron para salir adelante. La autarquía económica, vendida como hispánica virtud por el Régimen, fue en realidad el único camino a seguir habida cuenta de las enormes carencias existentes.

Una competición española en los años de la posguerra.
Los uniformes militares son mayoría.

Los ojos del Régimen están en todas partes. Los hombres de Falange y sus camisas azules aparecen por doquier, y si no están ellos, están los militares.

La Real Federación Motociclista Española (RFME) retoma la actividad deportiva, escasa o nula, hay que reconocerlo, pero intenta reordenar el deporte motociclista español, que en los años treinta había llegado a ser muy competitivo y contar con pilotos de cierto nivel. Hasta 1951 pasaron por la federación una ristra de militares de lo más variado, como Álvaro Elices Gasset, vinculado al mundo de la aviación en la Dirección General de Aeronáutica Civil, o el coronel de Infantería Julio Oslé Carbonell, que estuvo allí prácticamente de pegote y en cuanto cesó en la presidencia en 1945 pasó a ocupar un destino como gobernador militar. Le sucederá otro militar, José López-Barón y Cerruti, que llegó allí después de alcanzar el grado de teniente coronel en la División Azul, de donde regresó en 1942, incorporándose a la Dirección General de Seguridad. Obviamente, con esa enorme experiencia en el frente ruso, estaba más que preparado para dirigir una entidad deportiva como la federación motociclista... Cuando deja la federación en 1950 le sustituye... el general de infantería Sabas Navarro Brinsdon. Si al menos procediera de alguno de los cuerpos motorizados del ejército...

Hasta 1951 no vuelve a quedar la responsabilidad del deporte motociclista en manos civiles: Nicolás Rodil del Valle, que en su carrera profesional en el ámbito federativo llegará a convertirse en presidente de la Federación Internacional. Rodil del Valle al menos sí que era un hombre vinculado a las motos, tanto como comercial como miembro del Real Moto Club de España (RMCE).

La verdad es que el club madrileño se las sabía todas a la hora de lubricar el aparato del Régimen. Cuando a principios de los años cuarenta las carreras estuvieron controladas por los cuerpos motorizados del ejército y las fuerzas de seguridad, el RMCE decidió nombrar presidente honorario al general Enrique Uzquiano Leonard, viejo compañero de las campañas africanas del general Franco. Aquí nadie se andaba con tonterías. ¿Que hacía falta una póliza, un sello, un permiso, que un funcionario se ponía estricto, que alguien ponía pegas? Mi general, tenemos un problema...

Son tiempos de mucha lisonja y agasajo con el poder y los que están próximos a él. En la primera edición del Premio Internacional de Madrid, disputado en el Parque del Retiro madrileño, apareció por sorpresa Carmencita Franco —para entonces lo del diminutivo ya le quedaba desfasado—, lo que provocó un enorme trastorno en la junta directiva del club. A nadie se le había ocurrido invitarla, y que se presentara así, de improviso, dejaba al club en una situación de vergüenza por su falta de tacto y escaso protocolo... Que nadie cayera en la cuenta de cursar una invitación oficial al Palacio del Pardo era verdaderamente inaceptable. El «asunto Carmencita» dio para varias reuniones de los directivos del club, y se tomaron decisiones drásticas. Lo primero, enviarle un ramo de flores como disculpa por semejante desaire. Y después se acordó invitarla siempre en las próximas ediciones del Premio Internacional. Otro acuerdo de la junta directiva fue enviar siempre un ramo de flores en nombre del club con motivo de su onomástica. No fuera a ser que se quejara a papá, y ya ni Uzquiano podría solucionar el problema.

En otra ocasión, con motivo de la edición del Premio Internacional de Madrid disputada en 1964, que coincidió con los famosos 25 años de paz franquista, corrió el rumor de que la carrera iba a ser presidida por el mismísimo general Franco. Con todo el programa de carreras ya en marcha, con los pilotos de las diferentes categorías dispuestos para rodar, el público en los graderíos, y el Parque del Retiro brillando en todo su esplendor, la organización anunció un retraso en el horario de las carreras. «Eso es que viene Franco», pensó el más avispado, o al menos eso era lo que esperaban los animosos miembros del club. Los que más lo disfrutaron fueron la chavalería que pilotaba las motos de la caravana publicitaria, que rodaba entre carrera y carrera, ya que en esa edición dieron unas cuantas vueltas adicionales para entretener al personal. Pero al final, a Franco ni se le vio. Seguramente se quedó en El Pardo, viendo la televisión.

No es de extrañar semejante servidumbre en el RMCE, habida cuenta de que su entonces presidente, y futuro presidente de la Federación Española, era Luis Soriano, hombre de estrecha vinculación con el Régimen: subjefe provincial del Movimiento en Madrid desde 1958 hasta 1968, lugarteniente general de la guardia de Franco, vicepresidente del Consejo Provincial del Movimiento de Madrid, consejero nacional del Movimiento, procurador en Cortes entre 1967 y 1975, y diputado provincial y concejal del Ayuntamiento de Madrid. Un hombre así siempre sabía a qué puerta tocar, aunque con la llegada de los tecnócratas del Opus Dei en los años sesenta, los de Falange dejaron de ser infalibles.

APRETARSE EL CINTURÓN

La autarquía se vendía muy bien de puertas para adentro. ¿Quién no ha oído hablar del mantra franquista, «somos la octava potencia industrial del mundo»? Bueno, eso llegó con el desarrollismo posterior, pero la autarquía cantaba las excelencias de la industria patria, envidia de medio mundo, ejemplo de generaciones, crisol de culturas, y bla, bla, bla.

Seguramente esa carencia generalizada agudizó la imaginación, qué cabe duda, y se consiguió lograr una productividad inimaginable. En ocasiones, ese no total a la importación tenía excepciones. Cuando las competiciones motociclistas internacionales recuperan el ritmo en nuestro país, con el Gran Premio de Barcelona, en Montjuïc, convertido en el escenario del Gran Premio de España y puntuable para el Campeonato del Mundo desde 1951, queda en evidencia que los pilotos españoles no pueden aspirar a nada. Por no haber no había ni suficientes divisas para pagar los premios a los pilotos extranjeros que veían a competir y que exigían el pago en la moneda de su país, o en francos suizos, por aquello de que la regulación deportiva la establecía la Federación Internacional, cuya sede estaba en Suiza.

En vista de que los españoles solo podían competir con ciertas aspiraciones en la categoría de 125 cc, donde Montesa se había consolidado como fabricante, se deciden reducir las limitaciones. El Ministerio de Comercio abre ligeramente la mano concediendo un número limitado de licencias de importación para poder adquirir motos de competición a fabricantes extranjeros, pero con unas condiciones de uso muy severas: el piloto beneficiado por la licencia se debía comprometer a vender a otro una moto de similares características que tuviera en propiedad. El objetivo que se buscaba era que, de esta forma, el material importado fuera rotando entre los pilotos, consiguiendo así una progresiva renovación. Pero la picardía hispana salió a relucir y, ante la ignorancia de los inspectores, se vendía una moto de igual cilindrada a la que se autorizaba a importar, aunque no se tratara de un modelo de competición. Bastaba con comprar una vieja moto y venderla, y con la venta quedaba justificada la licencia. El catálogo de artimañas era de lo más variado.

Las licencias de importación tampoco solucionaban el problema del material, porque tenían un alcance muy limitado. Por un lado, no había muchos pilotos con la economía tan saneada como para permitirse el lujo de importar una moto, y por otro, el número de licencias era tan reducido que eran muy pocos los que podían acceder a este lujo. Por ejemplo, en 1954 el Ministerio de Comercio solo concedió seis licencias de importación, y además los afortunados tampoco podían permitirse el lujo de cambiar de modelo cada temporada, así que cada unidad resultaba bien aprovechada durante varios años antes de renovarla.

Con habilidad se fue sorteando la ley y las complicaciones del negocio, y el crecimiento de la industria motociclista llegó a un momento casi insostenible, porque la economía española estaba cogida con alfileres. Para colmo, llegó el 600, y acabó por hundir el negocio, porque haciendo un esfuerzo un poco mayor, en vez de una moto te podías comprar un coche. Qué digo coche, un cochazo. ¡Menudo era el 600!

Viendo que las cosas se ponían peligrosas, el Ministerio de Economía puso en marcha el austero Plan de Estabilización Nacional en 1959, que obligará a reducir el gasto de forma drástica y a priorizar el ahorro, y eso se reflejará en la industria motociclista, con una generalizada reducción de la inversión en las carreras. Era una situación que se veía venir y los fabricantes tomaron medidas antes de verse arrollados por la regulación. El mejor ejemplo de esta situación es Montesa, que en 1956 había tocado la gloria con la punta de los dedos en el Tourist Trophy de la isla de Man, al colocar tres de sus motos en segunda, tercera y cuarta posición de la categoría de 125 cc. Nunca el motociclismo español había brillado a ese nivel.

Sin embargo, las complicaciones económicas pueden terminar arrastrando al fabricante, y en Montesa se decide recortar su presupuesto deportivo a partir de 1957, y finalmente cerrar el departamento de competición en 1958, aunque fuera de forma provisional. Esta decisión provoca un cisma

Montesa fue la referencia del motociclismo español con su épica carrera en el Tourist Trophy de 1956, donde colocó tres motos en las cuatro primeras posiciones.

entre los socios de la marca, Pere Permanyer y FranciscoX. Bultó. El primero, pragmático, miró por el futuro a medio y largo plazo de la empresa. Bultó, que era responsable de la parte deportiva, lo vio como un ataque directo a su trabajo. Todo derivó en la marcha de Bultó, que abandona Montesa en 1958 para crear pocos meses después una nueva fábrica: Bultaco.

El exigente ajuste del Plan de Estabilización limitó el acceso al crédito, perjudicando a la industria nacional, que estaba compuesta en gran medida por pequeñas empresas que necesitaban recibir con regularidad la liquidez que les suministraban los bancos. El encarecimiento de los créditos llevó a la ruina a los fabricantes menos competitivos, generando una ola de desempleo y el fenómeno de la emigración. Las empresas que sobrevivieron tuvieron que reestructurarse, limitando los gastos estructurales. Es decir, lo que hizo Montesa con su departamento de competición.

Y el retraimiento de Montesa, marca de referencia del deporte motociclista nacional, repercute en el motociclismo español en su conjunto, que se había proyectado internacionalmente impulsado por el empuje de Montesa. Una derivada del Plan de Estabilización fue la devaluación de la peseta, con lo que las licencias de importación se encarecen, y como consecuencia de ello se acentúa el envejecimiento del parque motociclista de competición, entrando en una espiral sin retorno: como los pilotos españoles no tienen material competitivo, no salen al extranjero, y eso les lleva a no progresar, deportivamente hablando. La pescadilla que se muerde la cola.

No hay falta de interés por las motos, sino una preocupante escasez de recursos. Precisamente en 1956, cuando la industria nacional disfruta de su momento más próspero, el parque motociclista había superado al parque automovilístico, algo inédito en la automoción española. Cuando arrancó la década, las motos representaban solo el 16 % del parque, pero seis años después ya suponían casi el 54 % de los vehículos, y su número seguirá creciendo hasta alcanzar su cuota máxima en 1959, cuando las motos representen el 66,4 % de los vehículos matriculados en España. A partir de ese momento se iniciará un estancamiento que en poco tiempo llevará a un descenso implacable provocado por el auge del automóvil. La llegada del coche utilitario, con el SEAT 600 como principal exponente, barato, accesible, capaz y fácil de manejar, marcará la segunda motorización del país a partir de 1957, y con el tiempo la moto pasará a ser un vehículo de uso secundario, incluso meramente de ocio, perdiendo el protagonismo del que gozó a lo largo de la década de los años cincuenta.

El único e irrepetible John Surtees

¿El genio nace o se hace? Esa es una pregunta recurrente a la que nos enfrentamos con frecuencia en el mundo de las carreras cuando un piloto nos deslumbra. Ahora se puede fabricar un campeón, se puede tomar a un piloto con talento y, a base de trabajo y metodología, elevarlo a un nivel superior. No es algo que se vea todos los días, pero cada vez son más frecuentes los casos de pilotos que, sin resultar fascinantes en sus inicios, a través de un acertado trabajo con las personas adecuadas, se transforman en verdaderos fuera de serie. Podemos decir que hay pilotos innatos y pilotos trabajadores, y tanto unos como otros pueden convertirse en grandes campeones.

Y esto es así porque el ser humano tiene muchas capacidades adquiridas, que se aprenden, pero también otras que son innatas a la persona. No son frecuentes los casos de campeones hijos de campeones. En el motociclismo deportivo los casos se cuentan con los dedos de una mano: Kenny Roberts Jr en velocidad, Stefan Everts en motocross, Dougie Lampkin en trial, y Jeff Nilsson en enduro son hijos de campeones del mundo. Sin duda, el ejemplo del padre resultó fundamental en las capacidades del hijo, pero del mismo modo seguramente había algo innato, no adquirido, en esa habilidad. Sin embargo, no es necesario tener un padre campeón del mundo para ser brillante y triunfar en el mundo de las carreras. El gran John Surtees no lo tuvo, pero sí adquirió de forma innata una serie de habilidades en el mundo del motor aprendidas de su padre, que fue un activo competidor motociclista antes de la guerra. Sin esos primeros pasos en las carreras arropado por su padre, puede que «Big John», la única persona que ha sido capaz de ser campeón del mundo en las máximas categorías del automovilismo y motociclismo, no habría sido el mismo.

Jack Surtees tenía una tienda de motos en Westerham, al sur de Londres, y era un activo competidor en las carreras de *grass-track* sobre sidecar. Jack no dudó en animar a su joven vástago a acompañarle en las carreras y le dio su bautismo de competición situándole en el asiento del sidecar. La verdad es que era una de esas situaciones en las que, o acabas enamorado de lo que estás haciendo, o lo aborreces para toda la vida. Con John fue lo primero, y eso que no debía resultar nada atractivo verse colgando del atalaje, lanzado a toda velocidad por el potente propulsor de la Vincent 998 twin de su padre. Rodeado de ese embriagador ambiente de carreras, de olor a ricino, con el sonido ronco de los monocilíndricos británicos de fondo, creció el joven Surtees. Apenas tenía dieciséis años cuando se subió al sidecar de su padre y, desde entonces hasta su muerte, en 2017, a los 83 años de edad, Surtees estuvo entregado en cuerpo y alma al mundo del motor.

Sus padres siempre estuvieron detrás, apoyándole de forma incondicional, impulsándole, como un respaldo definitivo. Y todo con una aparente naturalidad, con una facilidad innata. Lo del *grass-track* y el sidecar estaba bien, y era divertido hacer de paquete para Jack, pero lo que quería el joven John era correr. Con dieciséis años ya trabajaba como aprendiz mecánico en Vincent, y aplicaba los conocimientos en la preparación de una Vincent Grey Flash 500 que había adquirido su padre. El gusanillo de las carreras le animó a presentarse en las populares y numerosas carreras de club que salpicaban la geografía británica, y a finales de 1950, antes de cumplir los diecisiete años, sumó su primera victoria en Aberdare Park.

Es a partir de 1951 cuando el joven John decide probar suerte de verdad en la velocidad, ver de qué era capaz, hasta dónde podía llegar. Acudió al Thruxton ACU International Meeting, una carrera de cierto nivel en la que se daba cita lo más granado del motociclismo británico de la época, que era lo mismo que decir lo mejor del motociclismo mundial, porque en aquellos días los pilotos de Reino Unido gobernaban el mundo. Allí, sobre la vieja Vincent, fue capaz de rodar toda la carrera pisando los talones al nuevo campeón del mundo de 500, Geoff Duke, y su Norton oficial.

Joe Craig, el director del equipo Norton, le echó el lazo y lo quiso incluir en el equipo para el Tourist Trophy de 1952. Pero antes de viajar a la isla de Man, Surtees tuvo una mala caída en una competición de la que salió con una fractura en una muñeca. Se perdió la oportunidad de correr el Tourist Trophy, y estuvo buena parte del año de baja. Sin embargo, se recuperó a tiempo para el Ulster Grand Prix, a mediados de agosto, en la última edición de la carrera disputada en el viejo circuito de Clady, donde había arrancado la competición en 1922. Surtees se pudo medir con la flor y nata del Mundial, con la ausencia de Duke, lesionado en una pierna tras una fuerte caída en Solitude, escenario del Gran Premio de Alemania.

Su debut resultó emocionante. Solo era un muchacho de dieciocho años lleno de entusiasmo y carente de experiencia. Tuvo la suerte de contar como compañero de equipo al experimentado Artie Bell, que le dio una serie de consejos ante el colosal desafío de correr una prueba de tan elevado nivel como era el Ulster Grand Prix. Vivió la experiencia de verse doblado por los dos líderes de la carrera, Cromie McCandless y Leslie Graham, que lo superaron justo en un rasante donde las motos despegaban del suelo: «Se elevaron como dos pies [algo más de 60 cm] más altos que yo, y pensé que eso acabaría mal. Como ellos iban muy rápido se pasaron mucho tiempo en el aire, y como yo iba demasiado lento apenas lo hice», dijo Surtees recordando muchos años después su debut. Finalmente acabó sexto, sumando su primer punto en el Campeonato del Mundo. «El resultado fue alentador, una carrera con garantías y una experiencia increíble», añadió como conclusión.

Aquellos primeros años fueron tiempos de formación y sufrió algún percance, como en 1953, que le mantuvo fuera de combate por un largo tiempo. Esto impidió una vez más su debut en el Tourist Trophy, que no se produciría hasta 1954, corriendo el Senior y el JuniorTT. Sus resultados fueron discretos, casi decepcionantes, undécimo con la 350, y apenas 15° con la 500.

Mientras tanto siguió corriendo con sus eficaces Norton privadas en 350 y 500, que el propio Surtees se encargaba de afinar. En 1955 completó su primera campaña en el continente, sin grandes resultados. Pero en el mismo escenario de su debut, el Ulster Grand Prix, logró su primera victoria en el Mundial. Sería en la cilindrada de 250, en su única participación en la categoría a lomos de una NSU Sportsmax. Tenía veintiún años y ya contaba con un abultado palmarés, cuajado de importantes victorias en pruebas internacionales. Pero le faltaba un resultado en los Grandes Premios para ratificar su potencial, que dramáticamente se le resistió a lo largo de la temporada. Lo tuvo en la punta de los dedos en el Ulster cuando, en la carrera de 500, peleaba por la victoria con John Hartle y su Norton oficial y la Moto Guzzi de fábrica de Bill Lomas, pero un fallo eléctrico en su Norton le dejó fuera de carrera.

LA LLAMADA DEL CONDE AGUSTA

Un día recibió una inesperada llamada: el conde Domenico Agusta le invitaba a probar sus motos en Monza y Módena. Surtees fue un piloto metódico y minucioso, un gran técnico, y cuando se subió por primera vez a la pesada pero potente MV Agusta 500, sus ajustes y continuas paradas en los boxes estuvieron a punto de sacar de quicio a los mecánicos italianos. Invirtió mucho, muchísimo tiempo en detalles aparentemente insignificantes: el manillar, el asiento, las manetas… Pedía ajustes precisos, de apenas unos centímetros. Y los italianos se desesperaban. Pero cuando les dijo que la moto estaba a su gusto, apenas le bastaron unas pocas vueltas para batir el récord de la pista.

Y así se convirtió en el «anti-Duke», el hombre que arrebató el reinado a Geoff Duke, que acumulaba ya cuatro coronas en 500, tres de ellas consecutivas a lomos de la Gilera 500-4, aquel concepto mecánico desarrollado por Piero Remor antes de la guerra y que Giuseppe Gilera recuperó en tiempos de paz. La verdad es que, en su primera temporada con MV Agusta en 1956, Surtees lo tuvo más fácil de lo previsto, porque a resultas de una sanción impuesta por la FIM a varios pilotos por el boicot realizado en la carrera de 350 del Gran Premio de Holanda de 1955, fueron suspendidos diecisiete pilotos, entre ellos Geoff Duke, Reg Armstrong, Umberto Masetti y Giuseppe Colnago, los cuatro primeros de 500 en 1955, y otras estrellas notables, como John Ahearn, Bob Brown o Alfredo Milani. En un calendario que solo contaba con seis Grandes Premios, para la mayoría de los pilotos aquellas sanciones supusieron perderse media temporada.

Tampoco fue un camino de rosas para Surtees, porque después de ganar las tres primeras carreras con claridad, se rompió un brazo en la cuarta, en Solitude (Alemania), y no pudo correr las dos siguientes. Pero fue campeón por primera vez, y permitió que MV Agusta lograra su primera corona en la máxima categoría.

Con su entrada en MV Agusta, Surtees dispuso de una material adecuado para explotar su indudable talento.

Pero en 1957 las circunstancias se pusieron en su contra. Afrontó de nuevo 350 y 500, aunque sus salidas con la 350 fueron finalmente escasas. En 500 se tuvo que enfrentar a inesperados adversarios: Bob McIntyre y Libero Liberati, ambos con Gilera. El esperado duelo con Duke no se llevó a cabo porque este se cayó en Imola a principio de año, y arrastró una lesión toda la temporada. Surtees empezó con averías, y en el Tourist Trophy no pudo con McIntyre, en su famosa vuelta rápida a más de 100 mph de media: el primer hombre que batía esa marca. Solo ganó en Assen, y hasta en su feudo del Ulster la suerte le dio la espalda. Liberati ganó el título y Surtees fue tercero.

Estaba insatisfecho. Era tan exigente que no se podía permitir semejante resultado, y estaba dispuesto a dejar MV Agusta —una posición envidiada por la mayoría de los pilotos— si conseguía dar con una moto que le ofreciera mayor fiabilidad. Recibió una llamada invitándole a probar en Mandello del Lario la Moto Guzzi 500 V-8, una maravilla técnica capaz de seducir a un piloto tan meticuloso y perfeccionista como él. Pero días antes de acudir a la cita se produjo un anuncio inesperado: Moto Guzzi, Gilera y Mondial, las tres marcas más laureadas en el Mundial hasta ese momento, anunciaban conjuntamente su retirada de las carreras. Fue el conocido «Pacto de la Abstención». Una iniciativa a la que, aparentemente, también se tendría que haber sumado MV Agusta. Pero no lo hizo, y esta decisión del conde Agusta fue esencial en el devenir de la historia del Mundial.

Surtees no acudió a su cita con Moto Guzzi y permaneció fiel a MV Agusta. El resultado fue excepcional porque, en las tres siguientes temporadas, el piloto británico dominó con absoluta superioridad las categorías de 350 y 500, alcanzando siete títulos mundiales. Surtees lo ganó prácticamente todo durante esos años. Sería tan simple como injusto decir que lo hizo porque disfrutaba de motos muy superiores al resto. Mientras él y sus compañeros John Hartle y Remo Venturi disfrutaban de las potentes MV Agusta tetracilíndricas —Hartle llegó a salir a pista con una seis cilindros que Surtees ni siquiera utilizó—, el resto de la competencia se las apañaba con sus Norton Manx y Matchless G50 monocilíndricas, o con alguna BMW boxer Rennsport, ninguna de las cuales ofrecía prestaciones semejantes a las de la MV. Pero decimos que sería injusto simplificar todo en esto, porque en sus tres temporadas de gloria Surtees corrió enfrentándose a sí mismo, batiendo sus récords precedentes y sus registros temporada tras temporada. Rodara en lo que rodase, Surtees era competitivo, porque además de correr con MV Agusta en el Mundial y las pruebas internacionales pactadas, también disponía de sus Norton privadas que él mismo preparaba, con las que, igualmente, seguía imponiendo su ley en Gran Bretaña.

Pero el hecho de correr con una marca ajena a su fábrica en determinadas carreras no resultaba del agrado del conde Agusta. Comercialmente no afectaba excesivamente a su marca, porque en aquellos días MV Agusta contaba con una limitada producción de motos de mediana y pequeña cilindrada, que no tenían excesivo éxito en el Reino Unido. Así que el hecho de que Surtees fuese campeón del mundo con MV pero corriera con Norton en las islas no afectaba a las ventas de la marca italiana. Pero el conde Agusta era un aristócrata exigente, al que le gustaba que se notara quién mandaba. Fue práctica habitual en él en la negociación de los contratos de sus pilotos hacerles esperar. Los convocaba a

John Surtees y el conde Domenico Agusta celebran un triunfo.

su despacho y su secretaria los acomodaba en una salita aledaña, a la espera de que el gran hombre acabara la gestión que le tenía ocupado para poder atenderles. A veces la espera se prolongaba durante horas, para desesperación del afectado.

Agusta explotaba su control sobre los pilotos casi hasta el borde del sadismo. Sabía que tenía la moto más deseada del Mundial y jugaba con la ambición de los pilotos para doblegar su voluntad. Si se negaban a cumplir sus planes, se quedaban fuera del equipo. Por lo general, aunque molestos e insatisfechos con las leoninas condiciones del conde Agusta, todos regresaban al redil. En abril, John Surtees y su compañero John Hartle quisieron correr la Hutchinson 100 en Silverstone, una de las carreras más importantes del calendario internacional que estaba dotada de jugosos premios. Pero el conde Agusta se negó a autorizarles correr. Surtees lo aceptó sin más, pero Hartle se sintió tan despreciado que, después de disputar el Tourist Trophy, donde fue segundo tras Surtees, rompió su contrato con MV Agusta. Al conde Agusta no le tembló la mano: sustituyó al inglés con Emilio Mendogni.

Pero esa táctica no le funcionó con Surtees, a quien no consiguió buscarle las vueltas. Como no quería que corriera con otra marca que no fuera la suya, en su contrato para 1960 el conde Agusta especificó que solo podría correr en el Mundial y las pruebas establecidas con MV Agusta y nadie más. «Pero en mi contrato no decía nada de pilotar coches», comentó años después con mucha ironía Surtees. Así empezó a cimentarse el mito del doble campeón, en motos y coches.

DOS Y CUATRO RUEDAS

Que John Surtees decidiera pasarse a los coches es algo que no sorprendió a nadie. Mientras campaba a sus anchas en los Grandes Premios motociclistas, Surtees empezó a tomar parte en carreras automovilísticas. En 1959 comenzó a correr con Vanwall y Aston Martin, y enseguida le llegaron las ofertas. Ken Tyrrell le puso al volante de un Fórmula 500 y ganó en

Goodwood. En mayo de 1960, justo una semana después de que disputara la primera carrera del Mundial de Motociclismo en el circuito francés de Clermont-Ferrand, Surtees debutó en la Fórmula 1 en Mónaco, con un Lotus Climax del equipo Lotus, en una carrera en la que tuvo que retirarse. Ese mismo año correría cuatro Grandes Premios sin abandonar su dedicación a las categorías de 350 y 500.

Era capaz de combinar ambas especialidades con una soltura de lo más natural. Su calendario de carreras en 1960 fue increíble: 22 de mayo, Gran Premio de Francia de motociclismo; 29 de mayo, Gran Premio de Mónaco de Fórmula 1; 17 de junio, Tourist Trophy; 25 de junio, DutchTT; 3 de julio, Gran Premio de Bélgica; 17 de julio, Gran Premio de Gran Bretaña de Fórmula 1; 24 de julio, Gran Premio de Alemania; 6 de agosto, Ulster Grand Prix; 14 de agosto, Gran Premio de Portugal de Fórmula 1; 11 de septiembre, Gran Premio de las Naciones; y 20 de noviembre, Gran Premio de Estados Unidos de Fórmula 1. Durante aquellas semanas de la primavera y el verano de 1960, Surtees cambiaba de máquina de un fin de semana para otro, enfrentándose a sensaciones completamente diferentes, en circuitos donde un pequeño error podía costar carísimo. Y Surtees supo salir airoso de todos esos difíciles momentos.

Su progresión en la Fórmula 1 fue impresionante: en julio fue segundo en Silverstone, en el Gran Premio de Gran Bretaña, en una carrera ganada por el gran Jack Brabham y su Cooper Climax, que ese año se coronaría campeón. Después, Surtees hizo la *pole* en el circuito de Boavista, en Oporto, en el Gran Premio de Portugal, pero se retiró por rotura del radiador. Para entonces ya se había asegurado los títulos motociclistas en 350 y 500, sumando ya siete títulos mundiales. Cumplió con su último compromiso motociclista en Monza, y regresó a la acción en Fórmula 1 en Estados Unidos, en el segundo Gran Premio de la temporada disputado en Norteamérica, en Riverside, donde sufrió su primer accidente.

Sus nuevos intereses en el automovilismo hicieron que descuidara levemente el Mundial de motociclismo. En realidad, se encontró con una dura e inesperada oposición dentro de su propia casa, porque Gary Hocking, John Hartle y Remo Venturi le ganaron unas cuantas carreras de 350 y 500. Si en los dos años anteriores Surtees había ganado las 24 carreras en las que tomó parte —Geoff Duke se hizo con el doblete en Hedemora (Suecia) en 1958, evitando el dominio absoluto de Surtees—, en 1960 Big John «solo» ganó siete de las doce carreras que disputó: dos en 350 y cinco en 500. Y volvió a proclamarse campeón con suficiente autoridad, alcanzando a sus 26 años una cifra de títulos impensable: siete títulos en 350 y 500, y 38 Grandes Premios. Solo Carlo Ubbiali, con nueve títulos en 125 y 250 y 39 victorias, le superaba, pero la diferencia no solo estaba en las categorías donde competían, sino también en la edad: Ubbiali tenía 37 años; Surtees, solo 26.

Surtees lo tenía muy claro. Sin más objetivos que cumplir en el Mundial de motociclismo, donde ya lo había ganado todo, y sin rivales que le pusieran freno —o al menos eso se podía permitir creer, aunque su compañero Hocking no estuviera completamente de acuerdo—, Surtees decidió dejar el motociclismo e iniciar una fulgurante carrera en la Fórmula 1.

Surtees impresionó por su carácter, su determinación, su dureza en la pista, donde corría sin concesiones, pero con una absoluta limpieza. Sus primeras campañas en la Fórmula 1 fueron con el equipo de Reg Parnell, primero con un Cooper Climax en 1962, y después con un Lola, equipado con el entonces popular motor, siempre con Roy Salvadori como compañero. En esa segunda campaña logró dos segundos puestos en Silverstone y Nürburgring, despertando el interés de Enzo Ferrari.

Il Commendatore lo puso al volante de su coche en 1963, y enseguida llegaron los resultados. Repitió la cuarta posición final, y sumó su primera victoria en el siempre complicado Nürburgring. Al año siguiente, Surtees ganó el título con la marca del *cavallino rampante*, repitiendo victoria en Nürburgring y llegando al clímax en Monza, con un épico triunfo que, como solía suceder cuando el Ferrari cruzaba la meta el primero, despertó el entusiasmo de los enfervorizados *tifosi*. Pero tampoco terminó sintiéndose totalmente a gusto en

Ferrari. Aguantó hasta 1966, protagonizando una intempestiva salida del equipo.

La temporada 1965 había sido complicada por la falta de competitividad del Ferrari 205B, y el esperado 207 V12 se retrasó más de lo deseado, con lo que los resultados fueron peores. Y, para colmo, sufrió un terrible accidente en el Gran Premio de Canadá, en Mosport Park, del que se recuperó milagrosamente, aunque siguió teniendo secuelas tiempo después. Sin embargo, arrancó la temporada 1966 con confianza. Se tuvo que retirar en Mónaco, pero tres semanas después ganaba el Gran Premio de Bélgica en el rapidísimo trazado de Spa-Francorchamps. El fin de semana siguiente se disputaban las 24 Horas de Le Mans. Y en Le Mans se produjo la ruptura.

El director del equipo Eugenio Dragoni había preparado una estrategia en la que Surtees era el eje principal. Como piloto más rápido de la marca, iba a formar equipo con Ludovico Scarfiotti al volante de un Ferrari 330 P3, aunque los coches llegaron con ciertas limitaciones en su preparación debido a una huelga producida en Italia. Dragoni decidió que Surtees hiciera el relevo de salida, imponiendo un fuerte ritmo a la carrera con el objetivo de provocar la rotura de los Ford GT40. En esos días, Ferrari y Ford sostenían una lucha que estaba por encima de lo deportivo: era una cuestión personal entre Enzo Ferrari y Henry Ford II, a raíz del desencuentro sufrido entre ambos cuando Ferrari buscó un comprador que inyectara dinero en la compañía para financiar el departamento de carreras, y Ford se interesó por la marca italiana. Pero, finalmente, un choque entre los dos dirigentes frustró la operación, provocando un odio profundo entre ellos.

El plan en Le Mans estaba bastante claro, hasta que apareció Gianni Agnelli, *l'Avvocato*, recién nombrado presidente de FIAT. Ferrari seguía buscando una marca que adquiriera Ferrari, y el fabricante turinés se postuló como un posible comprador. Y todo quedaba en casa, en Italia. Para congraciarse con Agnelli, se decidió que Scarfiotti, que era sobrino suyo, fuera el que saliera primero. Puro nepotismo. Surtees montó en cólera, Dragoni no modificó los planes, que llegaban directamente desde Maranello, y el inglés no dudó en abandonar Le Mans y poner rumbo a Italia para exigir explicaciones al mismísimo Enzo Ferrari. La carrera fue un desastre para Ferrari y marcó el inicio del dominio del Ford GT, con tres de sus coches en las tres primeras posiciones. Desde entonces, Ferrari nunca ha vuelto a ganar en Le Mans.

En Maranello, *Il Commendatore* se negó a recibir a Surtees. Este no se lo pensó dos veces y rompió su contrato con Ferrari. Fue una muestra de carácter a la que nunca se había enfrentado Enzo Ferrari, que tardaría once años en volver a ganar un título de Fórmula 1 con sus coches. Solo dos semanas después de su visita a Maranello, Surtees estaba subido en el Cooper Maserati, con el que completó la temporada para lograr el subcampeonato del mundo.

Las dos siguientes temporadas corrió con Honda, logrando una reconfortante victoria en Monza, mientras los Ferrari salían bastante mal parados de su feudo. No es que sintiera

A los mandos de un Fórmula 1, Surtees resultó tan eficiente como a lomos de una moto. Nadie ha sido capaz de repetir su gesta.

rencor, pero el tiempo había puesto a cada uno en su sitio. Cuando Honda dejó la Fórmula 1 en 1969, Surtees fichó por BRM, iniciando su declive. Con el equipo británico logró su último podio en la Fórmula 1 al ser tercero en Watkins Glen, en el Gran Premio de Estados Unidos. La falta de resultados le hizo abandonar BRM, pero justo en 1970 la marca volvió a ser competitiva... Sin embargo, Surtees ya había tomado la determinación de crear su propio equipo, montando Surtees Racing Organization, una escudería que se mantendría activa hasta noviembre de 1978.

Por su equipo pasaron muchos pilotos, entre ellos Mike Hailwood, que tras la retirada de Surtees del motociclismo se convirtió en el heredero deportivo del mítico «Big John». Hailwood ganó el Campeonato de Europa de Fórmula 2 en 1972, con Surtees, pero después de algunos podios dejó el equipo al terminar la temporada 1973. Y en 1974, corriendo para McLaren, un grave accidente en Nürburgring le apartó definitivamente del automovilismo.

Surtees mantuvo sus diseños en competición hasta 1978. En noviembre de ese año anunció el cese de la actividad. Y se casó. Meses antes se tuvo que someter a una operación para corregir problemas derivados del accidente sufrido en Mosport, y durante su convalecencia conoció a una enfermera que, tras años y años cegado con la competición, le descubrió el valor de la vida familiar. No abandonó el mundo del motor y, durante mucho tiempo, incluso a una avanzada edad, siguió siendo un frecuente participante en pruebas y exhibiciones de vehículos clásicos, de dos y cuatro ruedas, y se mantuvo como una referencia constante en la competición. Fue uno de los consultores del equipo Maxtra —posteriormente denominado Haojue— en el Mundial de motociclismo, en el que estaban involucrados destacados técnicos como Jan Witteveen y Harris Performance, aunque la aventura de Haojue resultó frustrante.

Lo cierto es que en los últimos años la vida no le ha tratado bien. Sufrió la terrible desgracia de ver morir a su hijo menor, Henry, de solo dieciocho años, en una carrera del campeonato británico de Fórmula 2 automovilística en 2009, golpeado por

una rueda que salió desprendida de un coche que había sufrido un accidente delante de él. Entonces el *halo* todavía no se
había introducido como elemento de protección en los mono-
plazas, y tardaría nueve años más en adoptarse, a costa de alguna vida más. Surtees falleció en Londres el 11 de marzo de
2017, a la edad de 83 años, tras una vida plena e intensa, e in-
dudablemente, irrepetible.

Celos y rencores: cisma en Montesa

Cuando Pere Permanyer y FranciscoX. Bultó llegaron al acuerdo de crear una empresa motociclista, desde el primer momento afloraron dos personalidades bien diferentes. Permanyer fue un hombre discreto y austero, poco dado a la publicidad y el protagonismo. Su universo giraba en torno a la empresa, a su trabajo, y tampoco se le conocían gustos ni caprichos excesivos. Tenía por encima de todo una visión empresarial del negocio, y un pragmatismo en el que dictaba la razón y no el corazón. Bultó poseía un carácter más abierto y próximo, de fácil trato, que no dudaba en aprovechar al máximo las ventajas de su acomodada vida, y cuyo entusiasmo contagiaba a los que le rodeaban. La pasión por el motociclismo era el motor que impulsaba su vida por encima de cualquier planteamiento empresarial. Es decir, que cada uno tenía una visión completamente diferente de cómo debía gestionarse una industria motociclista.

Como vimos en el capítulo 7, su puesta en común fue muy diferente a la de otros socios que se unen en pos de un proyecto. No eran conocidos ni amigos, no trabajaban en ámbitos comunes. Simplemente una relación común de ambos, casualmente, les puso en contacto sin que ninguno de los dos tuviera en mente un proyecto determinado. Antes de su primer encuentro en el otoño, ninguno de los dos se había planteado la fabricación de una motocicleta. Bultó encontró en Permanyer a «un hombre improvisador, organizador, hombre con buena nota», según lo describió en una entrevista publicada en la revista *Motociclismo*, años después de aquel primer encuentro, cuando Bultó ya estaba implicado en el desarrollo de Bultaco. En otro momento llegó a decir que no tenía presente cuál fue su primera impresión de Permanyer, una sensación que permite interpretar el relativo interés con que Bultó abordó el arranque de ese proyecto común que querían emprender, y que finalmente resultó ser una moto. Ya entonces, había una clara diferencia de planteamiento entre los dos: «No es que él estuviese muy enterado de lo que era una moto —decía Bultó en *Motociclismo*—, no tenía noción alguna de la moto». Bultó reconocía en él a un hombre trabajador pero algo desconfiado.

Xavier Permanyer, tercer hijo del industrial —que desde muy joven desempeñó diferentes labores dentro de Montesa, desde aprendiz de tornero en sus años de estudiante a director industrial en la etapa final de Montesa—, reveló al periodista Álex Medina algunos detalles de la relación entre su padre y Bultó, en un conjunto de excelentes artículos publicados por la revista *Solo Moto*, en los que se hacía un repaso a la industria motociclista española hablando con los pioneros y sus herederos, que vivieron en primera línea el crecimiento de aquellas míticas marcas. Hablando de esos primeros años de Montesa, Xavier Permanyer define claramente cómo era la relación entre ambos: «En el año 1947 decidieron hacer una sociedad que se llamaría Motocicletas Montesa. Los socios fueron mi padre y don Paco Bultó. Entonces Bultó trabajaba en Vilanova i la Geltrú, donde tenía la delegación la firma de pistones Mähle, y no quiso poner dinero en la sociedad, sino que se quedó como asesor. Don Paco puso el espíritu deportivo, pero no estaba en nómina ni en la plantilla. Venía de vez en cuando».

Lo cierto es que la familia Bultó sí invirtió dinero en la nueva sociedad. La primera escritura se constituye el 31 de diciembre de 1945, pero es la familia Permanyer la que hace la aportación mayoritaria a la sociedad, el 89 por ciento del capital social, 630.003,36 pesetas, mientras que Bultó completa el 11 por ciento restante, 80.619,75 pesetas. El 3 de febrero de 1947 se constituye la sociedad con su nombre definitivo, Permanyer S.A. de Industrias Mecánicas, y un nuevo reparto societario: 76,3 por ciento para los Permanyer, y 23,7 por ciento para los Bultó. Es aquí, cuando apenas ha comenzado a andar la empresa, donde surgen las primeras discrepancias. Bultó se quejó porque todo iba a nombre de Permanyer, incluidos los planos del chasis, el motor y el nombre en sí de la sociedad. Y aunque se corrigió, aquel roce dejó huella. Un año después, en una necesaria ampliación de capital, entraron en el accionariado de la sociedad nuevos partícipes. La familia Permanyer siguió teniendo el porcentaje mayoritario (44 %), frente a la familia Bultó-Marqués (30,9 %), los Guixá-Arderiu (13,6 %), los Milá (9,5 %), y otro grupo de pequeños accionistas que contaban con el 2 por ciento.

La relación entre los dos líderes de la marca era correcta, educada y cordial, pero en los escalones inferiores del organigrama de Montesa se libraba una batalla silente, marcada por el rencor y la envidia, creándose dos facciones dentro de la empresa, cada una de las cuales definida por su proximidad a uno de los socios fundadores. Hay que reconocer en la figura de Joan Chalamanch, que en 1952 se incorporó a Montesa en calidad de director de producción, a una de las personas que más abiertamente han hablado de aquellos días. Chalamanch inició un borrador de libro llamado *Historia de un mito. Orto y ocaso de Bultaco*, del que se llegó a publicar un extracto con motivo de la exposición monográfica sobre Bultaco desarrollada

Bultó en su etapa al frente del departamento de competición de Montesa, junto a los hermanos Elizalde y Marcelo Cama, dándoles unas indicaciones.

en el Museu de la Moto de Basellaen 2001. En esas líneas, Chalamanch ofrece su propio punto de vista, como hombre fiel a Bultó: «Intuyo que no será fácil escribir la verdad de una historia que se vendió al público como una simple separación de socios que sustentaban criterios distintos respecto a la manera de enfocar el futuro de Montesa, cuando en realidad de lo que se trataba era de encubrir una historia de resentimiento, rencor, envidia y celos, alimentados casi desde el inicio de Montesa», escribe Chalamanch, sin pelos en la lengua.

Lo que deja muy claro es que a él no le gustaba nada la personalidad de Permanyer, y solo al confirmarle Bultó que él mismo estaría al frente de la dirección industrial y técnica de la marca, entonces aceptó el trabajo. Xavier Permanyer, lógicamente, daba una perspectiva diferente en *Solo Moto*: «Bultó vivía por y para las carreras, y era un maestro en este sector. El resto no le interesaba demasiado. Estando en la fábrica, de repente se iba quince días a correr un rally de coches a Ginebra», dice, refiriéndose a la participación de Bultó en el Rally de los Alpes, en 1951, al volante de su Bentley.

«Recuerdo que a la fábrica de la calle Pamplona —prosigue Permanyer— venían un montón de amigos de Bultó a prepararse las motos para las carreras, y cómo mi padre les decía que allí se tenía que servir la producción, no preparar motos de carreras. Las fábricas italianas dejaron de acudir al Campeonato del Mundo, que es cuando entró Derbi [en la producción de motos]. El consejo de fábrica decidió dejar las carreras porque vino una época de crisis. Bultó se lo tomó como una falta de confianza hacia su persona y decidió dejarlo. Entonces Juan Chalamanch, que era un técnico que estaba con nosotros de segundo responsable de la fábrica, poco a poco fue copiando planos de lo que hacíamos en Montesa».

Nos estamos anticipando un poco a los acontecimientos, pero qué duda cabe de que Chalamanch fue en buena medida instigador de muchos enfrentamientos, o cuando menos ejerció como reactivo. Él mismo no duda en recordar una conversación que tuvo con Bultó en 1957, cuando el ambiente de Montesa ya se había enrarecido: «Jefe, ¿por qué no creamos una nueva fábrica de motos? Estoy convencido de que muchos trabajadores de aquí vendrían con nosotros», le dije. «Joan, eso estaría muy bien», me contestó. Pero añadió reflexionando: «Sería una lástima que esta "trepa" consiguiera sus propósitos y perdiéramos todo el trabajo de estos años, así que tenemos que continuar trabajando como hasta ahora». Por «esta trepa» se refiere a los Milá, Cavestany y compañía, próximos a la familia Permanyer.

Este comentario del propio Chalamanch, sugiriendo la puesta en marcha de una nueva marca de motos, carga de razón las sospechas de Xavier Permanyer de que la rápida puesta en marcha de Bultaco —pasaron apenas diez meses entre la salida de Bultó de Montesa y la presentación, en marzo de 1959, de la Bultaco Tralla 101, la primera moto de la nueva marca— se pudo haber orquestado con anticipación, cuando todavía todos los empleados de la futura marca formaban parte de Montesa. El mal ambiente del momento y las cosas que se han ido conociendo con el paso del tiempo han hecho que la célebre y eterna rivalidad entre Montesa y Bultaco adquiera así una nueva dimensión y un nuevo enfoque.

Hasta 1957 Montesa había crecido de forma progresiva, apoyada en sus buenos productos y en sus éxitos deportivos. Bultó defendía la máxima «el mercado sigue la bandera de cuadros», es decir, que los resultados de las carreras eran claves para las ventas, y es lógico que fuera así, porque las carreras suponían un extraordinario escaparate publicitario. «Gana el domingo, vende el lunes», decían los anglosajones de un modo mucho más explícito. El éxito en la isla de Man en 1956, colocando tres Montesa Sprint 125 entre las cuatro primeras clasificadas en la complicada cita del Tourist Trophy, o el dominio alcanzado en las primeras ediciones de las 24 Horas de Montjuïc, hacen que la marca disfrute de un notable reconocimiento que trasciende las fronteras españolas. Sin embargo, en 1957 la política económica del régimen franquista, basada en la autarquía, requería cambios estructurales, porque el sector empresarial corría el riesgo de desmoronarse. Urge tomar medidas, y en 1959 terminará poniéndose en marcha el Plan de Estabilización Nacional, dirigido a reducir gastos e incentivar el ahorro para reducir la inflación y eliminar el déficit público.

Pero antes de que el Gobierno incorporara la nueva regulación, Permanyer, con una visión anticipada, decide recortar gastos no esenciales, y así se lo plantea al consejo de administración de Montesa. Visto con la perspectiva del tiempo, no podemos por menos que elogiar su excelente visión empresarial, y cómo tomó las medidas oportunas para que el crecimiento de Montesa no se detuviera. Permanyer había aprovisionado una importante cantidad de dinero con destino a la compra de terrenos para la construcción de una nueva fábrica, que vería la luz en Esplugas de Llobregat, el cinturón industrial de Barcelona, en 1961. Tenía claro que las instalaciones de la calle Pamplona iban a resultar insuficientes para que Montesa pudiera seguir creciendo. Así que los ajustes que decidió abordar terminaron convirtiéndose en una inversión de cara al futuro de la marca.

Lo primero que se hizo en Montesa fue renunciar a las competiciones internacionales, que suponían un chorreo de dinero para la marca. Bultó no entendió la decisión, pero la tuvo que aceptar a regañadientes porque la mayoría del consejo apoyó la posición de Permanyer. Cuando se dio el siguiente paso, que fue cerrar, al menos de forma provisional, el departamento de competición, estalló, oponiéndose claramente a esa medida, que constreñía su actividad dentro de la marca. Así lo recordaba un ya muy anciano Bultó en 1991, cuando se le preguntó directamente por ese momento: «Yo preparaba una moto para las 24 Horas, la 175 cc, y sin decirme nada, el consejo de administración aprobó la retirada de la competición. Y me fui por ese motivo, y no sé por qué Montesa siguió corriendo después cuando habían decidido que dejaban la competición», aseguraba Bultó con la perspectiva de tanto tiempo transcurrido. Y es cierto que Montesa, pese al cierre del departamento de carreras, siguió presente en diversas competiciones, todas nacionales, pero con un despliegue muy reducido. Siguió participando, casi por inercia, en las 24 Horas, pero sin éxito, y esa menor atención a las carreras se hará notar, porque Montesa no volverá a ganar las 24 Horas hasta 1963, y hasta 1966 no conseguiría un nuevo título nacional de velocidad.

En esas condiciones, que implicaban dejar la atención a las carreras reducida a la mínima expresión, Bultó decide desvincularse a todos los efectos de Montesa. Se le ofreció mantener su presencia en el accionariado de la sociedad, pero lo rechazó, y la familia Permanyer terminó adquiriendo la mayor parte de sus acciones. Su salida se produce en mayo de 1958, con la convicción de que ponía fin a sus días en la industria motociclista. Sus más estrechos colaboradores no pensaban así y enseguida se movilizaron. Chalamanch había tanteado con anterioridad a varios compañeros que tenían idénticas sensaciones que él. Y no se lo pensaron dos veces: debían proponer a Bultó crear una nueva fábrica de motos. De hecho, a los pocos días de la salida de Bultó, una docena de trabajadores que ocupaban puestos esenciales en el organigrama de Montesa se despidieron del trabajo.

«Bultó dijo que se iba en 1958 y al cabo de una semana arrancaron Bultaco —recuerda Xavier Permanyer—, pues ya tenían el motor fabricado. Chalamanch fue el instigador. Nosotros teníamos dos motores en estado de prototipo. Uno con corona dentada y el otro con cadena. El primero todavía lo tenemos y el otro, que era su gemelo, se lo llevaron. Fue entonces cuando decidimos hacer la Impala».

El consejo de administración de Montesa nombró a Leopoldo Milá director del departamento técnico, y procedió a la reestructuración de todos los departamentos. La primera decisión de Milá fue abandonar el proyecto del motor *monoblock* en el que había estado trabajando con algunos de los técnicos que habían decidido abandonar Montesa, y que sería la base del diseño de la Tralla 101. Milá tomó otro camino y aquello le llevó al diseño de una de las motos más emblemáticas de la historia de la industria motociclista española: la Impala.

El 17 de mayo, Bultó y sus fieles se juntaron en una cena en la masía Can Castellví de Vallvidrera. Esa noche persuaden definitivamente a Bultó de que no abandone las motos, y deciden seguir adelante todos juntos en un nuevo proyecto. Tres días después, el 20 de mayo, el grupo deja sus casas y a sus familias, y se instala en la finca San Antonio, propiedad de la familia Bultó, en Vilanova i la Geltrú. Aquello fue el germen fundacional de una marca que todavía no tenía nombre: Joan Chalamanch, Tomás Salafranca, Josep Nomen, Josep María Nogué, Marcelo Cama, Alberto Nomen, Rafael Ariño, Félix Arseguell, Joan Prat, José Sol, Jaime Mas y Francisco López. Para Bultó, Montesa ha pasado a la historia.

A partir de ese momento se iniciará una rivalidad histórica, que trascenderá lo puramente deportivo y comercial. Aunque para entonces ya había otros importantes fabricantes españoles en liza, el motorista español se dividía en dos tipos: bultaquista o montesista. Cada marca tuvo su propia filosofía de trabajo y diferentes enfoques, pero los mismos objetivos, rivalizando tanto en el mercado interior como en el exterior, especialmente en Estados Unidos, donde la importación de motos españolas fue un negocio floreciente y muy lucrativo durante los años sesenta y la primera mitad de los setenta. Después, la crisis del petróleo y la caída de las exportaciones lastraron a la totalidad de la industria nacional, que cargaba con unas sobredimensionadas plantillas en unos tiempos complicados, en el periodo de la Transición y los primeros años de la democracia, marcados por una enorme conflictividad laboral que, sin duda, influyó

El equipo fundacional de Bultaco el día de la presentación en sociedad de su primer modelo, la Tralla 101.

en el negativo desenlace para la industria española. Sin olvidar clamorosos errores de gestiones en muchos casos, como se reconoce en la Memoria Descriptiva de la Compañía CEMOTO (Bultaco) de 1979. Casi todas las fábricas tuvieron que cerrar. Desde la Generalitat de Catalunya se realizaron diversos intentos para conseguir mantener la actividad, llegando a plantearse la fusión de diversos fabricantes en una sola marca, sin éxito. De entre las grandes, solo se mantuvieron a flote Derbi, apoyada en el sector del ciclomotor, que fue la piedra angular de la industria motociclista española en esos momentos, y Montesa.

Después de fallidos intentos de sacar adelante a Bultaco, desde negociaciones con Honda, hasta la constitución de una sociedad laboral, el Ministerio de Industria encarga a la sociedad Rato S.A., empresa de la que la familia Permanyer era accionista mayoritario, que gestione el cierre de Bultaco y OSSA, aportando la cantidad necesaria para abonar las liquidaciones a sus trabajadores. Y una vez liquidadas las sociedades en 1985, Montesa se quedó con las marcas Bultaco y OSSA. La familia Bultó había dejado la compañía en 1980, renunciando a la propiedad de la marca.

Muchos años después, antes del fallecimiento de FranciscoX. Bultó, acaecido en agosto de 1998, Montesa cedió gratuitamente a Bultó los derechos sobre la marca Bultaco. ¡Hay que ver las vueltas que da la vida!

La fuga de Degner:
la traición y el robo a MZ

Hace unos capítulos habíamos dejado a Walter Kaaden en su nuevo trabajo al frente del departamento técnico de IFA, en Zschopau (Alemania Oriental). A pesar de que en la RDA nunca llegaron a atar los perros con longanizas —habrían preferido comérselas, por supuesto— esa nueva ocupación de Kaaden le permitió dejar atrás, como una mala pesadilla, las penurias vividas tras la guerra, cuando conseguía su sustento robando patatas, trapicheando con lo poco que se conseguía en el paraíso socialista de la República Democrática de Alemania.

Ahora estaba entregado a su tarea de perfeccionar el motor de «dos tiempos» de válvula rotativa. Con el escaso equipamiento técnico que disponía, Kaaden empezó a experimentar con el fenómeno de la resonancia en los tubos de escape, aprovechando el conocimiento adquirido en Peenemünde, cuando trabajaba en el desarrollo del Messerschmitt Me 262. Sin embargo, ya no gozaba de la tecnología de vanguardia que disfrutó bajo el régimen nazi, y su labor en IFA estuvo rodeada de unos medios infinitamente más limitados. Con los escasos recursos disponibles construyó un osciloscopio, empleando un reloj de cuarzo. El osciloscopio le ayudó a trazar las ondas de resonancia en el escape, y experimentó con el tipo de motor y el silenciador.

Su trabajo le permitió desarrollar el primer tubarro, un escape dotado de cono y contracono. Con este escape, la onda de presión, tras expandirse en la panza del tubarro, rebotaba hacia atrás cerrando la lumbrera de escape, impidiendo que se perdieran los gases frescos, con lo que se lograba así una presión suficiente en el interior del cilindro para una óptima combustión. De esta forma, Kaaden había sentado las bases del motor de «dos tiempos» moderno, estableciendo la ya clásica medida de diámetro por carrera de 54 x 54 mm, lo que le permitió obtener una potencia específica de 200 CV/litro, algo insólito para un motor monocilíndrico de «dos tiempos».

Con semejante rendimiento, las IFA no tardaron en llegar al Mundial. Las autoridades deportivas de la RDA veían con buenos ojos el potencial que representaban las motos de Kaaden. Su debut fue en el Gran Premio de Alemania (Nürburgring) de 1955, con Bernd Petruschke y Dieter Krumpholz. En 1956 IFA pasó a denominarse MZ (Motorradwerk Zschopau). Poco a poco, las salidas al lado occidental de Alemania se repitieron con la llegada del Mundial. En 1957, Horst Fügner y Ernst Degner son cuarto y sexto, respectivamente, en Hockenheim y, al año siguiente, MZ ya se establece definitivamente como un participante habitual en el campeonato del mundo.

Los buenos resultados permiten a Kaaden conseguir cierta autonomía por parte de MZ, llegando a instalar el taller del departamento de carreras en la localidad de Hohndorf, cerca de la fábrica de Zschopau. Kaaden, tras las penurias sufridas después de la II Guerra Mundial, vivía satisfecho y feliz, centrado en su tecnología, disfrutando de su familia, y contando con un estrecho grupo de colaboradores que tenían idénticas inquietudes que él. Uno de ellos era Degner, que además de buen piloto destacó por sus conocimientos técnicos, que le permitieron convertirse en el más eficaz colaborador de Kaaden.

En 1958 MZ aborda el Mundial en 125 y 250. Sus pilotos serán Degner y Fügner, apoyados por otros como Brehme y Musiol. No tardaron en llegar los primeros podios en las dos categorías (Nürburgring) y la primera victoria, al imponerse Fügner en la carrera de 250 del Gran Premio de Suecia, disputado en Hedemora. Además, Fügner fue subcampeón del mundo. Al año siguiente se consolida el proyecto de MZ. Kaaden obtiene el permiso de las autoridades de la RDA para contratar a pilotos extranjeros. Su fichaje más brillante es el rodesiano Gary Hocking, que disputará el Mundial en las dos categorías, pero también

Gary Hocking aupó a MZ a las primeras posiciones del Mundial, pero
no pudo renunciar a la jugosa oferta que le hizo el conde Agusta.

Derek Minter, Luigi Taveri, Mike Hailwood, Bob McIntyre y Tommy Robb corrieron con MZ en determinadas carreras, todos ellos pilotos de contrastada calidad, algunos de los cuales no tardarían mucho en convertirse en campeones del mundo.

Fügner y Degner siguieron siendo las referencias del motociclismo de Alemania Oriental. Sin embargo, Fügner sufrió un accidente en Spa con consecuencias muy graves, ya que se vio obligado a abandonar la competición, dejando a Degner como único líder del equipo. En esa nueva condición, Degner experimentó una notable evolución como piloto, logrando acabar quinto en 125 y cuarto en 250. MZ repitió subcampeonato de mano de Hocking, que además ganó dos carreras.

Tras la segunda victoria en el Ulster Grand Prix, el conde Agusta, patrón del todopoderoso equipo MV Agusta, que de 1958 a 1960 ganaría todos los títulos de todas las categorías del campeonato, viendo el riesgo que MZ suponía para sus aspiraciones y la consiguiente humillación que para él suponía verse batido por esa tecnología teóricamente inferior, y comunista, aplicó aquella máxima de divide y vencerás. Ofreció un jugoso contrato a Hocking. Sencillamente Domenico Agusta puso un fajo de billetes sobre la mesa y estrechó la mano de Hocking. El rodesiano, piloto de fortuna hasta ese momento, no pudo decir que no. Había llegado a Europa solo dos años antes, con una mano delante y otra detrás, y casi vagabundeando de carrera en carrera se había ganado la vida. Así que la oportunidad de verse sobre una MV Agusta oficial era una de esas oportunidades que no había que desaprovechar.

De regreso al continente en el ferri que los trasladaba desde Belfast, Hocking se sentó en la barra del bar junto a Kaaden y se lo explicó: «Compréndeme, tengo que labrarme un porvenir. Correr solo por los premios de la carrera no es suficiente», le confesó Hocking, mostrando el fajo de billetes que llevaba en el bolsillo. Según Kaaden, debía tener 3.000 marcos. Solo por correr en Monza, al mes siguiente. En aquellos días, MZ apenas podía ofrecer una prima de 250 marcos por ganar una carrera.

El movimiento del conde Agusta tenía una parte de malicia. Solo había desplazado su equipo de 350 y 500 al Ulster, dando por seguro el título de 125 y 250 con Carlo Ubbiali, y prefirió que el equipo se quedara en Gallarate preparando las motos para el Gran Premio de las Naciones, la carrera de Monza, que ponía fin a la temporada. Sin embargo, Tarquinio Provini, el otro piloto oficial de MV Agusta, pidió al aristócrata que le dejara correr en el Ulster porque todavía se veía con posibilidades de luchar por el título de 250. Pero este se negó para favorecer a Ubbiali, lo que enrabietó a Provini, que amenazó con dejar MV Agusta, aunque tenía un contrato que le impedía hacerlo antes de la cita de Monza. Hocking fue la excusa perfecta para sacar de quicio a Provini.

La jornada más brillante de la temporada para MZ se vivió precisamente en Monza, en el Gran Premio de las Naciones, la carrera de cierre del campeonato. Ese día, Degner batió a Carlo Ubbiali y la MV Agusta en 125 por una sola décima, saliendo de su rebufo y aprovechando la superior aceleración del motor dos tiempos. La victoria resultó tan sorprendente que los organizadores italianos no contaban con el himno de Alemania Oriental y no pudieron hacer los honores a Degner. Y en 250, Degner estuvo a punto de repetir la jugada, acabando con el mismo tiempo de Ubbiali, aunque concedieron la victoria al italiano. El conde Agusta no podía estar más indignado: batido por MZ en su propio terreno. La jugada de arrebatarles a Hocking no le sirvió de nada.

LA VIDA EN LA RDA

La evolución de MZ y Degner prosiguió. En 1960 se concentró especialmente en 125, donde el piloto alemán fue tercero. Su mejor carrera fue en Spa. En el rapidísimo circuito belga, Degner y su circunstancial compañero John Hempleman batieron holgadamente a la escuadra MV Agusta. Ubbiali, Spaggiari y Hocking fueron incapaces de batir a Degner, que ganó a una media de 161,136 km/h, con su sencilla 125 monocilíndrica.

En 1961 el conde Agusta retiró su equipo del campeonato, cediendo las motos de 250, 350 y 500 a Hocking, que corrió bajo el nombre de MV Privat. Agusta quería ver desde fuera la evolución de Honda, que en 1960 había completado su primera temporada con resultados prometedores. Todo apuntaba a que el campeonato sería una disputa entre MZ y Honda, convertidos en los máximos exponentes de dos tecnologías: dos tiempos frente a cuatro tiempos.

Para entonces, Degner no solo se había convertido en un eficaz colaborador de Kaaden, conocedor al detalle de la tecnología del motor de válvula rotativa, sino que también se había convertido en un héroe de la República Democrática Alemana, que comenzaba a hacer uso de los logros de sus deportistas como propaganda.

Degner gozaba de ventajas de las que otros compatriotas carecían, tenía un amplio apartamento en Karl-Marx-Stadt —que era como se había renombrado a la ciudad de Chemnitz— y conducía un Wartburg. Pero seguía teniendo un sueldo poco mayor que el de cualquier otro obrero de MZ a pesar de jugarse sistemáticamente la vida, obteniendo apenas unas pequeñas primas por las victorias. En las carreras veía a sus compañeros occidentales

Ernst Degner era un buen piloto y un eficiente colaborador de Walter
Kaaden en desarrollo del motor de válvula rotativa de MZ.

disfrutando de las merecidas ganancias y la vida alegre y placentera que otorgaba el éxito de las carreras, y que a él le negaba el régimen totalitario de la RDA. Simplemente aspiraba a una vida mejor con su esposa y su hijo, nacido dos años antes.

En este momento del relato es necesario abrir el enfoque y no perder la perspectiva de lo que estaba sucediendo en el Mundial de Velocidad. Honda había llegado al campeonato en 1959 con su propia tecnología, basada en los motores pluricilíndricos de «cuatro tiempos». Suzuki le siguió los pasos en 1960, pero en este caso empleando motores de «dos tiempos». Acudió al Tourist Trophy para disputar la carrera de 125, con resultados muy discretos. En 1961 regresó al Mundial para disputar las categorías de 125 y 250. Yamaha también apareció ese año.

Pero mientras que Honda tenía una clara línea de desarrollo, y Yamaha también progresó con sus motos de «dos tiempos» de 125 y 250, en especial esta última, Suzuki se estancó. Tomando como ejemplo a Honda, Suzuki confió en pilotos occidentales para abrirse camino, y en Montjuïc, primera cita de 1961, su único piloto en 125 y 250 fue Paddy Driver. Jimmy Matsumiya, educado en Reino Unido, estaba al frente del equipo, y enseguida comprendió que iba a necesitar asistencia tecnológica para progresar.

Se intentó la opción más accesible, que representaba Joe Ehrlich, austriaco de nacimiento pero afincado en Gran Bretaña desde 1938, cuando abandonó Viena huyendo de la anexión alemana de los nazis, otro teórico de los «dos tiempos» y autor de la EMC. Ehrlich trabajó una temporada en la firma automovilística Austin antes de ser contratado por De Havilland, fabricante británico especializado en motores de pequeña cilindrada, lo que le permitió retomar su pasión por las motos. Llegó a contactar con Kaaden con el fin de mejorar el rendimiento de su trabajo, pero no hubo entendimiento entre ellos. Sin embargo, las buenas gestiones de *herr* Hartman, responsable de las actividades deportivas de IFA, permitió que Ehrlich pudiera canjear un par de horquillas Norton por un motor MZ, y así logró evolucionar la EMC «dos tiempos» lo suficiente como para hacerla competitiva y despertar el interés de Matsumiya, pero no logró alcanzar un acuerdo con él.

Todas sus pesquisas señalaban al único capaz de poner solución a sus problemas: Walter Kaaden. Lógicamente, Matsumiya sintió curiosidad por conocer detalles sobre el trabajo de Kaaden en MZ, entrevistándose en busca de información con los periodistas europeos que acudían a las carreras, pero el hermetismo y la vigilancia de los comisarios políticos de la RDA hacían imposible llegar al más mínimo conocimiento.

Suzuki prosiguió sin mucha fortuna su andadura por el campeonato. En 125 apenas lograban acabar, y en 250, Hugh Anderson y Michio Ichino peleaban por meterse entre los diez mejores, posiciones que en esos momentos no concedían puntos para la clasificación. En esas circunstancias, Matsumiya estaba determinado a retirar su equipo del campeonato. Se desplazaron al Tourist Trophy, que iba a ser la última carrera del equipo. Allí compartirían hotel en Fernleigh con la delegación de MZ. No fue casual. Ya en 1960, en el año de su debut, ambos equipos se habían alojado en el mismo hotel, y ya entonces Kaaden dio órdenes a los mecánicos de que extremaran su atención hacia los japoneses, porque no se podía creer que, casualmente, estuviera alojado en el mismo establecimiento el único equipo que empleaba la misma tecnología que ellos. Ya entonces Kaaden desconfiaba de los hombres de Suzuki. Curiosamente, Degner y Matsumiya ya se hicieron conocidos, por su afición común al jazz, una música prohibida en la RDA a raíz de la detención en 1957 del músico Reginald Rudolf, acusado de espionaje.

CAMINO DEL TÍTULO

Aunque en 1961 Degner inició el Mundial corriendo en 125 y 250, los buenos resultados le animaron a concentrarse en 125. La temporada se convirtió en una alternativa entre él y los hombres de Honda, porque las RC143 bicilíndricas eran plenamente competitivas con cualquiera de ellos: Phillis, Hailwood, Takahashi y Redman. Frente a ellos, Degner estaba solo.

Degner se puso líder del Mundial tras ganar en Hockenheim, la segunda cita del año. La presión sobre él se hizo cada vez

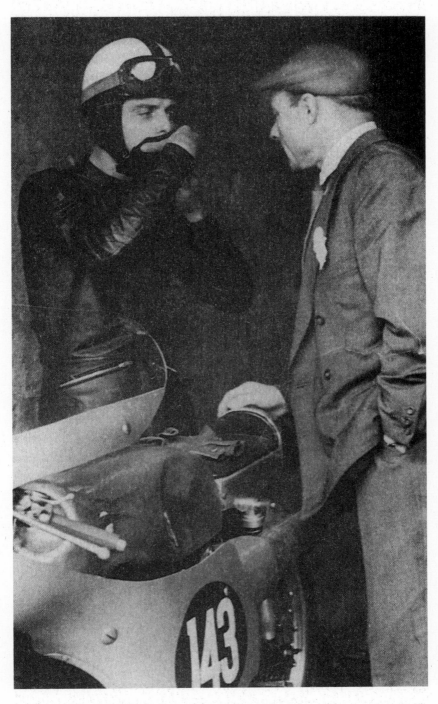

Kaaden nunca pudo imaginar que Degner llegara a traicionarle
como lo hizo, llevándose los secretos de MZ a Suzuki.

mayor, llevándole a una situación comprometida con la que no estaba nada satisfecho. A pesar de disfrutar de unas condiciones de vida mucho mejores que las de cualquiera de sus compatriotas, Degner quería para su esposa Gerda y sus hijos Olaf y Boris una vida feliz, algo que solo se podía conseguir en Occidente, lejos del paraíso socialista de la RDA, que con el paso de los años se convertiría en un régimen absolutamente paranoico.

La larga estancia en la isla de Man —dos semanas entre entrenamientos y carrera— propició que Degner confraternizara con el espontáneo Matsumiya al calor de su afición común por el jazz. No solo fue el comienzo de una amistad, sino que se sentaron las bases para la traición de Degner, que consistió en desvelar los secretos de la válvula rotativa a la que Kaaden había consagrado toda su vida.

Degner estaba decidido a abandonar la RDA y contaba con la colaboración de Paul Petry, un alemán occidental que había conocido en alguna de sus carreras en Alemania Occidental. Petry tenía un concesionario de motos en Saarbrücken, y además era un experto preparador de motores, que tenía amplios conocimientos técnicos. Los dos trabaron una buena amistad, y Petry no tardó en comprender que Degner deseaba una vida fuera de la RDA. De esa forma vislumbró la posibilidad de que juntos pudieran desarrollar un proyecto de una moto de competición.

Sin embargo, la entrada en escena de Suzuki ponía a su alcance un horizonte más amplio y capaz. Así que, sin dudarlo, Petry ofreció los servicios de Degner a Suzuki. Lógicamente, Matsumiya se mostró muy interesado por la propuesta, que poco a poco fue tomando cuerpo hasta definirse, convenciendo a Degner para que se pasara a Occidente, llevándose consigo los secretos de MZ, y ofreciéndole un puesto en el equipo Suzuki, lo que le permitiría seguir desarrollando su labor como piloto y trabajando en el desarrollo técnico del motor de «dos tiempos».

Degner y Petry tuvieron todo bien calculado. No bastaba con contar los secretos y un puesto sin más: pidieron diez mil libras y una moto oficial en 1962. En Suzuki se sorprendieron con la cifra: aquello era una verdadera fortuna por un piloto, pero también valoraron el gasto como una inversión, por el ahorro que les iba a suponer en costes de desarrollo de las motos. Así que no tardaron en llegar a un acuerdo: firmaron un contrato secreto en Assen dos semanas después, y se fijó la fecha de la fuga para dos meses después, durante el Ulster Grand Prix. Suzuki desapareció del campeonato tras el Tourist Trophy y Degner se concentró en su trabajo. Pero no se trataba de dar el dinero así como así: si Degner quería cobrar sus diez mil libras, los conocimientos aportados tendrían que asegurar que ese nuevo motor pudiera rendir 22 CV en el banco de potencia. Tanto Degner como Petry estaban convencidos de que lo podrían conseguir.

Por si el dinero no fuera suficiente motivación, a Degner se le hizo muy presente la imagen de Rudolf Nureyev, el mítico bailarín ruso, que el 16 de junio de 1961 desertó en el aeropuerto parisino de Le Bourget, echándose en brazos de la gendarmería gala sin dar opciones de reaccionar a los comisarios políticos que acompañaban al Ballet Kirov. Aquello fue un duro golpe para las autoridades soviéticas y, por extensión, el bloque del Este, y Degner sabía que la situación podría complicarse, pero no podía bajar la guardia, ni conformarse, ni desanimarse. Ahora tenía que ser más fuerte y ambicioso que nunca.

EL HÉROE DEL PUEBLO

El 30 de julio de 1961 se disputó el Gran Premio de Alemania Oriental, en Sachsenring, en el antiguo escenario del Gran Premio de Alemania antes de la II Guerra Mundial, y por primera vez la carrera fue puntuable para el Mundial. Desde la fundación de la RDA, las autoridades deportivas habían recuperado las carreras de Sachsenring como uno de los grandes eventos deportivos del país. El éxito de MZ animó a las autoridades de la RDA a solicitar su inclusión en el campeonato, y su entrada no pudo resultar más oportuna. Degner ganó la carrera, acechando el liderato de Phillis. Entonces, la presión sobre él se redobló. Sin quererlo se había convertido en el nuevo héroe del pueblo, y sobre él se centraron todas las ilusionadas miradas de millones de alemanes orientales que veían que, por una vez, uno de los suyos lograba triunfar. Y las autoridades se relamían solo de pensar en el efecto propagandístico de semejantes éxitos.

Dos semanas después llegó la esperada fecha de la fuga durante el Ulster Grand Prix. Fue segundo tras Kunimitsu Takahashi, pero superó a Tom Phillis y se puso líder. En aquellos momentos Degner se sentía tremendamente feliz. Según sus planes, mientras él competía en Dundrod, su esposa Gerda y sus dos hijos iban camino de Berlín, y por la noche cruzarían la frontera para ser libres en el lado occidental de la ciudad. Lo que tendría que haber sido una jornada gozosa para Degner se convirtió en una situación frustrante. En la madrugada del 13 de agosto, el director del Ministerio para la Seguridad del Estado, Erich Honecker, puso en marcha la operación que levantó el Muro de Berlín. Esa noche cinco mil soldados de la RDA, apoyados por dos divisiones soviéticas y 150 carros blindados, colocaron 20.000 postes de cemento y 300 toneladas de cable de espinos rodeando la frontera oriental de la ciudad, y en los días sucesivos se levantó un muro infranqueable, una ignominiosa fortificación que partió los dos sectores de la ciudad, separando familias y transformando definitivamente la vida de los alemanes orientales.

Gerda y los niños, Olaf y Boris, no pudieron alcanzar el lado occidental. Degner no escapó, porque para él no tenía sentido marcharse a Occidente si no estaba acompañado por su familia. Con lo que, aparentemente, la vida siguió como de costumbre. Sin embargo, nada alteró su decisión de desertar. Asumiendo grandes riesgos contactó con su amigo Petry, con el que normalmente solo se veía en Occidente. Degner estaba convencido de que la única forma de que Gerda y los niños pudieran abandonar la RDA era ocultos en un coche que condujera una persona de confianza. Y esa persona era Petry.

Degner trazó un plan muy detallado. Hizo que Petry buscara el coche más grande y llamativo que fuera capaz de conseguir. Y vaya que si lo hizo: un enorme Lincoln Mercury V8 en color negro y con llamativos neumáticos de flanco blanco. Petry se hizo pasar por empresario occidental que quería establecer negocios en Leipzig, así que comenzó a realizar frecuentes viajes al Este, entrando por diferentes pasos fronterizos para comprobar cuál podía ser el más idóneo. Por si no se hacía notar lo suficiente, solía obsequiar a los soldados del puesto con cajetillas de tabaco americano, un apreciado *souvenir* que los militares aceptaban gustosamente, y así se ganó su confianza. Luego construyó un habitáculo bajo el falso suelo, con unos respiraderos adicionales, en el que se pudieran ocultar Gerda y los niños. Con el plan magistralmente trazado y ensayado, fijaron una nueva fecha para la fuga: el 3 de septiembre, la fecha del Gran Premio de las Naciones, en Monza. Sin embargo, los trabajos en el coche no estuvieron listos a tiempo y hubo que posponer la tentativa dos semanas más.

Degner no cambió de planes y se marchó a Monza. Su victoria en el circuito italiano afianzó su liderato, pero la imposibilidad de que su familia lograra ponerse a salvo al otro lado del muro hizo que viviera sensaciones enfrentadas. En su interior sufría por la suerte de su familia, pero de cara a la galería, y sobre todo ante la creciente presencia de comisarios políticos de la RDA, que había incrementado la representación de MZ en las carreras, Degner tenía que mostrarse ilusionado y espontáneo.

LA FUGA

La nueva cita para la fuga era el 17 de septiembre, en el circuito sueco de Kristianstad, un entramado de carreteras de 6,5 kilómetros de longitud. En Suecia, Degner tenía la oportunidad de proclamarse campeón, por lo que la presión sobre él fue muy grande. El Lincoln estaba listo para cumplir su misión y Degner se convenció de que había llegado el momento de la verdad. Aprovechó las ventajas de su privilegiada posición y pidió permiso para viajar él solo al volante de su Wartburg hasta Suecia, en lugar de viajar en el camión con el resto del equipo.

Y se lo concedieron, así como una habitación individual en el hotel de Kristianstad.

Degner viajó desde Karl-Marx-Stadt hasta Potsdam, en las afueras de Berlín, acompañado por Gerda y sus hijos, que se quedaron a pasar unos días de vacaciones en casa de los padres de Gerda, una oportuna visita a los abuelos. Degner siguió camino de la costa báltica, donde tomó un ferri que lo llevaría hasta Trelleborg, en Suecia. Pero antes de eso, hizo noche en Sassnitz, donde aguardaría la llamada de Petry para confirmarle que Gerda y los niños estaban a salvo en Alemania Occidental.

Petry puso rumbo a Potsdam desde su casa de Saarbrücken. Recogió a Gerda y los niños. La mujer de Degner solo conoció el plan de su marido poco antes de iniciar su viaje a Potsdam, y se mostró lógicamente aterrada por la situación, pero entendió que era la única solución. Para evitar cualquier crisis nerviosa dentro del estrecho habitáculo del falso suelo del Lincoln, los tres tomaron unos sedantes, y permanecieron ignorantes durante todo el tiempo de las idas y venidas de Petry. Este decidió cruzar hacia el lado francés por el paso de Bornholmer Strasse, pero cuando llegó no estaba ninguno de los habituales *vopos* a los que obsequiaba tabaco. Revisaron su documentación, hicieron preguntas, registraron el coche… y le dejaron pasar. Luego tuvo que cumplimentar varios puntos de control en el lado occidental, pero ni siquiera ahí podía desvelar el motivo de su viaje. Así que pasaron varias horas hasta que, por fin, pudo enfilar la *autobahn* destino a Saarbrücken, donde nadie lesinterceptaría. Paró en cuanto pudo, y mientras Gerda y los niños recuperaban el sentido, telefoneó al hotel de Sassnitz, donde Degner aguardaba la llamada antes de tomar el ferri para Suecia. Con la buena nueva, Degner pudo respirartranquilo y tomar el camino de Kristianstad. Ahora le tocaba a él.

Durante los entrenamientos, Degner se mostró tan concentrado como era habitual. De él solo dependía que pudiera coronarse campeón en Suecia. Kaaden le insistió en la importancia de asegurar la carrera y no forzar el motor. Le bastaba prácticamente con acabar para ser campeón, pero en esas circunstancias fugarse habría resultado prácticamente imposible. De hecho, la comitiva de MZ estaba compuesta por veintidós personas, el doble de lo habitual, porque al grupo de técnicos y mecánicos se sumaron algunos comisarios políticos enviados directamente por el Gobierno. Hay que reconocer que el propio Degner era el primer responsable de semejante despliegue, porque antes de partir realizó unas llamativas declaraciones a un diario deportivo que crearon enorme expectación: «Este domingo haré lo mejor que pueda en Suecia, haré lo mejor por mi país», dijo, con una acentuada vena patriótica que inspiraba a elevar el nivel de propaganda más que nunca, y todo debía estar absolutamente bajo control. Además, en un despliegue sin precedentes, MZ puso en pista cinco motos. Junto a Degner, sus habituales compañeros Musiol y Brehme, además del británico Alan Shepherd y el finlandés Jukka Petaja.

En la carrera, Degner tomó la delantera y lideró la carrera, rodando a un ritmo muy superior al que Kaaden le había encomendado, perseguido por el enjambre de las cinco Hondas. En esa situación de carrera era, virtualmente, campeón del mundo. De repente, desapareció. Las Honda dominaban la situación y Phillis tenía en su mano la oportunidad de proclamarse campeón. De hecho, Soichiro Honda viajó a Kristianstad para ser testigo del momento, pero la Honda de Phillis tuvo problemas y no pasó de la sexta plaza, con lo que prácticamente no había cambiado nada y el título tendría que resolverse en Argentina, la última carrera del año.

Degner regresó con el equipo, pero no cenó con la gente de MZ, sino con Frank Perris, uno de los grandes pilotos privados de la época, con el que tenía una excelente relación y cuya esposa era alemana. A ellos se sumaron la hermana de esta y Matsumiya, el patrón de Suzuki. A nadie le pareció extraño. Esa noche, Degner desapareció. Permaneció escondido en la habitación de la cuñada de Perris y, de madrugada, Matsumiya lo llevó en su coche hasta Malmoe, donde tomó un ferri hacia Dinamarca. La fuga se consumaba, y temiendo que Suecia, que tenía un gobierno socialdemócrata, entregara a Degner a las autoridades de la RDA, decidieron ponerlo a salvo en un país de la OTAN.

Degner llevaba una maleta. Entre la ropa ocultaba algunas piezas de la MZ, como un pistón, una válvula rotativa y un cigüeñal. Las joyas de la corona. Los aduaneros daneses lo trasladaron a Copenhague para ser interrogado por personal de la OTAN. No en vano era un ciudadano del Pacto de Varsovia que había entrado sin visado, y superada la situación pudo ponerse a salvo con su familia en Saarbrücken y retomar su vida en una nueva situación.

Kaaden descubrió la traición de Degner a la mañana siguiente. Aquello fue peor que una puñalada. MZ se quedó sin el título, y Degner también. Intentó correr en Argentina con una EMC, pero la reclamación que el Gobierno de la RDA presentó ante la FIM impidió que Degner corriera con licencia de Alemania Federal, la nacionalidad que acababa de adoptar, por lo que no pudo viajar a Argentina. Además, MZ denunció que Degner saboteó su propia moto en la carrera de Suecia, y aunque la FIM exigió pruebas que sostuvieran semejante

En 1962 Degner reapareció en el campeonato del mundo a lomos de una Suzuki, y se proclamaría campeón del mundo de 50 cc.

acusación, Kaaden rechazó aportarlas alegando motivos de confidencialidad.

No obstante, Degner tuvo reservado, para él y para un mecánico, un asiento en un vuelo chárter directo de Londres a Buenos Aires el 8 de octubre —la carrera se disputaba el día 15—, pero no llegó a subirse al avión. Mientras tanto, la EMC hacía escala en Nueva York camino de Buenos Aires cuando se confirmó que Degner no correría en Argentina, dejando el título en bandeja a Phillis y Honda, que ganaron con claridad.

Al año siguiente, Degner debutaba con Suzuki en Montjuïc, corriendo en 50 y 125. Tuvo un triste inicio: fue 15.º en 50 y se retiró en 125. Las Suzuki seguían sin funcionar, pero poco a poco mejoraron y Degner terminaría ganando carreras en 50 y proclamándose campeón del mundo esa misma temporada. Al final, consiguió su objetivo; MZ y Kaaden nunca lo lograrían.

La Guerra Fría y otros conflictos

La Guerra de Corea (1950-1953) marcó el inicio de lo que se vino a denominar como Guerra Fría, una escalada de tensión entre las dos grandes potencias triunfadoras en la II Guerra Mundial, Estados Unidos y la Unión Soviética, que en las décadas siguientes se enfrentarían militarmente a través de terceros países, generando un clima de inestabilidad política y desconfianza que acompañó a la sociedad por espacio de varias décadas. El motociclismo no fue ajeno a esta situación.

Sin duda, el episodio cumbre de la Guerra Fría en el Mundial de Velocidad lo representa la fuga de Ernst Degner y el robo de los secretos de MZ. Como contábamos en el capítulo anterior, no solo por el hecho de la fuga en sí misma, sino porque implicó diferentes aspectos en las relaciones entre varios países. Degner abandonó Suecia inmediatamente ante el temor de que el gobierno socialdemócrata lo entregara a las autoridades de la RDA, y acabó en Dinamarca, país de la OTAN, donde llegó sin visado como ciudadano de una nación del Pacto de Varsovia. Después de la reclamación de la federación motociclista de la RDA ante la Federación Internacional de Motociclismo (FIM) impidió que corriera con licencia de Alemania Occidental. El hecho de que Alemania Federal aceptara conceder la licencia a Degner fue otro motivo de fricción.

Incluso antes de este incidente, la relación entre las dos Alemanias era compleja. Las carreras internacionales en Sachsenring se volvieron a retomar en 1949, y a partir de 1959 se otorgó a esa carrera la denominación de Gran Premio de Alemania Oriental. Los pilotos de Alemania Occidental corrían en Sachsenring sin mayor problema, no había ningún tipo de limitaciones ni condiciones a su presencia. De hecho, fueron precisamente los alemanes occidentales los que mayor número de victorias consiguieron entre 1949 y 1960. Todo era aparentemente normal, salvo por un detalle: el himno.

Las autoridades de la RDA no podía consentir que el *Deutschland über Alles* sonara a toda pastilla ante los cientos de miles de alemanes orientales que acudían a las carreras de Sachsenring. Aquello podía inspirar deseos reunificadores, alterar la ejemplar paz reinante en el paraíso socialista. De esta forma, decidieron sustituir el himno de Alemania Federal por el *Himno a la Alegría* de Beethoven, el célebre movimiento de la Novena sinfonía del genial compositor. Todo el mundo dio por buena esa solución. No en vano, cualquiera que tenga oído puede identificar la música de Beethoven como algo genuinamente alemán, a ambos lados de la frontera. Pero cuando, en 1961, el Gran Premio de la RDA pasó a formar parte del Campeonato del Mundo, la FIM no aceptó que se privara a los pilotos de Alemania Occidental de su himno.

La victoria de Dieter Braun en 1971 en Sachsenring
estuvo a punto de provocar un conflicto.

La solución de la RDA fue no convocar la categoría de sidecares, sistemáticamente dominada por BMW y alemanes occidentales. De hecho, así fue desde 1954 hasta 1964. Además, ante la posibilidad de entrar en conflicto por la presencia de Ernst Degner en la categoría de 50, donde fue campeón en 1962, entre 1963 y 1968 no se convocó esa clase, aunque Degner no correría ese año debido a una lesión sufrida en el Ulster Gran Prix y además en ningún caso tenía intención de volver a la RDA. De hecho, no volvió a correr en Sachsenring después de su fuga, pero la federación de la República Democrática Alemana mantuvo fuera de su programa la carrera de 50 hasta 1969. Precisamente, el ganador en aquella ocasión fue Ángel Nieto, que logró en Sachsenring su primera victoria mundialista.

Todo fue más o menos bien para las autoridades de la RDA, sin ganadores de Alemania Occidental, hasta que, en 1971, a Dieter Braun no se le ocurre otra cosa que ganar la carrera de 250, batiendo por medio segundo a Rodney Gould, delante de 150.000 espectadores. Cuando accedió al podio, junto a Gould y Read, se vivieron momentos de mucha tensión. Se dudó si poner el himno o no, y en torno al podio se vivieron momentos bastante tensos. Pero el himno de Alemania Occidental sonó por los altavoces y, de repente, el público, espontáneamente, se puso a cantar la letra. Las autoridades de la RDA aguantaron estoicamente la situación, pero tomaron una decisión tajante: tras la edición de 1972 no volvieron a solicitar una carrera puntuable para el Mundial, y así fue como el Gran Premio de la República Democrática de Alemania desapareció del calendario del Mundial de Velocidad.

LAS SECUELAS PARA MZ

La fuga de Degner tuvo terribles secuelas para MZ. Los miembros del equipo disfrutaban ese momento de unas insólitas condiciones de vida, con mucha libertad de movimientos en comparación con el resto de alemanes orientales. Pero a partir de 1962 MZ dejó de ser un participante regular en el campeonato. Solo apareció en Sachsenring, donde sus motos de 125 y

250 subieron al podio: Hans Fischer fue tercero en 125, y Mike Hailwood y Werner Musiol segundo y tercero en 250.

A partir de 1963, MZ volvió a ser un equipo habitual del Mundial, pero sin opciones al título, porque contrataba pilotos de carrera en carrera. El único que tuvo continuidad en la formación fue el británico Alan Shepherd, que corría tanto en 125 como en 250 con positivos resultados, consiguiendo varios podios. No obstante, la efectividad de la MZ quedaba de nuevo puesta de manifiesto con el triunfo de Hailwood en Sachsenring, secundado precisamente por Shepherd. Pero la falta de recursos económicos imposibilitaba contratar a tiempo completo a cualquiera de estos pilotos punteros del Mundial.

Walter Kaaden, aunque nunca tuvo intención de abandonar la RDA, también vio muy restringidos sus movimientos, y fue siempre estrechamente controlado por los comisarios políticos. Esa situación dio paso a un momento inolvidable: el primer Gran Premio de Estados Unidos.

Aquella carrera se disputó en Daytona, el 2 de febrero de 1964. Pasará a la historia por ser la carrera más madrugadora de la historia del Mundial. Teniendo en cuenta que la última carrera de 1963 se disputó el 10 de noviembre en Japón, los equipos tuvieron menos de tres meses para preparar sus mecánicas. De hecho, Honda renunció a la carrera en protesta por tan temprana ubicación en el calendario.

MZ viajó a Daytona con una representación simbólica. Kaaden no fue autorizado a viajar a Estados Unidos, así que Wheeler se trasladó a Florida en compañía de un mecánico. Después de cada jornada de entrenamientos, el británico telefoneaba a Zschopau, donde Kaaden aguardaba su llamada. Una conferencia transcontinental como esta no era tan simple como levantar el teléfono y marcar el número deseado; solía tener una larga demora hasta conseguir la conexión. Y tratándose de una llamada a un país comunista, lógicamente despertaba todo tipo de sospechas.

Cuando por fin podía hablar, Shepherd daba todo tipo de explicaciones a Kaaden sobre el comportamiento de la moto, la respuesta del motor, el estado de las bujías al hacer carburación… Fue una suerte de primaria telemetría transoceánica. Kaaden, por su parte, daba indicaciones precisas sobre los cambios que había que realizar. Las conversaciones de Shepherd y Kaaden fueron atentamente seguidas por la CIA y la Stasi, intentando desentrañar algún mensaje oculto entre tanto surtidor de alta, chicle de baja y puntos de encendido que los dos colaban constantemente en su vocabulario. Lo cierto es que Wheeler se anotó la victoria, batiendo con holgura a un variopinto grupo de pilotos norteamericanos y unos cuantos europeos que acudieron a la carrera. El buen rendimiento de la MZ quedó puesto de manifiesto en más carreras a lo largo de la temporada. Shepherd fue segundo en el Tourist Trophy y tercero en Spa y el Ulster, y acabó tercero en el campeonato, por detrás de Read y Redman, los pilotos de las todopoderosas Yamaha y Honda, respectivamente, lo que para MZ suponía un gran logro.

MZ se mantuvo varios años más en el campeonato con resultados positivos en 250, gracias al buen hacer de Derek Woodman y Heinz Rosner, con podios pero sin ganar carreras. En 1971 llegaron las últimas victorias de MZ de la mano de Silvio Grassetti, que ganó dos carreras de 250, y Peter Williams,

Alan Shepherd tenía que poner una conferencia con Zchopau desde Daytona para hablar con Kaaden y poder hacer la puesta a punto de la MZ en el GP de Estados Unidos.

185

que se impuso en la carrera de 350 del Ulster Grand Prix, la única victoria de MZ en la categoría.

Otra consecuencia de la Guerra Fría fue que determinadas carreras se convirtieron en el escenario propicio para la aparición de pilotos de determinadas nacionalidades. Alemania Oriental, Checoslovaquia —incorporada al calendario en 1965— y Yugoslavia —desde 1969— serán los circuitos donde aparecerán pilotos del otro lado del denominado Telón de Acero, los países de la órbita soviética.

En 1964 debuta en Sachsenring el equipo ruso CKEB, con su Vostok C364 cuatro cilindros de 350, y la C560 bicilíndrica de 500, con Endel Kiisa y Nikolaj Sevastyanov como pilotos. Sevastyanov fue cuarto en 500, y repetirá posición en Imatra, en la primera edición del Gran Premio de Finlandia que, por su situación geográfica, a pocos kilómetros de la frontera rusa, era la carrera más próxima a la Unión Soviética. En años posteriores, la Vostok 500 se dejó ver en contadas carreras, logrando Sevastyanov de nuevo una cuarta plaza en Imatra, y Kiisa la décima en Sachsenring en 1969. Su última carrera fue una semana después en Brno, donde habrían pasado casi desapercibidas de no ser por los constantes abucheos que les dedicaban los aficionados checos, en protesta por la represión soviética en la Primavera de Praga.

Las poderosas Vostok no volvieron al Mundial, pero en 1972 apareció en Sachsenring una formación soviética con cinco pilotos y motos de 50 y 125 cc denominadas Riga. Los mejores fueron Eduard Borisenko y Alexander Smertien, que fueron séptimo y undécimo respectivamente en la carrera de 50. Después, los soviéticos desaparecieron del campeonato para siempre.

En el extremo opuesto estaba Checoslovaquia, sin duda el país del bloque comunista más abierto al motociclismo, destacando la intensa actividad de sus marcas CZ y Jawa desde los años cincuenta. Frantisek Stastny logró una épica victoria a lomos de la Jawa-CZ 500 en Sachsenring en 1966, cuando la Honda de Hailwood rompió y Agostini se cayó en la última vuelta. Las Jawa 350 fueron brillantes: con Stastny ganaron tres carreras, y lograron numerosos podios con Gustav Havel y Frantisek Bocek, y el subcampeonato con Stastny.

También brilló con Jawa el italiano Grassetti, como lo haría con MZ. Lo que no sabemos de Grassetti es si, habida cuenta de semejante hoja de servicios, sería miembro del PCI. Con la nueva 350-4 dos tiempos, la misma moto que se cobró la vida de Bill Ivy en Sachsenring, el italiano fue subcampeón de 350 y ganó el Gran Premio de Yugoslavia. Pero en los años setenta, las Yamaha TD (250) y TR (350) se convirtieron en herramientas más eficaces para los privados y borraron del mapa a los pequeños fabricantes como Jawa y MZ.

Pero no cabe duda de que la presencia más exótica durante la época de la Guerra Fría fue la del motociclismo cubano, que a lo largo de la primera mitad de los años setenta se prodigó en determinadas carreras del bloque del Este, y siempre a lomos de las eficientes MZ. En 1970, José Peón corrió el Gran Premio de Alemania Oriental con una MZ 125. En los años siguientes, media docena de cubanos se convertirían en circunstanciales pilotos de MZ en Sachsenring y Brno. Aunque siempre hay excepciones: curiosamente, solo hubo un escenario ajeno al bloque comunista donde los cubanos corrieron varias veces. Fue en Spa (Bélgica), donde siempre compitió José Lazo, el cubano con mayor número de participaciones en el Mundial, y el único que se subió a una moto que no fuera MZ, llegando a correr con una Yamaha, tanto en 125 como en 250.

CUANDO LA POLÍTICA SE METE EN LAS CARRERAS

Mezclar política y deporte siempre ha tenido nefastas consecuencias, sobre todo cuando el deportista no es un activista político. Ya vimos el clima de tensión generado en la República Democrática Alemana durante los años de la Guerra Fría, y cómo las directrices del régimen de la RDA marcaron el final del Gran Premio de Alemania Oriental en 1972. Algo parecido sucedió con el Ulster Grand Prix un año antes. La situación inestable en Irlanda del Norte, y en especial en Belfast, mantuvo la carrera al borde de la suspensión desde 1969. En aquella ocasión los equipos terminaron metiendo las motos en las habitaciones de su hotel para evitar robos y problemas, porque el circuito de Dundrod estaba situado en las afueras de Belfast, y en aquellas terribles jornadas las calles se convertían en un campo de batalla.

La edición de 1971 estuvo en el aire, porque solo cinco días antes de la carrera se promulgó el Acta de Poderes Especiales, que otorgaba a las autoridades británicas potestad para detener y encarcelar sin juicio a sospechosos, dando pie a numerosos incidentes en un clima de creciente hostilidad. Incluso la Federación Internacional, que iba a realizar en Irlanda su Congreso de Otoño, decidió cancelarlo debido al clima de extraordinaria tensión existente, y trasladarlo a su sede central en Ginebra, posponiendo el congreso de Dublín hasta 1993. Sí, más de veinte años después.

Aunque la carrera de 1971 incumplió la exigencia de la FIM de convocar cinco de las seis categorías del Mundial —no se incluyeron ni 50, porque solo se inscribieron ocho participantes, ni 125— el Gran Premio fue válido para el Mundial. No obstante, hubo destacadas ausencias, como Giacomo Agostini, que decidió no viajar a Irlanda ante la gravedad de la situación. MV Agusta llegó a enviar las motos, pero tras la renuncia de su piloto decidió no participar en la carrera. Esa jornada se convirtió en un día de fiesta para los pilotos privados, con victorias para el héroe local Ray McCullough (250), Peter Williams (350), Jack Findlay (500) y Horst Owesle (sidecares). La carrera pasará a la historia porque el triunfo de Findlay con la Suzuki con motor GT500 de «dos tiempos» era el primer triunfo en un Gran Premio de 500 de un motor de «dos tiempos» desde 1912, cuando Frank Applebee impuso su Scott en el Senior TT del Tourist Trophy.

Pero el conflicto entre el IRA y el ejército británico, desplegado en Belfast desde 1969, se acrecentó, entrando en una espiral de violencia incomprensible. Ya desde entonces el ministro de Interior británico pidió a los organizadores que suspendieran la carrera, pero estos se resistieron como gato panza arriba. El 2 de octubre de 1971 el IRA puso una bomba en la Grand Prix House, un edificio construido y sufragado por los voluntarios del Ulster Motor Cycle Club. No era más que una pequeña instalación empleada por los organizadores los días de carreras. El atentado destruyó el edificio por completo. El Ulster Motor Cycle Club decidió no convocar la carrera en 1972. Ese año se organizó una prueba de carácter nacional en el aeródromo de Bishopscourt, y en 1973 el Ulster Grand Prix retomó su curso en el trazado de Dundrod, pero ya no fue puntuable para el Mundial. De esta forma, el Ulster Grand Prix, una de las pruebas fundacionales del Campeonato del Mundo, desapareció para siempre del calendario del campeonato.

NO ALINEADOS

El Movimiento de los Países No Alineados (MPNA) nació en los años cincuenta como una manifestación de aquellas naciones que no se reconocían en ninguno de los bloques de la Guerra Fría. Formaron parte del MPNA cerca de treinta naciones. La Conferencia de Belgrado (1961) fue un gran impulso para la organización, que marcó como objetivos fundamentales el apoyo a la autodeterminación en África y Asia, su oposición al régimen de *apartheid* sudafricano, la no adhesión a los bloques militares, el desarme, la democratización y la no injerencia en la política de terceros países.

La representación africana en el motociclismo siempre quedó en manos de pilotos de las antiguas colonias británicas. Desde los años cincuenta, los rodesianos fueron habituales en el campeonato, con algunos pilotos especialmente notables como Ray Amm, Gary Hocking, Jim Redman y Bruce Beale. Como otros miembros de la Commonwealth, acudían a Europa al abrigo de su antigua metrópoli. De hecho, muchos habían nacido en Reino Unido y emigrado de niños a las antiguas colonias, como Redman, que nació en un suburbio de Londres y su familia emigró a Rodesia a finales de los años treinta. Pero tras la muerte de Amm (1955), la retirada y posterior fallecimiento de Hocking (1962), y las retiradas de Redman y Beale (1966), apenas quedaron pilotos africanos en el Mundial.

Sin embargo, desde 1975 una nueva generación de pilotos sudafricanos se hizo notar en el campeonato. Kork Ballington, Jon Ekerold y Alan North se convertirían en protagonistas destacados en las categorías de 250 y 350. Sudáfrica siempre tuvo gran potencial motociclista en África, y hasta principios de los años setenta era destino habitual de los pilotos británicos en invierno, aprovechando su verano austral para tomar parte en las bien remuneradas carreras internacionales que allí se disputaban, como Roy Hesketh, Killarney o Port Elizabeth.

La entrada en escena de los pilotos sudafricanos provocó que, en determinados círculos, se los mirara de modo diferente por culpa de la política de *apartheid* de su gobierno. Las autoridades sudafricanas eran conscientes de la situación y las complicaciones que podían sufrir sus conciudadanos, así que a aquellos que por antecedentes familiares podían optar por una segunda nacionalidad —fundamentalmente británica—, se les permitió emplear otro pasaporte.

Ballington nació en Rodesia y se desplazó a Sudáfrica con su familia cuando era un niño. Cuando en 1973 se instaló en Reino Unido, adoptó el pasaporte británico y corrió con licencia británica. De hecho, llegó a Inglaterra con una Seeley Kawasaki H2 750, lo que le permitió mantener un buen contacto con Kawasaki GB, aunque posteriormente en el Mundial estuvo corriendo con Yamaha TZ privadas en 250 y 350 a partir de 1975.

Ekerold llegó por su cuenta y riesgo en 1975, cargando con un par de viejas motos y un puñado de libras en el bolsillo. Afortunadamente, sus positivos resultados en sus primeras carreras le permitieron establecer contactos en el *paddock*, trabando amistad con Tom Herron, Olivier Chevallier, el suizo Hans Stadelmann y algún expatriado sudafricano, que le permitieron salir adelante a pesar de sus limitados recursos. Y poco después, North, que era cuñado de Ekerold, siguió sus pasos. A partir de 1976 los tres se convertirían en habituales del podio, y no tardarían en llegar las primeras victorias.

La temporada 1977 estaba llamada a ser la de los sudafricanos, porque los tres se distinguieron como algunos de los más rápidos en las categorías intermedias, aunque seguían en inferioridad frente a las Harley-Davidson oficiales de 250 y las especialísimas Yamaha tricilíndricas de 350, pilotadas por Giacomo Agostini y Takazumi Katayama. Fue un año marcado por los cambios y las novedades, algo revuelto y abierto a muchas opciones.

North fue especial protagonista en la primera mitad de la temporada. Marcó cinco *poles* en los cinco primeros grandes premios: cuatro en 350 y una en 250. Y, gracias a su consistencia, fue líder de 350 tras ganar en Imola, la tercera cita de la temporada. Después, dos averías seguidas en Jarama y Paul Ricard permitieron que Katayama lo superara. Sin embargo, su regularidad en 250, tras ser segundo precisamente en las carreras de España y Francia —por detrás de su cuñado Ekerold—, las carreras donde su TZ 350 se rompió le colocaron al frente del campeonato, superando a Mario Lega, Franco Uncini y Christian Sarron. La siguiente cita era el Gran Premio de Yugoslavia.

Yugoslavia era uno de los miembros más notables de los No Alineados. El gobierno autoritario del mariscal Tito se

Alan North (30) fue rechazado en Yugoslavia por su nacionalidad sudafricana y perdió la primera posición del Mundial.

desmarcó del Pacto de Varsovia y se convirtió en una de las caras «amables» del mundo comunista, junto a Checoslovaquia. Pero en 1977 adoptó una firme posición contra la política de *apartheid* de Sudáfrica, decidiendo prohibir la entrada a cualquier ciudadano de aquella nacionalidad.

Ballington, con su pasaporte británico, se libró de problemas, al igual que Ekerold, que corría con licencia holandesa desde que recibió el patrocinio de la marca Opstalan, propiedad de un magnate holandés aficionado al motociclismo. Sin embargo, el bueno de North, con su pasaporte y su licencia sudafricanos, se quedó en la frontera. El flamante líder del Mundial de 250 se quedó sin correr en Yugoslavia, y Mario Lega se anotó la victoria con la nueva Morbidelli. Fue su único triunfo en el Mundial, y resultó clave para su proclamación como campeón a final de temporada.

North tuvo la mala fortuna de sufrir infinidad de averías en la segunda mitad de la temporada. Dada la reducida capacidad de sus recursos, él mismo se encargaba de preparar las motos, resistiéndose a la idea de contratar un mecánico, algo que a la vista del resultado fue letal para sus aspiraciones. A final de temporada los sudafricanos habían hecho un buen papel. Ekerold acabó tercero en 350 y noveno en 250, había ganado una carrera de 250 y sumado cinco podios. Ballington fue quinto en 350, con dos victorias, y sexto en 250 con un triunfo, y también cinco podios en su haber. North fue séptimo en 250 y décimo en 350, con un triunfo y tres podios en total, y seis impresionantes *poles*.

A final de año, Kawasaki anunció su entrada en las categorías de 250 y 350 con un potente equipo oficial y el desarrollo de una serie de motos con apoyo de los importadores. Jubiló a Barry Ditchburn que, junto a Akihiko Kiyohara, había llevado con dignidad la primera KR250, y fichó a Ballington y al australiano Gregg Hansford.

Ekerold se mostró muy decepcionado con la elección, no tanto por él mismo como por North, por el que sentía especial admiración. En un Mundial marcado por la hegemonía británica —reinaba Barry Sheene— y un tono correcto en cuanto a las relaciones empresariales, la dirección del equipo iba a estar vinculada a Kawasaki GB, y el hecho de que Ballington, con su pasaporte británico y originario de Rodesia —antigua colonia británica, no como Sudáfrica—, no fuera percibido como sudafricano propició su entrada en el equipo. En la prensa británica el *apartheid* era una cuestión candente, y la figura de Ballington no representaba ningún escándalo, al contrario que dos pilotos genuinamente sudafricanos como North y Ekerold, que no encajaban políticamente en el proyecto.

Más allá de su pasaporte y de su nacimiento, para la historia del campeonato Ballington siempre ha sido sudafricano, y se convirtió en el primer campeón de su nacionalidad en 1978 al lograr el doblete en 250 y 350 con la Kawasaki KR, repitiendo la hazaña al año siguiente. Ekerold siguió bregando como piloto privado toda su carrera, obteniendo su recompensa en 1980, al imponerse en la categoría de 350 tras una intensa final ante Anton Mang y la Kawasaki oficial.

En cuanto a Alan North, se mantuvo en el campeonato como un privado más, corriendo en 250 y 350 con pocos resultados destacables y sin volver a pisar un podio. Sin embargo, en 1982, su última temporada en activo, acabó sexto en 350 y logró el último podio de su carrera, tercero en Assen.

Los japoneses, esa gente tan extraña

A estas alturas de la historia, Japón es un país que resulta de lo más familiar dentro del ámbito motociclista. ¿Quién no ha tenido o tiene una moto de alguno de sus fabricantes? Además, Honda, Yamaha, Suzuki y Kawasaki siempre han sido sinónimos de carreras, de competición, que ha sido la principal vinculación del lejano país con el mundo motociclista. Primero nos llegaron sus equipos de carreras y luego sus productos, aunque aquí en España tardamos muchísimo en acceder a los fabricantes japoneses. Quizás por eso nos parecían aún más remotos y desconocidos, pero lo cierto es que la cultura japonesa siempre nos ha resultado de lo más extraña. Y todo hay que decirlo: la verdad es que son bien diferentes y a veces hacen cosas muy raras.

No es necesario que busque personajes excéntricos y singulares para reforzar esta afirmación. Basta con empezar por el principio: Soichiro Honda. El fundador de Honda Motor Company había sido un emprendedor industrial automovilístico antes de la guerra a través de su pequeña compañía Industria Pesada Tokai Seiki, que con el devenir de la II Guerra Mundial conoció una enorme prosperidad al convertirse en suministrador de Toyota Motor, que terminó adquiriendo el 40 por ciento de la empresa. Durante la guerra, Tokai Seiki suministraba motores a la armada japonesa y a la Compañía de Aviación Nakajima. Lógicamente, la derrota japonesa puso fin a la actividad y, de hecho, la fábrica de Tokai Seiki de Hamamatsu fue bombardeada durante la guerra y terminó reducida a escombros por un terremoto acaecido en enero de 1945.

Semejante estado de devastación no impidió que Honda se aferrara a su destino, el mundo del motor. Tras muchos sinsabores, junto a los pocos empleados fieles que permanecieron a su lado en semejante estado de calamidad, Honda consiguió restaurar la escasa maquinaria que resultaba aprovechable, y recuperó su iniciativa empresarial en 1946, creando el Instituto de Investigación Técnica Honda, que en 1948 pasaría a denominarse Honda Motor. Un año después se produjo el feliz encuentro con Takeo Fujisawa, por iniciativa de un conocido común, que es como normalmente suceden estos encuentros afortunados. De esta forma coincidían la genialidad técnica de Honda con la habilidad financiera de Fujisawa, que acabó convertido en el director administrativo de Honda Motor Company.

Eran dos personalidades arrolladoras, aunque el carácter determinado de Soichiro era indiscutible como líder de la compañía. Fujisawa era una persona muy cultivada, con mucha formación, mientras que Honda solo tenía ojos para la tecnología: parecía que no hubiera nada que despertara su interés más allá de los motores. Lo cierto es que formaban un dúo complementario, y se integraron y entendieron inmediatamente de manera extraordinaria, y así se mantuvieron hasta que les llegó la hora de retirarse. Llegó el momento en que Soichiro Honda dio un paso atrás y se apartó de las labores ejecutivas en la empresa, pero nunca abandonó el día a día de la marca. Acudía fielmente todos los días a su oficina, muy cercana a la estación de Tokio, donde se interesaba por los asuntos cotidianos. En ocasiones, sin dar explicaciones, abandonaba la oficina, sin decir a dónde se dirigía. Su secretaria reaccionaba de inmediato y telefoneaba a alguno de los únicos cuatro lugares que este solía visitar, entre ellos el departamento de R&D, y las oficinas de HRC, en el complejo industrial de Asaka. Simplemente llamaba y decía: «El señor Honda ha salido de la oficina». Y entonces todos estaban prevenidos. A Soichiro Honda le gustaban especialmente estos dos lugares porque podía empaparse de conocimiento y disfrutar de sus dos grandes pasiones: la ingeniería y la competición. En R&D revisaba los últimos proyectos de los ingenieros, y en HRC… En HRC sabían que si el fin de semana había habido un Gran Premio y Honda no había ganado, no tardaría en aparecer por la puerta Soichiro Honda. Sonaba el teléfono con la famosa consigna: «El señor Honda ha salido de la oficina», y minutos después aparecía por la puerta de HRC.

Pero volvamos a los inicios. Muy pronto tuvo Fujisawa muestras de la determinación que impulsaba a Honda, que le llevaría a hacer lo que fuera necesario por el bien de la compañía, incluso las labores más penosas e impensables. En la primavera de 1950 la compañía abrió su oficina de ventas en Tokio, y poco después compraron una antigua fábrica de máquinas de coser en la que producirían su primer y mítico modelo, la Honda Dream Tipo D, cuyo nombre surgió cuando contemplaban el primer prototipo completamente terminado. Con la mirada perdida en cualquier detalle de la moto, satisfechos con el resultado mientras saboreaban unos sorbos de sake —imaginamos que, habida cuenta de la precariedad de entonces, en vez de usar el clásico *masu* de madera emplearon cualquier taza o vaso— y degustaban pepinillos y sardinas como acompañamiento, alguien dijo: «Es como un sueño». Honda, al escucharlo, exclamó

Soichiro Honda (izquieda) y Takeo Fujisawa, los dos hombres que estuvieron al frente de Honda Motor Company desde su fundación.

emocionado: «¡Eso es! ¡Sueño!». Y así es como bautizaron a ese primer modelo, su primer hijo de dos ruedas, Dream («sueño» en inglés).

Ambos eran conscientes de la necesidad de que sus productos fueran conocidos fuera de Japón para crecer y expandirse adecuadamente. Por tanto, la proyección internacional era fundamental. Estados Unidos, que todavía entonces era una potencia ocupante en Japón, representaba un mercado muy atractivo. Ya entonces se habían iniciado conversaciones para que entre ambas naciones se firmara un acuerdo de paz y de seguridad, que se haría efectivo en septiembre de 1951. Pero ya en diciembre de 1950, Honda y Fujisawa iniciaron sus movimientos con una acertada anticipación. Decidieron invitar a un empresario estadounidense a visitar su fábrica de Hamamatsu. Lo agasajaron siguiendo la tradición japonesa, con una fiesta en su honor en la que hubo sake y geishas. Sí, otra cultura, otras formas, pero el mismo fondo... El caso es que el invitado en cuestión tomó más sake de la cuenta y se sintió indispuesto, tan indispuesto que buscó desesperadamente un retrete en el que vomitar, con tan mala fortuna que en ese desagradable proceso también se le fue por el agujero de la taza su dentadura postiza...

Y aquí empezó el problema. En 1950 eran pocas las casas de Hamamatsu que disponían de canalización y desagües modernos, así que el retrete daba directamente a un pozo negro. Aquello habría sido una verdadera contrariedad, un problema serio, muy serio, de no ser por una persona muy especial. ¿Quién? Pues sí: Soichiro Honda.

El señor Honda se ofreció a recuperarla. Se desnudó y descendió a ese hediondo agujero, donde se arrastró por la podredumbre hasta localizar la dentadura. La metió en agua y la limpió personalmente con sumo cuidado, y después se dio un baño. Con la dentadura en la mano, como el trofeo más valioso jamás imaginado, Honda organizó otra fiesta a modo de celebración, de nuevo con el desconcertado invitado, las geishas, el sake —pero controlando, ¿eh?—, y con el propio Honda realizando un improvisado espectáculo, bailando y haciendo bromas, usando la dentadura postiza en su boca, queriendo demostrar que estaba completamente limpia. Y todos disfrutaron y rieron de buena gana.

Fujisawa, que no había tomado parte en este segundo sarao, se mostró desconcertado, y reconoció abiertamente que Honda le superaba. No fue casual la decisión de Honda: «Fue la manera de demostrar mi convencimiento de que el hombre que está a la cabeza de una organización tiene que hacer personalmente las cosas que más les molestaría hacer a los otros. No es necesario estar haciéndolo todo el tiempo; solo debes hacerlo una vez, y esa es la mejor manera de hacer que tus subordinados te sigan. El hombre que ocupa el puesto más alto tiene que estar siempre preparado para llevar a cabo lo que otros encuentran más repulsivo», comentó Soichiro Honda. Se trata de un valioso testimonio recogido por Tetsuo Sakiya en el libro *Honda Motor. Los hombres, la dirección, las máquinas.*

Seguramente, la percepción que se tiene de Honda como compañía es la de una empresa soberbia y prepotente, quizás marcada por un exagerado sentido de superioridad definido por el éxito como líder mundial en el mercado de las dos ruedas, pero cuesta creerlo cuando se recuerdan episodios como este. Soichiro Honda era capaz de todo. También de lo peor, cuando en sus orígenes, desesperado ante la ineficiencia de algunos operarios, no dudaba en gritarles y reprenderles de forma horrible cuando manejaban de manera inadecuada las herramientas, o no completaban satisfactoriamente el montaje de alguna moto. Es en esos momentos cuando Honda podría haber desbancado al perverso comandante Saito como responsable del campo de prisioneros en *El puente sobre el río Kwai*.

Sin embargo, hay que reconocer que la personalidad de Honda, su carácter y su arrojo, resultaban contagiosos. Incluso para alguien tan cartesiano como Fujisawa. En otoño de 1952 Honda Motor Company, que ya gozaba de unos excelentes resultados, necesitaba una inyección económica para seguir creciendo, apoyada en su nuevo modelo, la Dream Tipo E. La compañía decidió pedir un crédito de cinco millones de yenes a un banco, hipotecando todas sus instalaciones, incluso la nueva fábrica de Tokio. Para persuadir a los banqueros, Honda y Fujisawa decidieron agasajarles con una gran fiesta. Es decir, un clásico: sake y geishas. Los dos ejecutivos se implicaron al máximo, terminando bastante bebidos, y entonces comenzó el espectáculo: contaron historias, se disfrazaron de geishas, cantaron y bailaron al son de la música tradicional japonesa, de la que Fujisawa era un experto, y Honda los hizo desternillarse de la risa con sus bromas picantes y cuentos eróticos aprendidos en su juventud. Al parecer, los banqueros y las geishas disfrutaron de lo lindo, y la gente del dinero se fue a casa más contenta que unas castañuelas, como diría mi abuela…

Al día siguiente le tocó a Fujisawa, como director administrativo, acudir al banco a cerrar los detalles del préstamo. Y se encontró con una respuesta inesperada: «No podemos fiarnos de una compañía dirigida por un par de payasos». ¡Menudo jarro de agua fría! A pesar de todo, Fujisawa, escurridizo como una anguila, no se desanimó y buscó alguna solución, logrando salir del banco con un préstamo de dos millones. Honda y Fujisawa se lo tomaron con filosofía: dos era mucho menos que cinco, pero infinitamente más que cero. Lo más importante era que tenían el producto que les haría diferenciarse de los demás y prosperar en el terreno de la automoción, y vaya que si lo consiguieron. Cuando Honda comenzó la comercialización de la Dream Tipo D, había doscientos fabricantes de motos en Japón. La Tipo E barrió a la competencia, y tres décadas más tarde solo había cuatro fabricantes de motos en Japón. Y cinco años después de llamarles payasos, ese mismo banco concedió a Honda Motor un préstamo por cien millones de yenes.

HONOR Y PRAGMATISMO

No todos los japoneses son genuinos representantes de la cultura japonesa. Jimmy Matsumiya, el hombre al que Suzuki puso al frente de su equipo cuando envió su escudería al Tourist Trophy de 1960, era lo menos parecido a los japoneses que se conocían por entonces. Educado en Cambridge, anglófilo y distinguido, de elegante vestir y buen aficionado al jazz —se hacía acompañar de sus propios vinilos—, carecía del aspecto un tanto desgarbado que acompañaba a sus compatriotas. Era la persona idónea para acompañar a los pilotos japoneses en el desconocido mundo occidental. Un año antes, Honda decidió encomendar esa labor al estadounidense Bill Hunt, empleado de Honda Corporation of America, que había llegado a competir en Japón y tenía perfecto conocimiento del carácter japonés.

Pero en Suzuki creyeron más adecuado que fuera uno de los suyos quien estuviera al frente del equipo, por más occidentalizado que pudiera ser, como resultaba serlo Matsumiya. Eso era una ventaja en el doble juego que siempre existe cuando diferentes culturas y diferentes idiomas se entrecruzan. Es inevitable cierta desconfianza, y con Matsumiya esto no sucedería al ser plenamente japonés y dominar perfectamente el inglés.

Podemos decir sin temor a equivocarnos que la educación occidental hizo que Matsumiya no tuviera escrúpulos a la hora de buscar soluciones al enorme fracaso que rodeaba a Suzuki desde su llegada al Mundial de Velocidad en 1960, siguiendo los pasos de Honda. Mientras que la fábrica del Ala Dorada progresaba desarrollando su propia tecnología, basada en los motores pluricilíndricos de «cuatro tiempos» y alto régimen de giro, Suzuki había desarrollado un motor de «dos tiempos», pero no conseguía que fuera competitivo. Aquella primera campaña fue un absoluto desastre, porque ninguno de sus tres pilotos fue capaz de terminar una carrera por las repetidas averías de sus motos. Lo más maliciosos decían: «¡Qué sabrán de hacer motos si hasta hace seis años construían telares!». Y es cierto, porque hasta 1954 Suzuki no fabricó su primera moto. Pero con ese ánimo y un convencimiento encomiable, presentó un equipo de carreras frente a fabricantes europeos que llevaban compitiendo casi treinta años...

Sin embargo, la familia Suzuki estaba dispuesta a hacer lo que fuera necesario para conseguir que su marca fuera conocida en el mundo occidental. Lo que fuera necesario, como vimos en el capítulo dedicado a la fuga de Ernst Degner. A Matsumiya no se le cayeron los anillos por buscar ayuda entre los fabricantes occidentales para mejorar el rendimiento de las Suzuki, algo que con el alto sentido del honor y el orgullo de los japoneses habría sido inaceptable desde su mentalidad autóctona. Pero Matsumiya, pragmático donde los haya, consideró de lo más práctico buscar esa ayuda de firmas ya consolidadas, como intentó, sin mucho éxito, con la inglesa EMC, de Joe Ehrlich, ingeniero austriaco que abandonó el país con el ascenso de Adolf Hitler, poniendo rumbo a Reino Unido.

En realidad, no podemos culpar completamente a Matsumiya de la fuga de Degner y el robo de tecnología de MZ. Hay que reconocer que fue Paul Petry, socio de Degner en su aventura, el que se ofreció a Matsumiya, y este simplemente aprovechó la oportunidad y terminó alcanzando una buena relación con el piloto alemán. El carácter anglófilo de Matsumiya facilitó

Miradas curiosas y algo condescendientes, así contemplaron
la llegada de los japoneses al Mundial de Velocidad.

la labor, sin lugar a dudas, pero no podemos dejar de pensar si esa tarea habría resultado igual de sencilla si hubiera estado al frente del equipo Suzuki una persona con un carácter diferente.

Ni siquiera pasados los años y ya plenamente habituados al carácter de los japoneses, ha resultado fácil entenderse con ellos. El individualismo no era entonces, y tampoco ahora, a pesar del cambio experimentado por su sociedad, una característica propia del japonés. Entonces estaba mal visto que un trabajador quisiera prosperar y pensara de forma individual dentro de una empresa. Si actuaba expresamente de esa manera, se ponía en duda su fidelidad a la compañía, y creaba un mal precedente entre los compañeros. Esa forma de pensar llevaba, en ocasiones, a evitar señalar errores o contradecir a los superiores. Ese carácter se reflejó también en las carreras. Los primeros pilotos japoneses que llegaron al Mundial, todavía sin mucha experiencia, se esforzaban al máximo, al límite, con enormes riesgos, para conseguir un resultado aunque la moto no estuviera en condiciones de rodar a ese ritmo. Eran incapaces de exigir cambios. Y así no había forma de progresar. Los fabricantes japoneses tuvieron que invertir una gran cantidad de dinero en pagar a pilotos occidentales, ambiciosos y exigentes, descarados desde el punto de vista de la cultura japonesa, pero resolutivos. Los pilotos japoneses no eran así, ni tampoco los ingenieros.

Uno de los que más sufrió ese carácter fue Barry Sheene. El piloto británico era uno de los grandes talentos al inicio de la década de los años setenta, y se dio a conocer por su formidable duelo con Ángel Nieto en pos del título de 125 cc en 1971. Un triunfo que cayó del lado del piloto español.

Tras un par de temporadas de aquí para allá como soldado de fortuna, corriendo en 250, 350 y 750, con prometedores resultados pero sin llegar a lograr un éxito rotundo más allá de la victoria en la Copa FIM 750 de 1973, Sheene es elegido, junto a Jack Findlay, como piloto para el nuevo equipo que Suzuki va a poner en el Mundial de 500 en 1974, que marcaba el regreso del fabricante japonés con un equipo oficial tras haber abandonado el campeonato al finalizar la temporada de 1968.

Los ingenieros de Suzuki trabajaron sobre la base técnica del motor de «dos tiempos», que tanto éxito les proporcionó años atrás en las categorías de 50 y 125 cc. Aquella moto sería conocida como la Suzuki RG 500, y se convertiría en muy poco tiempo en la moto más brillante y exitosa en toda la historia del Mundial de 500, la más popular, y la más utilizada por los pilotos de la categoría. Sheene tuvo su primer contacto con la moto en los primeros días del invierno de 1973. Viajó hasta el circuito de Ryuyo, en Japón, donde quedó fascinado por la novedosa configuración, con su motor de cuatro cilindros en cuadro, refrigerado por agua, que rugía como un demonio. En el banco de potencia había alcanzado los 105 CV. ¡105 CV! La MV Agusta, con la que Phil Read se había proclamado campeón del mundo esa temporada, era la moto más potente de la categoría en ese momento y entregaba 98 CV. La mítica barrera de los 100 CV había caído con la RG.

Barry Sheene sufrió en sus carnes las dificultades de un occidental para comprender el carácter japonés.

Los mecánicos calentaron la moto, y cuando estuvo lista, Sheene se apresuró a salir con ella a pista. Fue una auténtica tortura, porque el motor solo funcionaba a partir de las 9.000 rpm. Por debajo de ese régimen no había forma de moverla. Salir de los boxes fue una agonía. Antes de las 9.500 rpm apenas había potencia, y había que tirar de embrague con determinación para mantener el motor en un régimen útil. Y una vez que conseguía que funcionara, la entrega de potencia se acababa a las 10.500 rpm, con lo que a Sheene solo le quedaba una franja útil de 1.000 rpm en las que la Suzuki RG entregaba toda su potencia, que era mucha. Haciendo de tripas corazón, Sheene se empleó a fondo en esa helada mañana en Ryuyo, y no tardó en batir el récord de la pista. En el *pit lane*, ingenieros y mecánicos miraban el crono con satisfacción y orgullo: habían conseguido una moto realmente competitiva. «¡Y sin robar a nadie!», debió de pensar el más malicioso de todos...

Cuando decidió poner fin a su sesión de prueba, Sheene regresó a boxes, donde los hombres de Suzuki contemplaban con una evidente emoción su llegada. Pero nada más quitarse el casco, jarro de agua fría: «Este motor no sirve, es inconducible. Tiene una franja de potencia demasiado estrecha y es muy difícil de sacar de las curvas más lentas», dijo Sheene. Así, sin medias tintas. En definitiva, era una pérdida de tiempo seguir trabajando con él y había que empezar a pensar en algo diferente. Y pidió un pitillo, como era habitual en él.

Los japoneses se quedaron desolados. Nadie sabía cómo reaccionar. Nadie les había enseñado a decir no, eran más de «con estos bueyes tenemos que arar». Alguno, tímidamente, alegaba: «Pero Barry-san, ¡que tiene 105 CV de potencia!». Y Sheene seguía en las mismas, que no, que no, que no... «¡Pero es que son 105 CV!», insistía el ingeniero.

Quién sabe si por aburrimiento o por la nobleza que siempre acompañó al bueno de Sheene, el caso es que este finalmente aceptó trabajar en ese motor, si se realizaban una serie de modificaciones que el piloto inglés indicaría, comprometiéndose a volver a Japón y ayudar el tiempo que fuera necesario a mejorar la moto. «Me quedé allí cinco semanas, la mayor condena que he sufrido en mi vida, una pesadilla, pero conseguimos que la moto funcionara», comentó Sheene mucho tiempo después, con su inconfundible humor.

IMPASIBLES PERO IMPREVISIBLES

Uno de los japoneses que hemos conocido en el mundo de las carreras más fieles a esa imagen de hombre impasible y firme, con un porte algo hierático, un verdadero *shogun*, un señor de la guerra, fue Yoichi Oguma, todopoderoso presidente de HRC (Honda Racing Corporation) desde la fundación de este nuevo departamento de carreras de Honda en 1982, hasta finales de los años noventa.

Oguma era muy estricto con sus subordinados, que recibían un trato que rayaba el desprecio. Pero todo tenía que ver con la cultura japonesa y la rígida relación existente entre quien se encontraba en la cúspide de la cadena productiva y sus subalternos, y una bronca también se entendía como una forma de educar. Oguma vio que así actuaba Soichiro Honda, y de él aprendió la misma disciplina. Tras una larga trayectoria en el departamento de R&D de Honda, desarrollando algunos de los modelos clave de la marca, en 1980 entró en el departamento de competición, antes de la creación de HRC. En aquellos días, Honda seguía apartada de los Grandes Premios, a los que renunció en 1968, pero se había involucrado en un proyecto imposible, la NR500, la moto de Gran Premio con motor de «cuatro tiempos» presentada con toda pompa y grandilocuencia en el Tourist Trophy de 1979, y cuyo debut semanas después en el Gran Premio de Reino Unido, disputado en Silverstone, fue un colosal fracaso. Las sucesivas participaciones del equipo llegaron a resultar humillantes, como sucedió en Paul Ricard esa misma temporada, cuando los pilotos de Honda Mick Grant y Takazumi Katayama, sin haber conseguido un tiempo de clasificación, se dirigieron a la parrilla de salida para ocupar la última línea. Cuando los descubrieron los comisarios, fueron desalojados entre los pitidos del público. ¡Qué humillación! Honda tuvo que aprender a perder para poder ganar de nuevo. Y en la derrota, Oguma resultó clave, porque terminó dinamitando ese proyecto desde dentro.

En contra del criterio del mismísimo Soichiro Honda, Oguma propuso emplear la tecnología de los motores de «dos tiempos» de motocross. Sí, ese motor ruidoso y maloliente, como Honda había llegado a calificarlo. Imaginamos lo que debió suponer para Soichiro Honda oír semejantes palabras de un ingeniero criado «a sus pechos», y lo tensa que debió de resultar esa intervención para Oguma-san. Ante semejante desafío, Oguma fue comisionado por la fábrica para que viajara a los Grandes Premios en 1981, evaluara el campeonato sobre el terreno y redactara un informe que respaldara su atrevida afirmación.

Él sabía de lo que hablaba porque, aunque estuvo vinculado a proyectos de modelos de carretera tan emblemáticos como la Honda CB750 o la Gold Wing, también formó parte del equipo de desarrollo de la Honda Elsinore, la moto que sirvió de punto de partida de los modelos RC de motocross con los que Honda se adentró en la especialidad en los años 70 con notable éxito. Oguma acudió a varias carreras y, tras el Gran Premio de Bélgica, regresó a Japón, presentando un demoledor informe a la dirección de la compañía sobre el proyecto NR, al que calificó literalmente como inviable.

Así que, con la ayuda de Shinichi Miyakoshi, el ingeniero de Honda más experimentado en motores de «dos tiempos», buscó una configuración adecuada para este nuevo motor de 500 de Gran Premio. Las discusiones técnicas entre ambos ingenieros estaban acompañadas de una continuada ingesta de sake —eso cuenta la leyenda—, y al final se decidió que tenía que ser un motor pequeño, ligero y sencillo, pero sobre todo diferente a cualquiera existente, porque esa siempre fue una seña de identidad propia de Honda. En esos momentos, las configuraciones básicas eran los motores cuatro en línea y cuatro en cuadro, aunque Yamaha ya estaba trabajando en un V4. Así que Oguma decidió que fuera un insólito V3. Y esa moto, la Honda NS500, vería la luz en el Gran Premio de Argentina de 1982, donde el jovencísimo piloto estadounidense Freddie Spencer sería tercero. Un excelente debut.

La NR500 compartió escenario con la NS500 en algunas carreras esa temporada, sin que cambiara su suerte, y aquella mítica montura terminaría desapareciendo de las carreras sin llegar a conseguir ni un solo resultado, con un desprecio y un desinterés absoluto por parte de Oguma. Ante ese proyecto, el ingeniero mostró una frialdad glacial. Sencillamente lo repudiaba con la misma intensidad con que se había entregado a la NS500 y a todos los proyectos que la siguieron: las NSR500. Las sucesivas generaciones de esta moto, aparecida en 1984, fueron cuidadas con un mimo paternal por parte de Oguma, y no es ninguna exageración. En toda la extensión de la palabra, aquellas motos eran sus verdaderos hijos.

Más allá de la tecnología, su relación con el mundo era enigmática. Sus gestos rígidos dentro del garaje convertían los movimientos del equipo en una coreografía militar. Su comunicación era escasa, ajustada a un reducido número de comentarios, a aportaciones precisas acompañadas de profundos silencios. Es una clase de comunicación no verbal desarrollada en el idioma japonés denominada *mokusatsu*, que podríamos traducir de un modo más o menos literal como «matar con el silencio».

«Si lo que vas a decir / no es más bello que el silencio, / no lo vayas a decir». Estas estrofas de *Cuando el mar te tenga*, de El último de la fila, cantadas en un contexto muy diferente al *mokusatsu*, enfatizan también el valor de los silencios en las relaciones humanas.

No obstante, ese aspecto fiero e impasible, sin ser impostado, también era una perfecta carcasa en la que guarecerse de todo, en especial de los insistentes periodistas occidentales que seguían el Mundial y que en aquellos tiempos más accesibles y directos ametrallaban sin vergüenza alguna a cualquiera que tuviera algo que decir en un Gran Premio. Y Oguma, con sus pocas palabras y sus silencios, decía muchas cosas. No hace tanto, el veterano periodista norteamericano Dennis Noyes recordaba en la revista *Cycle World* uno de sus últimos encuentros con Oguma en 2004, en el circuito de Misano. Una de esas charlas repletas de silencios, de sonidos guturales y estructuras verbales incompletas en la que Dennis, con su finura habitual, preguntaba por los apuros que estaba pasando Honda tras la marcha de Valentino Rossi a Yamaha y las dificultades derivadas de todo ello: «Ahora problemas... ¡Hummm! Ahora solo Honda, entonces Yamaha pero Ducati... ¡Hummm! Debemos ayudar a Ducati a saber. (Largo silencio). Antes el señor Honda me enseñó y yo aprendí, y enseñé a Erv-san [Erv Kanemoto] y Jeremy-san [Jeremy Burgess], y Erv-san y Jeremy-san enseñaron a los jóvenes ingenieros japoneses, ¿pero ahora quién puede enseñarles? Demasiados ordenadores... ¡Hummm! Ahora problemas».

Es fácil pensar que la edad debió de ablandar al *shogun*. ¿Alguien se imaginó alguna vez a Oguma pensando en ayudar a la competencia? En realidad, había una explicación mucho más simple y racional para entender a Oguma. Detrás de su fiero aspecto se escondía un hombre que admiraba el trabajo ajeno y reconocía el valor de cada resultado, aunque no fuera una victoria. Eso lo pudimos comprobar en el periodo en que conocimos al Oguma más fiero, radical y extravagante de todos. En la temporada 1986, cuando tuvo que bregar inesperadamente con la ausencia de un Freddie Spencer acuciado por problemas físicos y mentales derivados de la agotadora campaña anterior, Oguma no perdía detalle de las grandes gestas. Por eso, cuando Niall Mackenzie quedó tercero en los entrenamientos del Gran Premio de San Marino a lomos de una vetusta Suzuki RG 500 del equipo Heron, con su desfasado motor cuatro en cuadro y su chasis experimental de fibra de carbono en nido de abeja, Oguma no dudó en irrumpir en la carpa de la escudería británica con una botella de champán para felicitarles por semejante hazaña, porque con la moto más desfasada de la parrilla habían logrado colocarse al mismo nivel que Yamaha y Honda, que con Eddie Lawson y Wayne Gardner, respectivamente, habían peleado por el título. A falta de copas, se escanció el espumoso en unos vasos de plástico, que alzaron vigorosamente en un brindis: ¡Kanpai!

El rigor y el gesto adusto en los garajes de Honda ha sido una constante, casi una tradición en los Grandes Premios. No resultaba nada acogedor, especialmente para los pilotos latinos, caracterizados por la proximidad, por la familiaridad en sus relaciones, aunque fueran en un entorno profesional. Uno que conoció muy bien esa sensación fue Valentino Rossi, recibido con los brazos abiertos por parte de Honda cuando llegó a la máxima categoría en 2000, como un prometedor debutante, coronado como el último Campeón del Mundo de 500 en 2001, y dominador intratable en las dos primeras ediciones del Mundial de MotoGP. Pero ni siquiera esos años de éxito rotundo parecían ser suficiente para Honda.

En 2003, cuando inició el proceso de negociación para la renovación de su contrato con HRC, su representante se vio sorprendido por la baja valoración que daban a sus resultados. «Te están ofreciendo un contrato similar al de Ukawa», le dijo Gibo Badioli, su mánager. Eso quería decir que, para Honda, Rossi no era muy diferente de cualquier otro piloto, porque para la cúpula de Honda en esos momentos ganaba la tecnología Honda, no el hombre que estuviera encima de su moto. Aquello cambió enormemente la perspectiva de Rossi. Normalmente, durante un fin de semana de carreras, los pilotos se aíslan de cualquier acontecimiento externo y se centran exclusivamente en lo que sucede en la pista. Pero Rossi decidió implicarse y tomó parte en la reunión concertada en el circuito holandés de Assen, más o menos a mitad de temporada, con la cúpula directiva de HRC. Acudieron su presidente, Suguru Kanazawa, y uno de sus directores, Koji Nakajima, que habían volado directamente desde Japón completamente convencidos de que, con su presencia y su determinación, iban a regresar a casa con la firma de Rossi al pie del contrato. Pincharon en hueso.

Los japoneses se cerraron en banda a las peticiones de Rossi, más que merecidas, dado que iba camino de su tercer título consecutivo con Honda, y no había nadie capaz de hacerle sombra. Y como ellos no cedieron, Rossi no firmó. Para ambos ejecutivos fue una importante humillación regresar a Japón con un papel en blanco.

Fue entonces cuando a Rossi le empezó a rondar la idea de buscar acomodo en otro sitio. Desde Yamaha lo tentaba un viejo conocido, Davide Brivio, a quien atendió amablemente en su casa de Ibiza, pero en aquellos días subirse a una Yamaha —que no ganaba carreras— era un suicidio deportivo. También pensó en Ducati. Aquello podía ser el máximo sueño de cualquier *tifosi*, pero su visita del *Reparto Corse* de Ducati en Borgo Panigale le dejó la misma sensación que Honda: que su tecnología estaba por delante de la persona que la pilotaba.

Así que pensó seriamente en Yamaha, por más que aquello fuera una locura. Dos semanas después de la carrera holandesa, el Mundial viajó al circuito británico de Donington Park, y Rossi se las apañó para tener un encuentro furtivo con los hombres de Yamaha. El viernes a medianoche, cuando todo el *paddock* descansaba ya plácidamente pensando en la segunda jornada de entrenamientos que les aguardaba al día siguiente, Rossi, acompañado de su inseparable compinche Uccio Salucci y de su mánager, se movió sigilosamente entre los camiones alineados, y llamó a la puerta del garaje del equipo Fortuna Yamaha Team. Alguien abrió la puerta y entraron rápidamente. Rossi casi se dio de bruces con el ingeniero de carreras Ichiro Yoda, responsable de diseño de la Yamaha YZR M1. Yoda saludó educadamente, sin aparente emoción. Con él estaba Brivio. Sin el menor reparo, Yoda destapó las motos que descansaban bajo su funda, y le invitó a subirse a lomos de la moto de Carlos Checa. Rossi no lo dudó.

No tuvo buena impresión: le pareció una moto fea, mal terminada, con una posición extraña, muchos detalles de ajuste mal acabados y un depósito incómodo. Había algo de improvisación, algo de caos en sus acabados. Comparada con su Honda, la RC211V era infinitamente mejor porque parecía una moto de venta al público, bien terminada y afinada, no un prototipo de carreras. Solo le llamó la atención la instrumentación, una pantalla LCD digital, que nada tenía que ver con los relojes analógicos de su RC211V, donde veía subir y bajar la aguja del cuentarrevoluciones, y la de la temperatura del motor.

Yoda se dio cuenta de que aquello despertó su interés, y sin dudarlo conectó la instrumentación. La pantalla se llenó de luces y testigos luminosos, y sobre el fondo quedó marcada la escala del cuentarrevoluciones. A Valentino se le iluminó la mirada: «¡Muy bonito!», dijo. «Lo hemos hecho grande y bonito para que, si hay tiempo en carrera, puedas sentarte cómodamente y ver un DVD», le dijo Yoda con absoluta seriedad, con el mismo gesto severo con que lo había recibido al abrir la puerta del garaje. Valentino y sus acompañantes se miraron perplejos durante unos instantes antes de soltar una carcajada, a la que se unieron Yoda y Brivio. Valentino se dio cuenta de que en Yamaha tenían un espíritu completamente diferente al de Honda, y eso le gustó. A nadie en Honda se le habría ocurrido hacer una broma así. Aquella primera impresión fue clave. ¿Quién podía imaginarse semejante ocurrencia en un japonés?

Es cierto, nadie podía imaginar a un representante de Honda con semejante sentido del humor, pero es que todavía no había aterrizado en el *paddock* de MotoGP Shuhei Nakamoto, que se puso al frente de la representación de HRC a partir de 2009. Procedente de la Fórmula 1 y con una acentuada flema británica fruto de su residencia en Reino Unido y su prolongada relación con el automovilismo, Nakamoto rompió con todos los esquemas del dirigente típico de Honda. Para empezar, su inglés era claramente inteligible, cosa de la que no podían alardear

Shuhei Nakamoto rompió con el arquetipo del ejecutivo japonés:
cordial, abierto y con un excelente sentido del humor.

sus antecesores, y con frecuencia solía acompañar sus alocuciones con alguna pequeña broma o un comentario irónico que rompía los esquemas a la mayoría.

Nakamoto llegó a MotoGP en 2009 y se fue en 2017, y en ese periodo de tiempo destacó por su extraordinario entendimiento con sus pilotos, y en especial con Marc Márquez, con el que tenía una relación muy próxima. No resultaba extraño toparse con Nakamoto a última hora de la tarde en la carpa de Estrella Galicia, uno de los patrocinadores de Márquez, cerveza en mano, riendo abiertamente con las bromas de su piloto, y relacionándose sin intermediarios con los periodistas. ¿Quién lo habría imaginado en un representante de Honda? Japón es un país de contrastes.

Steve McQueen, el hombre-moto

La segunda mitad de los años sesenta del pasado siglo marcó el desarrollo del motor de «dos tiempos» moderno, que por su ligereza y alto rendimiento se convirtió en la mecánica ideal para las motos de campo. La industria española de la motocicleta se construyó casi en su totalidad sobre este concepto mecánico, sobre pequeñas, ligeras y eficaces motos de «dos tiempos», que impulsaron la movilidad de nuestro país en la época autárquica. Esas pequeñas motos españolas se desarrollaron con una concepción global, eran motos que servían para todo, para el día a día, para el trabajo, y también sirvieron de base para las primeras competiciones para moto de campo, que arrancaron a finales de los años cincuenta en nuestro país.

Fuera de España, el recurso a las potentes pero pesadas motos de «cuatro tiempos» era lo más común, por eso cuando el mundo occidental superó las secuelas de la II Guerra Mundial y avanzó hacia un periodo de estabilidad económica, esa nueva sociedad del ocio y el consumo reclamó motos más adecuadas para un uso lúdico, descubriendo el placer de las escapadas por el campo y los espacios abiertos. Y en esas circunstancias, las potentes pero pesadas motos de «cuatro tiempos» tenían las de perder frente a las pequeñas, ligeras y eficaces «dos tiempos».

Los fabricantes españoles tuvieron la habilidad de acertar en el diseño de esta nueva generación de motos que reclamaba la sociedad contemporánea, y anticipándose a los fabricantes japoneses y a muchas marcas europeas, la industria española de la motocicleta supo exportar sus diseños al inmenso y voraz mercado estadounidense, llegando a realizar series específicas al gusto de los norteamericanos que en España no se veían ni por asomo.

Estados Unidos, con sus grandes espacios abiertos, era un escenario ideal para la moto de campo, en especial California y la Costa Oeste. Allí los usuarios podían dar rienda suelta a sus ansias de libertad. No había domingo sin carreras en el desierto. El montaje era de lo más simple: un recorrido en triángulo, como en las regatas. Aquí se sale, allá a lo lejos se vira, y en el siguiente hito, vuelta al punto de salida. Y por delante, el desierto en toda su amplitud, sin límites, sin marcajes, repleto de trampas, pero con un atractivo sin igual. En ese ambiente loco y aventurero era frecuente encontrarse con Steve McQueen, la estrella de cine, enamorado de las motos y las carreras, al que le gustaba perderse gas a fondo entre las dunas.

Inolvidable imagen de Steve McQueen en La gran evasión, todo un icono en el Hollywood más sagrado.

A McQueen le apasionaba todo lo que tuviera motor, pero antes de su mundialmente famoso papel en la película *Le Mans* (1971) —que fue ruinosa en toda su extensión para su productora, Solar Productions, pero gratificante en lo personal, porque compartió semanas de rodaje con pilotos de verdad a los mandos de auténticos coches de carreras—, se hizo célebre por su actuación en *La gran evasión* (1963), donde protagonizó una serie de escenas sobre una moto que cautivaron a todos los espectadores.Esta película supuso su reencuentro con John Sturges, que ya había dirigido a McQueen en *Los siete magníficos* tres años antes. El actor interpretaba a un indisciplinado soldado estadounidense detenido en un campo de prisioneros durante la II Guerra Mundial, un campo especial donde los nazis recluyeron a un renombrado pelotón de escapistas de la más variada procedencia aliada: norteamericanos, franceses, británicos, polacos... Sin duda, el momento crucial de la película es la fuga de Virgil Hilts, el personaje encarnado por McQueen, que termina disfrazado de soldado alemán sobre una moto, e

James Garner, Ekins y McQueen en un distendido
momento del rodaje de *La gran evasión*.

intenta darse a la fuga deleitando al personal con un espectacular pilotaje, que incluía escenas a gran velocidad y numerosos saltos de considerable altura.

Que esta escena crucial se desarrollara sobre una moto fue una iniciativa del actor. El guión original señalaba que el personaje intentaba escapar hacia Suiza saltando al techo de un tren, un método de fuga poco dramático y nada espectacular que no iba con el estilo de McQueen, que propuso introducir en su lugar una moto. Hilts se hace con una moto con el clásico truco del Correcaminos, un cable cruzado en la carretera que derriba a un infortunado soldado de la *Wehrmacht* que circulaba distraídamente por la carretera. Mucho tiempo después de que la película se popularizase, el propio McQueen confesó que eligió la moto porque no había mejor vehículo para representar la libertad que una motocicleta.

Claro, McQueen quiso hacerse cargo de todas las escenas, que culminaban con un salto espectacular sin final feliz. Bueno, a estas alturas de la vida, casi sesenta años después de su estreno, no creo que estemos destripando la película, ¿verdad? La productora se negó a que McQueen realizara las escenas más arriesgadas, a pesar de que era sobradamente conocida su experiencia como piloto. No era cuestión de improvisar, así que McQueen propuso que el encargado de doblarle fuera su amigo Bud Ekins, un conocido piloto estadounidense habitual en las salidas por el desierto de McQueen.

Lo cierto es que el actor no dejó nada al azar, porque para completar la escena contó con el campeón australiano de motocross Tim Gibbes, y en las escenas en las que no figuraba en primer plano, el propio McQueen se encargó de pilotar una de las motos perseguidoras vestido de soldado nazi.

El equipo de producción planificó con detalle cada toma, y McQueen acordó una bonificación de cien dólares para Ekins por cada salto que tuviera que dar, lo cual era una suma importante para esa época. Al final, la intervención de Ekins le salió algo cara a la productora, porque McQueen cometía errores a propósito con el fin de repetir la escena y que su amigo Bud se llevara un buen sobresueldo.

La moto elegida para la escena fue una Triumph TT 650 Special, convenientemente adecentada para pasar por una BMW R75 o una Zündapp KS 600, las mecánicas habituales de la *Wehrmacht*. El bueno de MaxFriz, el diseñador del célebre motor *boxer* de BMW, debió de revolverse en su tumba mientras Ekins brincaba de loma en loma haciendo pasar por una BMW semejante engendro británico… McQueen quiso ser lo más fiel posible al relato, pero cuando comprobó que las escuetas suspensiones de las motos alemanas y su elevado peso no habrían soportado la paliza de los saltos, optó por la Triumph.

Steve McQueen y Bud Ekins preparando la escena cumbre de la película.

La escena clave de la película, un vuelo espectacular por una colina para sortear unas alambradas, se planificó con minuciosidad. Se diseñó la escena al detalle, el equipo de fotografía revisó el plano y calculó la velocidad adecuada, se midieron los metros de vuelo y el punto de aterrizaje. No se podía dejar nada a la improvisación. Parece que no sabían con quién estaban tratando: un «chico malo» como McQueen y su colega de correrías por el desierto... La toma se rodó en Füssen, Baviera, en un entorno de verdes praderas y cielo azul, tan idílico que en cualquier momento podría haber aparecido Julie Andrews y la familia Trapp.

Ekins y McQueen se encargaron de preparar el salto, construyendo una rampa de tres metros de altura, suficiente para volar con generosidad sobre el verde pasto. El equipo de especialistas consideró que tenía que abordar el salto a 80 km/h para que todo saliera según lo previsto. Pero en el momento de la verdad, Ekins y McQueen creyeron que era necesario emplearse más a fondo y, sin decírselo a nadie, el especialista llegó al salto a 100 km/h, alcanzó una altura de tres metros y medio, y voló a una distancia de doce metros. ¡Toma válida! A la primera. Lo increíble de esta historia es que la moto, propiedad de Triumph, se mantuvo siempre guardada en las instalaciones del fabricante, y cuando este levantó su museo en la histórica factoría de Hinckley, aquella TT 650 ocupó un emplazamiento destacado, y todavía hoy se puede visitar.

Las aventuras de McQueen y las motos parecían no tener final. En 1964, antes de adentrarse en el rodaje de *El rey del juego*, el actor se tomó unas vacaciones en Europa para participaren los ISDT de Erfurt, en Alemania Oriental. Los ISDT, popularmente conocidos como los Seis Días, es una de las competiciones motociclistas más antiguas. Empezó a disputarse en 1913, y en ella participan equipos de varios pilotos en representación de sus países. Hay dos categorías, el Trofeo Mundial y el Vaso de Plata, y en cada clasificación los países participan con formaciones diferentes. Hasta 1964, Estados Unidos nunca había presentado un equipo oficial en los ISDT, y ese año, por primera vez, envió sendos equipos, en uno de los cuales se integró Steve McQueen. Su buen amigo Bud Ekins, que ya atesoraba una notable experiencia en la carrera con buenos resultados, le animó a formar parte del equipo, y McQueen no se resistió a la idea.

El equipo del Trofeo correría con las ligeras CZ y Jawa de 175 y 250 cc —motos de fabricación checa—, mientras que la formación del Vaso lo haría con Triumph 500 y 650. Con una de estas, como la TT 650 de *La gran evasión*, competiría McQueen. Erfurt se encuentra en una zona boscosa del centro de la RDA, no lejos de Chemnitz y Zwickau, el corazón motociclista de la Alemania anterior a la guerra, donde se encontraban las principales industrias de automoción alemanas.

McQueen viajó de Los Ángeles a Londres para recoger las Triumph en la fábrica de Hinckley. Le acompañaron Bud y Dave Ekins, John Steen y Cliff Coleman, los otros miembros del equipo estadounidense. Cargaron las motos en un furgón y desde allí viajaron por carretera, del tirón, hasta Erfurt. La presencia de McQueen no pasó desapercibida. A lomos de la moto 278, el actor era perseguido por una legión de admiradoras en cuanto le echaban el ojo. El resto de los competidores y periodistas especializados lo miraban con desdén, pensando que no daría la talla y que aquello no dejaba de ser más que una mera operación publicitaria.

Los bosques de Erfurt tenían poco que ver con el desierto de California en el que McQueen estaba acostumbrado a foguearse. Sin embargo, cumplió la primera jornada sin penalizar, y aún tuvo tiempo de firmar autógrafos antes de dejar su moto en el parque cerrado, lista para la segunda jornada. En el segundo día, la llegada de la lluvia trajo las primeras complicaciones, y la pesada Triumph se hundió irremisiblemente en el fango alemán, poniendo en dificultades a McQueen, que conseguirá completar el recorrido, aunque llegó tan apurado de tiempo que esta vez sus fans se quedaron sin autógrafos ni fotos con su ídolo.

En la tercera jornada las cosas se complicaron de verdad. Tiene un problema con la cadena que le retrasa bastante. Rueda rápido para recuperar el tiempo perdido y no penalizar, pero sufre una fuerte caída en la que abolla el escape de la moto. La moto funciona mal, pero no se rinde. No se lo piensa dos veces y, con un destornillador, agujerea el escape de la moto para conseguir que el motor «respire» y funcione correctamente. Lo dejó como un queso. Cuando reemprende la marcha está a punto de chocar con un competidor, y al evitarlo se cae por un barranco. La moto queda inutilizada y él magullado y con algunos cortes en la cara. A todo esto, la aseguradora de la Metro-Goldwyn-Mayer, la productora de su siguiente película, no sabía nada de su participación en la carrera, por supuesto.

UN DESCONOCIDO EN EL DESIERTO

McQueen se quedó con las ganas de volver a correr los Seis Días, pero su agitada agenda profesional se lo impidió. En los sesenta y la primera mitad de los setenta, el actor realizó un gran número de películas, pero no abandonó su afición por las motos.

Volvamos a lo que decíamos al empezar este capítulo, cuando hablábamos del cambio que supuso el uso del motor de «dos tiempos» en la moto de campo. El *off road* cobró nuevo sentido. A finales de los años sesenta, los fabricantes japoneses, a la vista de las enormes posibilidades que ofrecía el mercado norteamericano, no tuvieron más remedio que interesarse por este nuevo campo. A Honda le costó un poco más. Soichiro Honda llegó a decir que nunca construiría un motor de «dos tiempos», que despreciaba por su simpleza técnica, pero al final, a regañadientes, el patrón de la marca se tuvo que rendir a la evidencia.

Honda trabajó en una moto pensada especialmente para el usuario norteamericano, que era su principal mercado después de Japón. Las motos europeas habían encontrado en Estados Unidos y en el *off road* un filón, y los japoneses tendrían que trabajar duro para desbancar a los fabricantes europeos. Honda confió en un grupo de jóvenes ingenieros para adentrarse en el desconocido mundo de los «dos tiempos». El grupo de trabajo lo lideraba Shinichi Miyakoshi, un ingeniero que había trabajado en los Grandes Premios del Mundial de Velocidad durante los años sesenta. Miyakoshi tenía en el joven ingeniero Yoichi Oguma —que con el paso de los años llegaría a ser presidente de HRC (Honda Racing Corporation), la máxima autoridad deportiva de Honda— a uno de sus principales colaboradores.

La moto se desarrolló con el mayor de los secretos en Japón. Honda había realizado una 125 4-T de motocross en 1969, que pasó sin pena ni gloria, y después evolucionó hacia un modelo 250 de todoterreno (XL250). Finalmente, el trabajo con una 250 «dos tiempos» de motocross vio la luz a mediados de 1971 en Japón. Dejó buena impresión, así que se decidió proseguir con su desarrollo.

Teniendo en cuenta que su destino era el mercado norteamericano, Honda decidió que lo más adecuado sería trasladarse a California para trabajar en su desarrollo sobre el terreno, para conocer al detalle las necesidades de los usuarios y poder ofrecer un producto lo más acertado posible. El fracaso sufrido en un momento dado con el modelo Cub, el superventas de la marca japonesa, tuvo un elevado coste para Honda, así que el fabricante japonés estaba decidido a que no se volvieran a cometer errores en el desarrollo de una de sus motos.

En aquellos días, California vivía la expansión de la moto de campo, sin límites ni cortapisas. Cada fin de semana, cientos de aficionados se lanzaban al desierto sobre sus motos sin más preocupación que dar rienda suelta a su pasión y asegurarse de disponer de suficiente gasolina en el depósito. Esos domingos de carreras quedaron reflejados en la célebre película *On Any Sunday* (1971), en la que se inmortalizó una de esas espontáneas carreras, disputada en Elsinore.

Los hombres de Honda vieron *On Any Sunday* y quedaron impactados. Ese, ese debía ser el destino de su moto, y esos, sus futuros compradores, se dijeron. El objetivo estaba definido. Entonces se decidió que el nuevo modelo se denominaría Elsinore, porque este nombre evocaría el recuerdo de *On Any Sunday*, aprovechando el tirón que tuvo entre los aficionados, y comercialmente sería la mejor promoción posible para la nueva moto.

Los ingenieros de Honda empezaron a trabajar en la moto, denominada oficialmente RC250M, en los circuitos de moto-cross californianos, pero también se desplazaban con frecuencia al desierto. Allí realizaban monótonas e interminables sesiones de pruebas. El oficio de piloto de pruebas es una profesión sacrificada y poco reconocida. Llueva o haga sol, con frío o con calor, aunque te crujan los huesos por la humedad y el cuerpo se descomponga por las sofocantes temperaturas, hay que subirse a la moto. Esa tarea la desarrollaban pilotos japoneses, y algún que otro norteamericano, algún estrecho colaborador de Honda of America, la distribuidora estadounidense del fabricante japonés que se encontraba completamente asentada en el país.

Un día, estando en el desierto para realizar una de esas monótonas e interminables sesiones, apareció un piloto. Llegó solo, anunciado por un rugido y una nube de polvo que se veía desde lejos. Montaba una Husqvarna Viking 360. Le sorprendió dar con semejante grupo de personas en medio de la nada, sin discreción alguna, con un par de furgonetas rotuladas sencillamente con la palabra Honda. Eso despertó su curiosidad.

Se acercó con decisión. Lo que más le llamó la atención fue que eran asiáticos. Los mecánicos se arremolinaron en torno a la moto, como cuando los animales adultos defienden a las crías en las manadas. Eso le atrajo aún más. No se lo pensó dos veces y se acercó a curiosear. Los japoneses lo recibieron con cierta desconfianza, temiendo que alguna indiscreción afectara a su trabajo. Con todo el desparpajo del mundo, el desconocido llegó hasta ellos, se apeó de la Husqvarna y se quitó el casco y las gafas. Cortés pero descarado, sacó un pitillo y se lo encendió, con parsimonia. Agitó su ensortijado pelo rubio y se sacudió el polvo, mientras no apartaba la mirada de aquella moto. Oguma no daba crédito: «¡Tú eres Steve McQueen!».

Efectivamente, era Steve McQueen, la mayor estrella cinematográfica del momento. Pero no solo era un actor de renombre, también era un gran aficionado a las motos, que no tardó en percibir que lo que aquellos japoneses tenían entre manos era una moto realmente especial. Habitualmente, McQueen utilizaba una Metisse Mark 3, la denominada Desert Racer, hasta que las «dos tiempos» europeas terminaron desbancando a los pesados motores británicos 4-T. Pero esta vez rodaba con una Husqvarna. A McQueen no le pasó desapercibida la Honda, pero los japoneses también se dieron cuenta de que la moto del actor era muy especial.

Se trataba de una Husqvarna Viking 360, la moto con la que Bengt Aberg había ganado dos veces el Campeonato del Mundo de Motocross en la categoría de 500. De hecho, era la moto con la que corría el propio Aberg. McQueen podía haber adquirido un modelo similar al fabricante sueco, pero cuando vio competir a Aberg no se lo pensó dos veces y compró directamente a Husqvarna la moto del campeón sueco, que pasó a formar parte de su colección particular, más de cincuenta vehículos entre coches, motos y camiones. Por cierto, cuarenta años después de la muerte del actor, Sotheby's subastó la moto por doscientos mil dólares…

Volvamos al desierto. McQueen se dio cuenta enseguida de que estaba ante algo completamente nuevo, nunca visto, y se interesó vivamente por ella. Los japoneses se sorprendieron por el nivel de conocimientos técnicos del actor, y Oguma, por cortesía, le brindó la oportunidad de probar la moto. Ya sabemos que los japoneses son extremadamente corteses y educados. Quizás se trataba de un gesto retórico, pero McQueen no se lo pensó dos veces: depósito lleno, y ¡gas a fondo!

Aceleró entre las dunas. Desapareció de la vista. El sonido fue haciéndose cada vez más lejano e inaudible, hasta no llegar a percibir nada, ni un murmullo. «Ya volverá», pensó Oguma. Y pasó el tiempo. No había rastro de McQueen ni de la moto. Pasó una hora. Oguma empezó a preocuparse: ¿le habrá sucedido algo? ¿Se habrá caído? ¿Habrá tenido una avería? Los japoneses no sabían qué hacer. ¿Vamos a buscarlo? Pero, ¿dónde? Nadie sabía el camino que había podido tomar en la inmensidad del desierto.

Pasaron dos horas. Oguma ya no sabía qué hacer. ¿Y cómo explicar lo sucedido a Miyakoshi? ¿Qué le iba a decir? «Miyakoshi-san, un loco actor americano me ha robado el prototipo…». Había que ponerse en la piel de Oguma. «¿Podré hacerme el haraquiri con un destornillador?».

De repente, un rumor fue creciendo, acompañado de una nube de polvo. Se dirigía a gran velocidad hacia ellos. Reconocieron el sonido y el brillo metálico del depósito. Efectivamente, era McQueen y la Honda. Todos respiraron aliviados, sobre todo Oguma. La exquisita educación de los japoneses impidió que McQueen recibiera una severa reprimenda, que era lo menos que se merecía por semejante descaro. Pero tampoco había hecho nada malo, ¿no? Le propusieron probar la moto, y eso hizo.

McQueen se quitó el casco con evidente cara de satisfacción. La moto le gustó. Pero, no obstante, se permitió hacer una serie de indicaciones a Oguma, algunos detalles mejorables en la moto. Y tal como vino, se fue. Recuperó su Husqvarna y se marchó, dejando tras de sí una enorme nube de polvo.

La primera Honda Elsinore 250 vio la luz en 1973. Tenía 29 CV de potencia y un peso de 104 kilos. Y desde ese mismo año, Steve McQueen contó con una en el garaje de su casa de Palm Springs.

La hora de la mujer

Hasta no hace mucho tiempo, el motociclismo era un deporte de hombres. Las mujeres ejercían labores complementarias, de consorte (como esposa, novia o acompañante), o como hermoso complemento del escaparate publicitario de las carreras, en forma de azafata o paragüera. Todavía hoy, hay campeonatos que creen necesario aderezar los podios de sus carreras con un par de bellas luciendo junto a los pilotos. Y todavía hay pilotos que encuentran divertido empaparlas con el espumoso de turno. Champán, cava o prosecco, servido en copa de cristal a la temperatura adecuada es una delicia, pero burdamente escanciado sobre tu ropa, tu pelo o tu piel es una guarrería, termina volviéndose pegajoso y maloliente. Imagina por un momento a ese piloto que está haciendo su trabajo, en una charla técnica con sus mecánicos, o atendiendo una entrevista o en una rueda de prensa, y llega alguien y hace la gracia de rociarle con una botella de espumoso. Yo creo que no le haría gracia, ¿verdad? Pues si no aguanta una broma, que se vaya del pueblo, como diría Gila. Ahora imagina cómo se deben sentir las azafatas, porque no les va en el sueldo la tontería del espumoso.

Afortunadamente, las carreras han cambiado mucho y las mujeres han ganado el espacio que por derecho se merecen. En todos los ámbitos. Durante los años noventa empezaron a proliferar las jefas de prensa en los equipos y, poco a poco, las actividades profesionales del *paddock* dejaron de tener una mayoritaria presencia masculina. Todavía recuerdo cómo se veía con sorpresa a la mecánica Debbie Irvine atendiendo la Yamaha YZR 500 de Garry McCoy en el Team WCM. O ver aparecer en el podio a la malaya Janey Looi, directora del equipo Petronas

Yamaha, para recoger el trofeo en representación de su escudería el día que Sebas Porto ganó el Gran Premio de Río de 2002. Hoy hay mujeres al mando de los equipos, y muchas ingenieras y telemétricas trabajando en los garajes, un buen número de ellas españolas. Y por supuesto, muchas escuderías tienen al frente de su departamento de comunicación a una mujer.

Ingebort Stoll-Laforge fue la primera gran dama del motociclismo, sorprendió a muchos por su determinación y el gran nivel que alcanzó.

Sin embargo, quizás donde menos ha conseguido avanzar la mujer en el mundo de las carreras ha sido, precisamente, en la pista, porque su presencia sigue siendo muy escasa. En velocidad ni siquiera da para organizar un campeonato del mundo femenino, cosa que sí se da en otras especialidades motociclistas, como el trial, el motocross y el enduro, que llevan disputando su campeonato femenino desde hace dos décadas, como sucede con el trial. No han faltado mujeres en los Grandes Premios, pero no parece que, de momento, haya las suficientes como para organizar un campeonato exclusivamente femenino.

En un tiempo lejano se intentó llevar adelante una iniciativa así. Fue en 1961. Ese año se creó la Women International Motorcyclist Association (WIMA), que puso en marcha una prueba en el circuito alemán de Hockenheim, en la que participaron una docena de mujeres procedentes de Alemania, Holanda, Francia y Gran Bretaña. La ganadora fue la alemana Anke-Eve Goldmann, conocida por sus labores como periodista y probadora de motos. Goldmann, con una BMW R69 de estricta serie, se defendió bravamente en un resbaladizo circuito mojado por la lluvia. Pero la competición de la WIMA no tuvo continuidad. También se han disputado con discontinuidad varias ediciones de un campeonato femenino de rango europeo, pero con poco éxito de participación.

De esta forma, las mujeres apasionadas por la velocidad se han visto obligadas a medir sus fuerzas en condiciones desiguales en los Grandes Premios. Pero nunca se han achicado ni han pedido compensaciones. Y en medio de este mundo de pretendidas buenas formas en las que se miden los términos y se retuerce la gramática, las mujeres piloto siempre han defendido esa denominación. Ellas son y se sienten pilotos, como cualquier otro que se alinea en la parrilla de un Gran Premio.

Antes había un celo proteccionista en la sociedad que apartaba a la mujer de labores que, por su riesgo, no debían ser propias de su género. Tardamos en tener mujeres policía, o mineras, o conductoras de camión, y aún recuerdo el caso de aquella joven que quiso hacer carrera militar en el ejército del aire español. Se llamaba Ana Moreno, tenía diecisiete años, y no le permitieron acceder a las pruebas para entrar en la Academia

General del Aire por ser mujer, y aunque recurrió ante los tribunales y ganó, no consiguió entrar. Los mandos del ejército, paternalistas ellos, seguramente pensaban que la protegían apartándola del riesgo que entraña pilotar un avión de combate. Eso mismo debían pensar en 1963 esas buenas gentes de la Federación Internacional (FIM), prohombres del deporte, que revocaron la licencia internacional de la británica Beryl Swain para que no pudiera correr el Tourist Trophy, por considerarlo demasiado peligroso para una mujer.

Lo curioso es que Swain había competido en el Tourist Trophy el año anterior. Fue la primera mujer que compitió en un Gran Premio del Mundial de forma individual. Asistida por su marido Eddie como mecánico, Beryl corrió en 1962 en la categoría de 50 cc, que se disputaba sobre el Mountain Course, de 60 kilómetros, al que daban dos vueltas. Swain, a lomos de su pequeña Itom, tuvo problemas mecánicos, pero se las apañó para conseguir completar la carrera en 22.ª posición. Cualquiera se habría sentido orgulloso por el coraje derrochado por esta mujer, una muestra típica del carácter de cualquier piloto, que no se rinde ante las adversidades. Sin embargo, en la FIM no pensaron lo mismo. Su junta directiva, compuesta exclusivamente por hombres desde tiempos inmemoriales, pero no gente corriente, sino miembros de la élite social, muchos aristócratas y militares de alta graduación, consideró que no era bueno que las mujeres corrieran en moto.

En el libro conmemorativo del centenario de la FIM, Marc Petrier, responsable de prensa de la Federación Internacional y autor de la recopilación histórica de las decisiones que se tomaban en los congresos anuales, tuvo el buen criterio de dedicarle un amplio párrafo a esta antediluviana decisión: «El señor Taylor reconoció que la intención de la ACU [Federación Británica] es ¡admitir mujeres para el Tourist Trophy! El presidente (conde Lurani) manifestó que no le gustaba la idea de tener mujeres en eventos internacionales. Había surgido publicidad negativa cuando las pasajeras de sidecares se habían visto involucradas en accidentes. La opinión general estaba en contra de que las mujeres participaran en carreras de velocidad y quizás en otros eventos de velocidad. Pero se decidió volver a plantear el tema en el Congreso de Otoño». Y allí, en el Congreso de Otoño de 1962, que tuvo lugar en Bruselas, se materializó la negativa a que las mujeres corrieran en velocidad.

La llamada «publicidad negativa» tiene que ver con la historia de una de las pioneras del motociclismo femenino, la alemana Ingeborg Stoll-Laforge. A principios de los años cincuenta, esta mujer se convirtió en una participante habitual del Mundial de Velocidad en la categoría de sidecares, donde competía como pasajera del francés Jacques Drion. Debutó en el Mundial en 1952, participando regularmente en el campeonato hasta 1957. Cosechó importantes resultados en el Mundial, con varias subidas al podio, aunque ninguna victoria. Con Drion llegó a clasificarse en cuarta posición del campeonato en 1952, 1953 y 1955. Stoll-Laforge fue la primera mujer que compitió en el Tourist Trophy de la isla de Man, en 1954. Ninguna de las mujeres que le sucedieron en el Mundial, tanto desde el lado del sidecar como en competición individual

Ingebort Stoll-Laforge, pasajera en el sidecar de Jacques Drion, fue la primera mujer que subió a un podio del Mundial y logró resultados muy destacados.

en diferentes cilindradas, logró alcanzar un rendimiento similar. Pero el destino le reservaba a la alemana un desenlace cruel porque, en 1958, ella y su compañero Drion murieron en una carrera internacional en el circuito de Brno-Masaryk, en Checoslovaquia.

Fue una época muy difícil para los pilotos de sidecares. En 1957, el dúo formado por Friedrich Hillebrand y Manfred Grunwald se proclamaba matemáticamente campeón del mundo tras el Gran Premio de Bélgica, disputado el 7 de julio, y a continuación inició una gira por las carreras internacionales del norte de España. El 14 de julio ganaron el Gran Premio de Pamplona y, a la semana siguiente, el Gran Premio de San Sebastián. No tenían compromisos en el Mundial hasta el 1 de septiembre en Monza, en el Gran Premio de las Naciones, así que decidieron que a modo de entrenamiento correrían el Gran Premio de Bilbao, que se disputaba en el circuito de Deusto el 24 de agosto, justo una semana antes de la cita de Monza. Desgraciadamente, durante los entrenamientos sufrieron un grave accidente, falleciendo en el acto Hillebrand, mientras que Grunwald quedaba gravísimamente herido, con unas lesiones que le impedirían seguir compitiendo.

Ingeborg Stoll-Laforge era la pareja de Grunwald, y haciendo de tripas corazón cumplió su compromiso con Drion y acudió a Monza, donde el dúo consiguió una meritoria quinta posición. Pasados los meses y con Grunwald ya recuperado, la pareja se casó en mayo de 1958, antes de que se iniciara la temporada. Y justo un año después del terrible accidente de Hillebrand y Grunwald, el 24 de agosto, Drion y Stoll-Laforge morían en Checoslovaquia.

A pesar de la tragedia de Stoll-Laforge, de cuando en cuando siguieron apareciendo pasajeras de sidecares. La más notable fue Erika Butscher, que acompañó a su esposo Arsenius en Assen, en 1961, logrando la sexta posición, pero hubo muchas más: la australiana Estelle Foster, la británica Cathy Tickle, la francesa Marie-Laure Lambert, la sueca Marianne Kjellmodin-Hansen, la alemana Gertrud Hahn... Pero la más notable ya en los años setenta fue la británica Dane Rowe, que acompañó al polifacético Rudi Kurth en sus innovadores atalajes CAT

Crescent entre 1971 y 1976, logrando el tercer puesto en el Gran Premio de Francia de 1974. De nuevo, una mujer en el podio. Supongo que al conde Lurani se le revolverían las entrañas.

No era fácil encontrar mujeres en las categorías individuales. Hilary Musson acabó con el rancio proteccionismo hacia la mujer por parte del Tourist Trophy y en 1978 tomó parte en la carrera de F-TT3, categoría que formaba parte del nuevo campeonato creado en 1977 para dar rango de campeonato del mundo a las carreras de la isla de Man.

Quedaban algunas mujeres que no se conformaban con el papel que pretendía destinarle el varonil dominio ejercido en el motociclismo. Una de ellas fue la norteamericana Gina Bovaird, que tuvo la determinación de lanzarse al más alto nivel de la competición, dejándolo todo para correr en el Mundial de 500, tras haber dado sus primeros pasos en 125, tímidamente y sin mucho éxito, hay que reconocer. A pesar de su empeño, Bovaird no logró ningún resultado digno de elogio, logrando clasificarse para carrera solo una vez, en 1982, en el Gran Premio de Francia disputado en Nogaro, que fue boicoteado por las estrellas del campeonato. Pero no logró terminar.

En aquellos años, otra mujer estuvo presente en los circuitos del Mundial siguiendo los pasos de Stoll-Laforge. Se llamaba Julia Bingham, y durante varias temporadas acompañó a su esposo Dennis como pasajera de sidecares. Ambos lograron el subcampeonato de Europa en 1981, pasando a disputar el Mundial al año siguiente. Su mejor resultado fue una sexta posición en Silverstone, en 1982. Julia dejó el campeonato tras la temporada 1985. Su ejemplo es solo uno más de los muchos casos que se han dado de mujeres que se han subido a un sidecar como pasajeras, tanto en los Grandes Premios como en otras competiciones. El ejemplo más destacado es la finlandesa Kirsi Kainulainen, que fue pasajera de Pekka Päivärinta, varias veces campeón del mundo. Kirsi se merece un reconocimiento muy especial, porque en 2016 se proclamó campeona del mundo de sidecares, junto a Päivärinta, convirtiéndose así en la primera mujer que logra un título mundial absoluto, sin categoría femenina. «¡Kirsi es increíble! Quiero dar las gracias, muchas gracias, a Kirsi. Es genial como pasajera, y estoy muy contento de que sea campeona», destacó Päivärinta tras ganar el título. No es un elogio gratuito, porque después de ganar tres títulos consecutivos (2010, 2011 y 2013) con el suizo Adolf Hänni, estuvo casi un año buscando un nuevo pasajero para su atalaje cuando Hänni se jubiló. Empezó a trabajar con Kainulainen en 2014, y Kirsi se convirtió en su pasajera fija en 2015. Ese año ya llegaron a liderar el campeonato, pero finalmente terminaron en tercer lugar. Y en 2018, después de haber conocido la gloria en los sidecares, regresó a las competiciones individuales.

ELLAS SOLAS

Quizás la mujer con el palmarés más brillante en la historia del Mundial de Velocidad sea la finlandesa Taru Rinne. Con solo dieciocho años debutó en el Gran Premio de Suecia de 1987, participando en varias carreras. A todos les sorprendió esa menuda presencia, una nariz sonrosada y unas mejillas ligeramente maquilladas tras la pantalla del casco, sus ojos oscuros pero brillantes, y una melena pelirroja que asomaba bajo el casco, abundante, suelta y agitada por la velocidad. Rinne también supo callar la boca a muchos. Estuvo en los Grandes Premios apenas dos años, pero su mejor temporada fue 1989. En Hockenheim llegó a liderar la prueba, y al final terminó séptima, peleando en el grupo que optaba a la cuarta posición, a solo diez segundos de Álex Crivillé, ganador en aquella ocasión. Su actuación no fue flor de un día, porque hizo otras buenas carreras y terminó 17.ª en clasificación final de la temporada. Sin embargo, en 1990, Rinne comenzó con mal pie, sufriendo varias caídas y lesiones, y optó por no concluir el campeonato.

La semilla dejada por Taru Rinne caló hondo, y durante los años noventa del pasado siglo hubo un buen número de mujeres que se enfundaron el mono, y que no tardaron en aparecer en los Grandes Premios: Daniela Tognoli y la japonesa Tomoko Igata. Tognoli debutó en el Gran Premio de San Marino de 1993, y disputó un total de nueve Grandes Premios entre 1993 y

1994. Igata hizo su debut en Australia en 1994, y coincidió con Tognoli en las cuatro primeras carreras de la temporada. La italiana nunca puntuó. Igata corrió el Mundial en 1994 y 1995, y participó en 27 Grandes Premios, puntuando en ocho ocasiones. Su mejor resultado fue un séptimo puesto, como Rinne en 1989, pero sin la contundencia de la carrera de la finlandesa.

Después de la marcha de Igata, el Mundial estaba acostumbrado ya a la presencia de una mujer en la parrilla de salida. Con la alemana Katja Poensgen el motociclismo femenino

Taru Rinne marcó una nueva etapa para las mujeres piloto, y fue la primera que destacó en competiciones individuales.

alcanzó sus más altas cimas de popularidad. Poensgen corrió en 250 en 2000. Llegaba al Mundial con una relevante sexta posición final en el Campeonato de Europa de Superstock, corriendo con motos de más de 100 CV de potencia, así que la alemana pretendía no ser una simple rareza exótica ni limitarse a las pequeñas y ligeras motos de 125, categoría a la que parecía limitarse la participación femenina. La realidad es que Poensgen no pasó de ser un piloto del fondo de la parrilla. En su primera temporada mundialista no destacó en ninguna carrera, y solo logró puntuar bajo el aguacero de Mugello, lo cual tiene su mérito. En 2001 no tuvo continuidad y, aunque regresó en 2003, no le fue mejor.

Después de ella se han dado algunos casos más: la australiana Cath Thompson debutó, a sus 37 años, como piloto invitada en Australia 2001; Marketa Janakova, *wild card* en Brno 2003; y también la húngara Nikolett Kovacs en 2011, todas ellas corriendo en 125. Los casos más recientes han sido protagonizados por pilotos españolas. Elena Rosell llegó al Mundial de Moto2 en sustitución de Julito Simón en algunas carreras durante 2011, y luego disputó el Mundial completo en 2012, pero sin llegar a puntuar. En 2013 entró en escena Ana Carrasco, que sumó sus primeros puntos en la recta final de la temporada, con una meritoria octava posición en la carrera de cierre de la temporada. Ese año también debutó María Herrera como invitada, acreditada por sus éxitos y sus victorias en el FIM CEV, y en 2014 y 2015 las dos coincidieron en Moto3.

La verdad es que la trayectoria de las dos pilotos es digna de mención. Carrasco llegó sin hacer mucho ruido, con resultados puntuales en el CEV, pero alcanzó el Mundial, quizás aprovechándose del reclamo que supone ser mujer en una competición de hombres, algo que le otorga máxima visibilidad a sus patrocinadores. Quizás llegó demasiado pronto y sin mucha experiencia, y tuvo que abandonar el campeonato dos años después. Cuando recaló en Supersport 300 en 2017, encontró su sitio. Ese año ganó una carrera, marcando un hito en el motociclismo femenino, al ser la primera mujer que se imponía en una carrera del mundo absoluto. Y al año siguiente se hizo con el título mundial. Como mujer, había elevado el listón que

Kainulainen había establecido con su título en sidecares. Y en 2022 ha regresado al Mundial de Moto3, un retorno nada sencillo para ella.

La última sensación femenina en los Grandes Premios fue María Herrera, que debutó en el Gran Premio de Aragón de 2013 después de una sonora campaña en el CEV, el segundo peldaño de la velocidad internacional, campeonato lanzadera para el Mundial, donde Herrera había ganado dos carreras a una ambiciosa competencia de pilotos. En aquella parrilla encontramos nombres que ahora vemos en lugares destacados de MotoGP, empezando por el actual campeón Fabio Quartararo, el campeón de Moto2 Remy Gardner, el campeón de Moto3 Albert Arenas, y otros pilotos de reconocido nivel, ganadores de Grandes Premios, como Marcos Ramírez, Andrea Migno, Jorge Navarro, Kaito Toba...

DE NIÑA A MUJER

María Herrera había logrado muy buenos resultados a lo largo de su trayectoria en las categorías de formación, y cuando llegó al CEV —integrada en la estructura de Monlau, que entonces gestionaba Emilio Alzamora, el excampeón del mundo de 125, que además ejercía y ejerce como mánager de Marc Márquez—, podemos decir que María estaba en el lugar adecuado para explotar su talento, y aprovechó al máximo la oportunidad.

Pero en el fondo, para muchos seguía siendo la anécdota femenina de la competición. Buenos tiempos, buenos resultados pero ninguna carrera para enmarcar, ninguna sorpresa. Era «la niña» del CEV, por más que en esa época hubiera más jóvenes corriendo el campeonato, como Ana Carrasco, Sara Sánchez y Montserrat Costa. Sin embargo, estando donde estaba, todas las miradas se centraban en María, en especial a partir del 26 de mayo. Ese día se disputó en Motorland Aragón la tercera carrera de la temporada. Por entonces María no había conseguido todavía acabar entre los diez primeros en una carrera del CEV, pero ese fin de semana estuvo brillante y logró el tercer mejor tiempo en los entrenamientos. ¡Qué diferente se ve la vida desde la primera línea de la parrilla!

Pero, en el fondo, a pesar de haberse mostrado muy rápida, para muchos María seguía siendo «la niña». No se la tomaban en serio, o de lo contrario no la habrían tratado como la trataron esa mañana de mayo tras lo sucedido minutos antes de darse la salida. Con la parrilla ya formada y lista para realizar la vuelta de calentamiento, a María se le cala la moto. Sin duda, los nervios y la tensión de verse, por fin, delante, le hicieron cometer un error. Cumpliendo con el protocolo, su moto fue enviada al *pit lane*, la línea de los garajes, donde su equipo técnico intentó ponerla en marcha. Imagine el lector la angustia por la que debía pasar una muchacha de solo dieciséis años en el que era el momento más importante de su vida.

A partir de ahí se sucedieron una concatenación de errores e irregularidades, todas consentidas por la dirección de carrera del campeonato, que resultaron bochornosos. Cuando el motor de la KTM por fin arrancó, el semáforo que permite

María Herrera se encumbró el día de su primera victoria en el CEV en 2013, batiendo a las mejores promesas de la velocidad mundial.

abordar el carril de acceso de pista estaba en rojo, por lo que a María le correspondía arrancar desde ese lugar la carrera, una vez que el pelotón hubiera superado ese punto. Aquello condenaba definitivamente su carrera. Sin embargo, la dejaron salir a pista. Primera irregularidad.

Cuando el pelotón llegó a la línea de salida y ocupó sus posiciones, María estaba todavía a un minuto de la parrilla. En contra de la lógica, hicieron esperar a los pilotos con sus propulsores en marcha durante todo ese tiempo hasta la llegada de la piloto, mientras los motores cogían temperatura y entraban en zona de riesgo de avería. A pesar de que algunos pilotos alzaron la mano e hicieron aspavientos en señal de protesta, sin entender la causa de la demora, se esperó a María. Segunda irregularidad.

Cuando por fin llegó a parrilla, en vez de quedarse detrás del coche de seguridad, como indicaba el reglamento, se situó por indicación de un comisario de pista en el último puesto de la parrilla. Si no era ya suficiente con ese error, ¡Alzamora saltó a pista en medio del procedimiento de salida!, exigiendo a empujones que María se reincorporara a la primera línea. Y allí que se dirigió. Y se dio la salida. ¿Cuántas irregularidades contamos aquí?

Y una vez que la carrera se puso en marcha, eso sí, María hizo una demostración de talento, habilidad y velocidad, y ganó de forma justa y merecida. Pero esa carrera nunca debió haberla ganado María Herrera. La única explicación para entender el porqué de semejante consentimiento con ella, es que, sencillamente, nadie esperaba que pudiera ganar «la niña», pero ese día la niña se hizo mujer. Situaciones así, con un motor que se cala instantes antes de la vuelta de calentamiento, se han dado infinidad de ocasiones en las carreras, pero nunca con semejante desenlace. En una situación similar, nunca se habrían tenido las mismas contemplaciones con un hombre. Jamás.

Nadie se quejó, nadie puso un pero a semejante atropello a la reglamentación. Al contrario, todo el mundo lo dio por bueno, y de hecho los periodistas, los primeros que debían haber señalado semejante irregularidad, se quedaron con el noticioso hecho de que una mujer ganaba una carrera de velocidad, y no una cualquiera, sino el CEV, el segundo escalón a nivel mundial. Por ignorancia o por interés, se había implantado aquella máxima cínica del periodismo: «No dejes que la verdad arruine una buena historia».

¿Qué hice yo aquel día? También fui culpable. Por entonces ejercía la dirección en el portal Motoworld.es, además de realizar puntuales colaboraciones en una revista especializada y en un periódico deportivo. No estuve en Motorland, la crónica la realizó otro redactor; no pude ver las carreras hasta última hora de la tarde del domingo, cuando la noticia de la victoria de María corría por los medios de comunicación y las redes sociales. Vi la carrera y contemplé con horror aquel minuto y medio nefasto antes de que comenzara la carrera. Llamé a los responsables de los grandes medios con los que colaboraba para hacerles partícipes de las irregularidades, pero estos declinaron contar la verdad, en algún caso alegando que contar algo así podía provocar la animadversión de Emilio Alzamora, y que ello afectaría a la relación del medio con Marc Márquez, en pleno despegue hacia su primer título en MotoGP. Y si los grandes no se atrevían, ¿lo iba a hacer yo con un modesto medio, con el que malvivía a duras penas? Cabeza a la cuneta. Y dejé las cosas como estaban. ¿Por qué lo cuento ahora? Porque alguna vez se tenía que decir la verdad, aunque fuera con diez años de retraso.

En cualquier caso, esa primera victoria fue lo que María necesitaba, una inyección de confianza a partir de la cual siguió creciendo como piloto. Volvió a ganar otra prueba, en Navarra, con espectacular adelantamiento en la parte final de la carrera en uno de los lugares más comprometidos del circuito. Y a falta de una carrera, lideraba el CEV. Pero en Jerez, la prueba de cierre, todo le fue mal: se cayó en la tercera vuelta, y una combinación de resultados hizo que Fabio Quartararo, ganador ese día, se proclamara campeón. Y ella acabó quinta. Al año siguiente los dos coincidieron en el CEV bajo los colores de Monlau.

Plantó cara al francés en las dos primeras carreras, disputadas en Jerez, en las que se repartieron equitativamente los resultados: victoria y segundo puesto para cada uno. La siguiente cita fue en Le Mans, y allí María tuvo una dura caída, y ya no volvió a ser la misma. Quartararo ganó todas las restantes carreras del campeonato, y se volvió a coronar por segundo año consecutivo. María llegó al Mundial en 2015, pero ya no volvió a tener la magia y el brillo de antes. Tres años estuvo en Moto3 antes de probar en otros campeonatos, en el Mundial de Supersport, en la Copa del Mundo de MotoE, con suerte dispar, pero convertida en una recurrente referencia del motociclismo femenino de velocidad, junto con Ana Carrasco.

DE MIKE A MICHELLE

En junio de 1998 Freddy Brouwer, antiguo mecánico de Jarno Saarinen en Yamaha durante los años setenta, y entonces al frente de la importación para Europa de los prestigiosos cascos Arai japoneses, organizó en el circuito holandés de Assen una reunión histórica de pilotos y motos de otras épocas. Ahora estos encuentros nostálgicos son bastante frecuentes pero, en aquellos días, el Centennial Classic TT de Assen tuvo un impacto excepcional, porque contó con una respuesta increíble por parte de los aficionados, que acudieron ansiosos a ver a aquellos pilotos de antaño que les hicieron soñar sobre las motos que pilotaron entonces.

Muchas de las estrellas del Mundial entre las décadas de los años cincuenta y los ochenta estaban desaparecidas para el gran público. Unos pocos seguían anclados al campeonato en la dirección de algún equipo, o como técnico, o como comentaristas televisivos, pero había muchos a los que se les había perdido la pista prácticamente desde el día que colgaron el casco, así que fue lógico el éxito obtenido con esta convocatoria.

Entre los inscritos había la mayor colección de campeones del mundo y pilotos míticos que uno pudiera imaginarse. En las semanas previas al evento, la organización bombardeó las redacciones de los medios especializados con infinidad de notas de prensa y noticias, en una promoción ejemplar. Y una vez en Assen, aquello fue el sueño hecho realidad: pilotos de leyenda, motos míticas… Un espectáculo sin fin.

Lógicamente, no se pudieron confirmar todas las inscripciones previstas, pero también hubo incorporaciones inesperadas.

Leyendo la última lista de inscritos en el grupo de 1961-1970 de la categoría de 250, apareció el nombre de una mujer: Michelle Duff. Nadie sabía quién era, hasta que apareció por allí. Tenía 58 años, una melena rubia y canosa y un rostro familiar, como una de esas personas que ves y te preguntas: ¿de qué laconozco? Pues eso pasó con ella. No tardaron en darse cuenta de que sí la conocían, conocían a la persona de otra vida ya lejana, cuando se llamaba Mike Duff y llegó a ser subcampeón del mundo de 250 y piloto oficial de Yamaha.

Duff formó parte del Mundial entre 1960 y 1963, corriendo los primeros años de su carrera como piloto privado, en 350 y 500, pero también en 125 con una Bultaco. En 1964 le llegó su gran oportunidad: Yamaha le contrató para su equipo oficial en 125 y 250, pero además él completó su salario corriendo con sus motos privadas en 350 y 500, una situación que mantuvo hasta 1966. Con Yamaha ganó tres Grandes Premios, y se hizo con el subcampeonato del mundo de 250 en 1964, el año en que el fabricante japonés lograba su primer título mundial de la mano de Phil Read.

Su última campaña, de nuevo enteramente como piloto privado, llegó en 1967. Tuvo un terrible accidente en el Gran Premio de Japón, al sufrir una caída con su Aermacchi 350 que le obligó a pasar varias veces por el quirófano y someterse a un largo periodo de adaptación. Fue un periodo difícil en lo personal. Se separó de su mujer, una finlandesa con la que tenía dos hijos, y se mudó de su Toronto natal a California, donde siguió compitiendo un par de temporadas más, compaginando esa labor con un trabajo en una revista especializada norteamericana.

Volvió a Canadá para dirigir un concesionario Yamaha durante los años setenta, casándose por segunda vez, y volviendo a ser padre de nuevo. Mike vivió durante años sin encontrarse como persona, lleno de dudas e inseguridades, sin saber realmente quién era, porque en realidad se sentía una mujer atrapada en el cuerpo de un hombre. En el momento que asumió esa realidad, su vida cambió. No cabe duda de que semejante transformación habría sido muy complicada de asumir en el mundo de las carreras pero, ya alejado de ese ambiente y a una edad madura, Mike era capaz de asumir su nueva condición.

Es difícil ponerse en la piel de una persona que vive una situación así. Hasta que llega el momento de reconocerse dentro de esa nueva situación y la asume, la persona que cambia de género sufre muchísimo, y desde un punto de vista familiar, esta situación puede resultar traumática. Mike se separó de su mujer en 1984 y encaró el complejo periodo de reasignación y cambio de género, sometiéndose a la cirugía. Todo ese tránsito lo asumió con convencimiento y determinación, completando este proceso de transición en 1987. Así, Mike pasó a ser Michelle, e inició una nueva vida, no ya solo como mujer. Recogió toda esa experiencia y su nueva vida como mujer en un libro: *Make haste slowly: The Mike Duff story* —que se podría traducir como *Date prisa, con calma*—, publicado en 1999, un año después de su sorprendente aparición en el Centennial. Fue la última vez que se mezcló con los que fueron sus antiguos compañeros, porque después se trasladó a una remota zona de Ontario, donde ha trabajado como fotógrafa y escritora de libros infantiles, además de escribir sobre animales.

Para Michelle debió de ser un enorme impacto reencontrarse con sus viejos amigos de las carreras. En aquellos días, la dureza de la competición estaba marcada frecuentemente por la tragedia: era raro el año que no hubiera alguna víctima en las carreras, por lo que la relación que existía entre los pilotos era mucho más intensa, próxima y real de lo que es ahora. No cabe duda de que Mike percibía esa situación con una especial sensibilidad, sin saber realmente a qué obedecía. Era un tiempo para hombres duros, como lo era en general la sociedad. Cuando Michelle afloró, por fortuna para ella, se daban otras circunstancias. En el Centennial fue recibida con el calor de los viejos camaradas, con sorpresa, sin duda, pero fue una más, aunque seguramente alguno de aquellos adorables canallas aprovechara la situación para soltarle al vecino de al lado un socarrón comentario: «¿No fuiste tú uno de esos que no pudo ganar a la chica?». Y seguramente chocarían sus copas entre carcajadas, riendo la chanza. Y estoy seguro de que, de haberse producido y haberlo oído Michelle, se habría unido a ellos de forma animosa. Son cosas de las carreras.

Estar como una moto

Nadie dijo que correr en moto fuera sencillo. De hecho, es un trabajo exigente que requiere una capacidad de concentración y un nivel de determinación que puede resultar mentalmente agotador. El ritmo frenético de la competición, el alocado desarrollo de las competiciones, en las que los pilotos se someten a unos niveles de estrés elevadísimos, hace inevitable que en ocasiones se nos escape un «están como una moto» para definir la locura interminable que supone dedicarse al motociclismo de alta competición. Porque correr en moto nunca fue fácil. Además de determinadas cualidades y habilidades, la competición motociclista requiere de unas considerables dosis de valor, y aunque muchos asocien ese arrojo que derrochan los pilotos con un punto de locura, para subirse a una moto lo que en realidad hace falta son enormes dosis de sentido común.

Seguramente los grandes campeones son los que, lejos de tener una vida regalada, más soportan esa enorme exigencia. Es el peso de la púrpura, que en ocasiones puede acabar con la carrera de un piloto. Al mítico Freddie Spencer le sucedió algo así, porque su deslumbrante luz se extinguió prácticamente nada más conseguir su mítico doblete en el campeonato del mundo de 250 y 500 en 1985. En el invierno entre 1984 y 1985, Spencer fue víctima de una de las pretemporadas más demoledoras que se recuerdan. Tras el fracaso vivido en 1984 con la primera NSR500, aquella moto con el depósito situado en la quilla y los escapes saliendo por arriba, y la malísima impresión que dejó la RS250R, una moto que no alcanzaba el nivel exigido para un Mundial, Honda encargó al ingeniero Satoru Horiike, que años más tarde sería una figura importante en

HRC dentro del desarrollo de las Honda de MotoGP, desarrollar la NSR250 —cuyo motor sería, en esencia, como si se cortara por la mitad un propulsor de NSR500— y además evolucionar la «quinientos» para hacerla suficientemente competitiva.

Hacer la nueva «dos y medio» apenas supuso complicaciones, y el trabajo estaba prácticamente terminado a finales de 1984, pero con la nueva NSR500 todo fue mucho más complicado. Spencer tuvo una toma de contacto con el primer prototipo en el circuito de Surfers Paradise, el circuito semiurbano de Queensland (Australia), antes de la Navidad, pero hasta marzo de 1985 Spencer no podría probar de nuevo las motos, cuando estas ya iban a ser los prototipos prácticamente definitivos.

En Surfers Paradise, Spencer se dedicó fundamentalmente a probar neumáticos. Michelin le puso al tanto del material que pensaba desarrollar, una nueva generación de gomas con carcasa radial, lo que supondría una revolución. El gran avance del radial trasero con respecto al diagonal es que ofrecía más agarre y mayor estabilidad en curvas de alta velocidad, permitiendo abrir gas antes. Es decir, todo lo que siempre había deseado un piloto.

Siempre se ha dicho que la competición es un laboratorio de pruebas de la industria y que, de las enseñanzas adquiridas en las carreras, se acaba beneficiando el usuario. Pero ninguna se aplicó de un modo tan inmediato como los neumáticos radiales. Curiosamente, en el tema de los radiales, aquello fue como un camino de ida y vuelta, porque el notable avance conseguido en competición tuvo su origen en una tecnología ya existente en el neumático de calle, aunque inicialmente no funcionara bien. En los años setenta, Michelin calzaba con su modelo S41 a la Moto Guzzi V-7S, con la que realizaron varias tentativas de récord de velocidad. Además, Christian Bourgeois se había convertido en un eficaz colaborador de la marca, empleando este neumático en sus motos de competición. Sobre la base del S41 se realizaron los primeros prototipos de neumáticos radiales en 1978, pero con aquellas llantas estrechas y el perfil elevado no funcionaron bien, y no sería hasta la introducción de la llanta delantera de 16 pulgadas cuando se empezó a progresar.

El uso de perfiles bajos impulsó la investigación sobre el neumático radial, aunque Michelin necesitaba mucha información, y en ocasiones los avances conseguidos dependían en gran medida de la intuición. También era preciso contar con un probador eficaz. En el invierno de 1984 a 1985, Honda y Freddie Spencer se cruzaron en el camino de Michelin.

Antes de que Michelin se adentrara de lleno en el desarrollo del neumático radial, tanto Goodyear como Dunlop habían trabajado en un tipo de neumático semirradial, que no terminó de funcionar bien del todo. Fue la implicación de un talento como el de Spencer, que se vació en una intensa labor que le llevó meses y lo agotó física y mentalmente, la que resultó determinante en el éxito de Michelin.

«Cuando empezamos las pruebas invernales en Australia en 1985 —recuerda Spencer—, me encontré con 150 neumáticos delanteros y traseros para probar, porque estábamos desarrollando los neumáticos radiales tanto para la 500 como para la 250», lo que da una idea del volumen de trabajo al que tuvo que enfrentarse. En marzo, Spencer estrenó las nuevas motos en Daytona, donde se anotó la victoria en ambas carreras. HRC fue a Florida a sabiendas de que no era la mejor pista para sacar conclusiones, porque con frecuencia Daytona no solía mostrar los verdaderos problemas. Así que, cuando el equipo viajó a Sudáfrica para el primer Gran Premio de 1985, fue cuando realmente se descubrió lo bueno y lo malo de las NSR.

«No tuvimos dificultades para que el compuesto trasero funcionara una vez que acertamos con el nivel de rigidez del basculante. Entonces, cuando dimos con una carcasa trasera que funcionara con el compuesto correcto, empezó a empujar la rueda delantera debido al intenso agarre de la trasera; este es un problema que siempre te encuentras en el desarrollo de los neumáticos», explicó Spencer.

Y a todo esto, el trabajo de desarrollo de la nueva NSR 500 continuaba no sin dificultad. En Kyalami, la primera carrera de 1985, Eddie Lawson se impuso por casi cinco segundos a Spencer. Dos semanas después, en el Jarama, era Spencer el que ganaba con autoridad. Todo apuntaba a un año mano a mano con Lawson y Yamaha. «Nos llevó casi medio año conseguir solucionar el problema de la rueda delantera. Pero recuerdo claramente el momento en que lo resolvimos», recordaba Spencer. Fue en Hockenheim, la tercera cita de la temporada. Michelin, como era su costumbre, apareció en los entrenamientos con diez compuestos nuevos que Spencer debía probar. No nos olvidemos de que Spencer, además de probar para Michelin, tenía que hacer las sesiones de 250 y 500, y trabajar en la puesta a punto de las motos para las carreras. Y, de repente, ¡bingo!

«Estaba en la sesión clasificatoria. Estábamos trabajando con los diferentes neumáticos que nos había dado Michelin, y entonces montamos ese nuevo compuesto delantero. Salí a pista con ese nuevo neumático, que me daba dos segundos de margen. Era increíblemente estable frenando fuerte, y podía entrar con los frenos cogidos hasta muy dentro de las chicanes», decía Spencer.

En los entrenamientos, Spencer se hizo con la *pole* y le endosó más de siete décimas a Lawson, mientras que Raymond Roche era tercero a 1"7. Si trasladamos ese margen a la competición actual, en ese breve lapso de tiempo entrarían los veinte primeros clasificados de la parrilla de MotoGP. Aquel día llovió

En 1985, Freddie Spencer abordó un desafío colosal: desarrollar las nuevas NSR 250 y NSR 500, y los neumáticos Michelin radial.

durante la carrera: fue la célebre carrera en la que Christian Sarron realizó un prodigioso adelantamiento por el exterior a Spencer, para superarlo y escapar en pos de su única victoria en 500. El público rugió con la maniobra y se encumbró a Sarron como el maestro del agua. Pero Spencer fue segundo y consolidó el liderato.

Ganó un par de carreras más (Mugello y Salzburgring) y después fue segundo en Rijeka, después de sufrir una lesión en el abductor de su pierna derecha tras rozar una bala de paja. Y una semana después en Assen, en una nueva carrera en mojado, Sarron, el maestro del agua, lo derribó en un precipitado inicio de carrera del francés. Lawson también se cayó. Luego Spencer ganó cuatro carreras seguidas para asegurarse así el título. Los neumáticos radiales de Michelin fueron una pieza clave, pero su desarrollo supuso también un desafío añadido a la formidable labor que Spencer acometió en 1985.

«Una de las tareas más duras que encontramos desde el inicio fue la rigidez de las carcasas delanteras: el neumático ofrecía mayor agarre, pero cuando lo perdía lo hacía de un modo más repentino, sin avisar. Me llevó tiempo ajustarlo, pero esa era la parte de mi trabajo en el desarrollo del radial», decía Spencer, quien se remontaba a la experiencia adquirida en los años previos como una de las claves del éxito conseguido en 1985.

«Creo que aquel trabajo de desarrollo parte de mi lucha por el título de 500 de 1983 con Kenny Roberts. Yo estaba con Michelin y Kenny con Dunlop. Fue una batalla de neumáticos de principio a fin. Lo más importante con Michelin es que cuando les pedía algo, siempre intentaban dármelo. Tuve un gran apoyo de Jean Hérissé, mi técnico de Michelin, y siempre resultó interesante hablar con los químicos que trabajaban con los compuestos. La consistencia y calidad de su información siempre fue increíble», decía Spencer, como balance de aquella dura pero gratificante experiencia, aunque luego él quedara tan exhausto que ya no volvió a ser el mismo piloto.

Como vemos, la vida de un piloto, incluso la de los grandes campeones, no resulta sencilla, ni en ocasiones es grata. Hay que tener muy claro dónde se mete uno antes de dar ese paso. Hoy existe mucha información, pero muchos años atrás el oficio de piloto era una aventura insólita, para corazones valientes y gentes dispuestas a asumir riesgos. Era un viaje que situaba a los hombres en la misma posición que los intrépidos navegantes del siglo xv, que zarparon rumbo a lo desconocido. Por suerte, siempre había gentes de buena fe dispuestas a alumbrar tan oscuros caminos.

Durante el trabajo de documentación para este libro, una labor minuciosa y en ocasiones algo monótona y agotadora, fue especialmente gratificante encontrarse con un librito, *The Art of Motorcycle Racing* —en español con el esquemático título de *Motos*—, un pequeño volumen editado en la primera mitad de la década de los años 70 en el que participa Mike Hailwood, cuando Hailwood vivía feliz y retirado en Nueva Zelanda, donde se recuperaba de las lesiones sufridas en Nürburgring en 1974, que le apartarían definitivamente del mundo de la competición... O eso se creía él... Lo cierto es que Hailwood colaboró con Murray Walker en la edición de este libro, que se acompañaba de una segunda parte dedicada al *off-road*, realizada al alimón por Jeff Smith y Bob Currie.

El objetivo que se buscaba era orientar a los principiantes, a aquellos que querían lanzarse al mundo de la competición y no sabían cómo ni cuándo y casi ni dónde... El mundo de las carreras ha cambiado mucho desde entonces. Sin embargo, más de 45 años después de su edición, los comentarios y las valoraciones que Hailwood hace de la competición son plenamente válidos y actuales.

Hailwood había dejado el Mundial en 1968, cuando Honda anunció en febrero de ese año que se retiraba del campeonato. Siguió compitiendo esa temporada en carreras internacionales, e incluso llegó a disputar el Gran Premio de las Naciones, en Monza, donde aceptó la oferta del conde Agusta para correr con una de sus 500. Pero cuando el aristócrata le quiso imponer órdenes para que ganara Giacomo Agostini, Hailwood lo dejó plantado. Agusta podía ser conde, pero Hailwood procedía de una familia que nadaba en dinero, es decir, que no le iba su porvenir en caerle en gracia al conde Agusta, así que no aceptó el trágala. Benelli, que en esos días pugnaba por hacerse un hueco en la élite, aprovechó la oportunidad y lo cazó al vuelo, ofreciéndole una de sus 500 para la carrera, a pesar de no haber podido rodar con esa moto. Hailwood no se lo pensó dos veces y aceptó; si le salía bien, sería una doble humillación para Agusta.

El inglés hizo una buena salida y se peleó con Agostini desde el principio, algo que ya venía haciendo desde 1965. Todo iba de maravilla hasta que se cayó en la *Parabolica*. Fue su último GP, y aunque se convirtió en piloto de coches (F-1, F-2, F-5000, Le Mans, donde fue tercero en 1969, Can-Am...), a veces regresó a las motos, como hizo en Daytona en 1970 y 1971, con una BSA Rocket 3, o una carrera disputada en Silverstone con una Yamaha TR3 en 1971. Años después llegaría su célebre retorno a la isla de Man.

Hailwood desgranó hasta el último detalle todas sus apreciaciones sobre el arte de la competición. Para empezar, comenzó avisando: «Las carreras de velocidad no son un hobby barato». Y marcó la cuestión financiera como el punto de partida de todo. «Si no se dispone del dinero necesario para obtener los

Mike Hailwood fue uno de los mayores talentos
de la historia del motociclismo.

elementos físicos esenciales para la competición, de nada sirve considerar si uno puede o no llegar a ser un buen corredor», escribió, con el lenguaje rimbombante de la época.

Evidentemente, Stanley Michael Bailey Hailwood nunca tuvo ese problema. Su padre era millonario, viajaba a las carreras en un Rolls con chófer, y cuando se dedicó profesionalmente a la competición, con una precocidad insólita hasta la fecha, dispuso del mejor material posible. Con diecisiete años, su padre lo envió a Sudáfrica para foguearse en las carreras invernales como preparación para su temporada mundialista, y allí aprendió de la mano del avezado Dave Chadwick.

Estas semanas de aprendizaje a la rueda de Chadwick tuvieron un valor extraordinario. «Aprendí más siguiéndole en los circuitos y estudiando sus tácticas de virajes y carreras de lo que hubiese podido conseguir por mis propios medios en un par de temporadas», admitió. «El corredor inteligente estudiará a fondo las tácticas deportivas de los demás (…), y siempre hay que estar dispuesto a beneficiarse de la experiencia de los demás». De aquellos polvos vinieron estos lodos… En serio, como vemos, no hay nada nuevo en la competición, todo está inventado. Pero hay una pequeña diferencia entre lo que decía Hailwood y los malos hábitos actuales de los «chuparruedas».

Para Hailwood, el piloto que quisiera triunfar debía reunir una serie de cualidades: «La primera, creo yo, es el valor. Sin la habilidad de afrontar un riesgo calculado, de tomar los virajes un poco más deprisa y frenar algo más tarde, no habrá progreso y, lo que es más importante, nunca se descubrirá cuál es el límite personal». Sin duda, estas palabras son plenamente vigentes. Hailwood entendía «riesgo calculado» como «un paso corto pero cuidadosamente estudiado hacia lo desconocido». Sublime. Esta frase debería estar esculpida en las paredes de todos y cada uno de los garajes de los circuitos del mundo.

«Siempre hay un mañana —decía Hailwood— y a mí me gusta estar sano y salvo cuando despunta el día»: una forma poética de resumir su sentido del riesgo, lo cual resulta de lo más interesante viniendo de un hombre que hizo cincuenta carreras en la isla de Man y salió indemne de ellas, y vivió el periodo más salvaje y cruento del motociclismo deportivo.

Pero, ahondando en las condiciones que ha de tener un piloto que quiera llegar a campeón, Hailwood destacaba cuatro virtudes: «La habilidad, una mente analítica, la paciencia y la aplicación. El verdadero gran corredor nace, no se hace, y sin un cierto talento innato nadie puede llegar a la cima», aseguraba, e insistía que el aspirante a campeón «ha de estar dispuesto a sacrificar otras cosas si quiere conseguir el éxito».

Para Hailwood, el espíritu de lucha, la voluntad de vencer, era algo fundamental. Hablaba de la imperiosa necesidad de contar con una «fanática determinación de no dejarse vencer», y ponía como ejemplo al mítico Geoff Duke —su ídolo de infancia y juventud—, por sus brillantes pugnas sobre la Norton monocilíndrica contra la Gilera de cuatro cilindros, o la determinación de Gary Hocking, Bob McIntyre, Phil Read y Derek Minter, peleando en inferioridad sin rendirse. Pero su referencia máxima fue Alan Shepherd, que en el Ulster Grand Prix de 1960 luchó con su vetusta AJS 350 contra la MV Agusta cuatro cilindros de John Surtees, hasta que su moto sucumbió: «La voluntad de vencer de Alan, siempre intensa, fue más fuerte que nunca y se negó a aceptar la derrota, en una maravillosa prueba de la supremacía de la mente sobre lo material».

Todo está en la cabeza. Nada es diferente de hace cuarenta o cincuenta años. En las carreras nunca se ha subestimado el poder de la voluntad, ese impulso que lleva a los pilotos a hacer cosas inimaginables. «A partir del momento en que se baja la bandera, el corredor debe ser capaz de concentrar todos sus pensamientos y actos en la pista que se extiende ante él (…). Lo que importa es ser buen observador y tener paciencia», advertía.

EL PODER DE LA MENTE

Hagamos un paréntesis. A veces la mente no es tan poderosa, y la presión externa es tan enormemente grande que dobega la voluntad, por más firme que esta pueda ser. Un caso evidente lo vimos en Carlos Cardús, en el Gran Premio de España de 1984. Cardús, que el año anterior había ganado el Campeonato de Europa de 250 con la Kobas MR1, consagrando así el trabajo de Antonio Cobas, abordaba por primera vez el Campeonato del Mundo en su integridad, empleando la nueva moto creada por el ingeniero español, la JJ-Cobas TR1. Pero en las primeras carreras no consiguió buenos resultados. La cita del Jarama era la tercera carrera de la temporada y, en un terreno que se conocía a la perfección y donde ya había podido rodar con la nueva moto, Cardús marcó la *pole position*, el mejor tiempo de los entrenamientos, por primera vez en su vida, situándose frente a un enjambre de pilotos de Yamaha: Carlos Lavado, Martin Wimmer, Christian Sarron, Alan Carter, Wayne Rainey... En las tres primeras líneas —en aquellos días las parrillas estaban formadas por líneas de 5-4-5...—, los únicos que rompían la hegemonía de Yamaha fueron Cardús con su *pole*, Jean-François Baldé (5.º con la Pernod), Sito Pons (13.º con Kobas), y Jacques Bolle (14.º con la segunda Pernod).

En la carrera, Iván Palazzese tomó el mando, pero terminó cayéndose enseguida. Cardús se puso primero y abrió un importante hueco con el pelotón, rodando a un ritmo que hacía pensar en una escapada en solitario hacia la victoria, hasta que en la novena vuelta su motor empezó a ratear, entrando en boxes: «Me ha fallado el cable de masa de la bobina. He visto que estaba suelto, el motor ha empezado a fallar y he visto que me cogían», comentó Cardús, explicando la causa de la avería.

Este episodio podría haber quedado ahí, en el segundo plano de una jornada histórica, marcada por el triunfo de Sito Pons en una remontada mágica, el primero de un piloto español en 250 desde la victoria del malogrado Santiago Herrero en Opatija, en 1970. Tiempo después terminaría por conocerse cuál fue la verdadera causa de la avería. El propio Cardús, incapaz de soportar la tensión, hecho un manojo de nervios ante la presión de ganar, tiró del cable para provocar el fallo. Ginés Girado, su mecánico de confianza, con el que trabajaba desde 1980, sabía que en ocasiones se producían fallos en el cableado, pero también conocía los puntos débiles de su piloto, y decidió poner un segundo cable que evitara tanto la avería como cualquier manipulación: «Yo había puesto un segundo cable más largo enrollado en espiral, como un cable de teléfono, con lo que por mucho que se tirara de él no se soltaría», me confesó Ginés en una ocasión. Cuando Cardús entró en el box de JJ-Cobas, todos lamentaron la fatalidad. Pero Ginés sabía la verdadera causa del fallo y no mostraba la actitud condescendiente que el resto del equipo frente a Cardús.

A Cobas, un hombre atento a los detalles, ese gesto no le pasó desapercibido, y cuando preguntó la razón de esa actitud, Girado le dijo que el cable lo había soltado el propio Cardús. Esa respuesta creó una situación de tensión entre el ingeniero y el mecánico, algo que nunca antes había sucedido y nunca más volvería a suceder. Ginés, enrabietado, arrancó la moto dentro del reducido garaje y, dando un fuerte acelerón, dejó que se estrellara contra la pared, marchándose y dejando completamente perplejo a Cobas.

La mente es muy poderosa y traicionera. Años más tarde, un Cardús mucho más centrado y sosegado fue capaz de sumar su primera victoria en 1989, y al año siguiente peleó por el título mundial hasta la última carrera, el Gran Premio de Australia. Pero perdió *in extremis*, castigado por un insignificante fallo técnico, la rotura de la varilla del cambio. Algunos quisieron ver los fantasmas del pasado en esta avería, como si de nuevo

Carlos Cardús el día que su JJ-Cobas «se rompió» en el Gran Premio de España de 1984. Al «Tiriti» le pudo la presión.

Cardús hubiera vuelto a tener miedo a ganar, como aquel día en el Jarama. Nada más lejos de la realidad. Sencillamente, un fallo de material. Una hora antes de que le sucediera a él, Stefan Prein, que llegaba a Phillip Island como líder en la categoría de 125 cc, sufría el mismo fallo. Ay, ese control de calidad...

Regresemos con Hailwood. El campeón británico tampoco restaba importancia al conocimiento y la habilidad mecánica, aunque reconocía que «con toda franqueza, yo no la poseo en el grado requerido». Añadía que «cuanto más se sepa acerca de la máquina, mejores serán las probabilidades de llegar a ser un corredor de pies a cabeza». Esta visión tan particular es la única que tiene que ver con un motociclismo de otra época, porque Hailwood reconoce que ese conocimiento técnico ayuda a sacar mejor rendimiento a la montura y permite solucionar por sí mismo problemas mecánicos. Hailwood lo contemplaba desde el sentido práctico: «Consigue una notable economía al ahorrar el dinero que, de otro modo, debería pagarse a probadores y mecánicos». Claro que él nunca se manchó los dedos de grasa al disfrutar de material oficial en la práctica totalidad de su carrera deportiva.

En su tiempo era célebre el cuadernillo que Giacomo Agostini siempre llevaba consigo. Mino, como lo llamaban los mecánicos de MV Agusta, era muy minucioso con el trabajo de puesta a punto de las motos. Gustaba de acompañar a los técnicos al banco de potencia de la fábrica, donde se sometía a prueba a todos los motores. Agostini tomaba nota de todo: su potencia máxima, el régimen máximo que alcanzaba, el rendimiento que conseguía en cada velocidad... Todo. De esta forma, cuando la telemetría y los modernos sistemas de adquisición de datos aún no se habían implantado, la metodología de trabajo de Agostini le permitía saber en qué circuito resultaría más efectivo un motor u otro. Junto a toda esa información, Mino anotaba Nürburgring, Monza o TT, dependiendo del rendimiento de cada propulsor. Hailwood no era tan metódico. Su talento le permitía adaptarse a cualquier tipo de motor para sacarle el máximo rendimiento, ya fuera un motor de «dos tiempos, como la MZ, o de «cuatro tiempos», ya fuera una Norton monocilíndrica, una MV Agusta de cuatro cilindros, o la mítica Honda RC166, de seis cilindros en línea.

Después de pensar en lo material y en lo mental, no deja de lado el aspecto físico. «Es esencial perfeccionar la resistencia y el vigor físico», decía. Una cuestión muy a tener en cuenta en su etapa de piloto, en la que hacía frente a carreras de mucha mayor duración que las actuales. Eran célebres las seis vueltas al Mountain Course del Tourist Trophy en el Senior TT: 364 km de distancia, lo mismo que la suma de tres carreras de MotoGP. Pero, en otras pistas, las carreras también tenían una larga duración. En 1967, la carrera de 500 en Hockenheim tuvo 203 km de recorrido; en Spa, 211; en Sachsenring, 172; en el Ulster, 178; en Brno, 181; en Monza, 201... La más corta fue la de Imatra, 138 km, bastantes más que en MotoGP.

Hailwood defendía la gimnasia como una forma de ganar vigor: «Mantiene la flexibilidad del cuerpo sin desarrollar excesivamente la musculatura y contribuye a forjar la resistencia (...). Mejora el equilibrio y los reflejos. Gran parte de lo que uno hace durante una carrera debe ser totalmente instintivo».

En sus días de piloto en el Mundial, la vida de los pilotos era más relajada y distendida de lo que es ahora. Después de los entrenamientos siempre había tiempo para tomar una cerveza (o dos) y compartir un rato con tus rivales. Lo de comer carne cruda y dormir sobre una tabla no iba con él ni con los de su generación que, quizás sabiendo el riesgo al que se exponían, de una forma instintiva gustaban de celebrar la vida: «Es perjudicial acostarse temprano sin estar cansado, solo para no poder conciliar el sueño. Todo lo que se consigue es pensar una y otra vez en la carrera del día siguiente y llegar al extremo de no poder pegar ojo. Por lo tanto, es mejor acostarse cuando el cuerpo empieza a exigirlo, y no antes».

Y Hailwood y los de su generación aplicaban con rigor ese criterio, sabiendo disfrutar del ambiente abierto y jovial de los *paddocks* en su época, algo que resultaría imposible en la actualidad. Aunque hay que reconocer que entre las consecuencias positivas de la pandemia sobre la aldea de MotoGP destaca el descenso de visitantes al *paddock*, lo que permite a los pilotos moverse de forma más relajada entre las carpas y los *hospitalities,* sin el acoso insistente de los cazadores de selfis.

LAS COSAS MÁS RARAS DE LAS CARRERAS

Las carreras no son una ciencia exacta. Pasan cosas de lo más imprevisto y se requiere una estricta regulación, pero aun así, en ocasiones suceden cosas extrañas, algunas accidentales, otras propias de la picaresca. La historia del campeonato también está repleta de acciones inexplicables y respuestas insólitas. Una de las primeras de gran trascendencia que se tomó por parte de la comisión deportiva (CSI) de la Federación Internacional de Motociclismo (FIM), fue la suspensión por ocho meses a Tommy Wood en 1951, por conducta antideportiva. Durante décadas, fue la sanción más dura dictada por la FIM, y todavía hoy resulta difícil de entender.

Estamos en el último Gran Premio del año, en Monza, donde Wood y Bruno Ruffo, compañeros en Moto Guzzi, se juegan el título de 250. Lo cierto es que la marca de Mandello del Lario acapara la categoría: tiene ocho motos entre las diez primeras de la clasificación general. En Monza, Wood lidera con autoridad por delante de Enrico Lorenzetti y Ruffo. En la última vuelta, Wood ralentiza su ritmo creyendo que Ruffo se ha parado —rodaba a minuto y medio de él— y deja pasar a Lorenzetti, que gana la carrera. Wood es segundo y Ruffo tercero, haciéndose con el título.

Inexplicablemente, aquello se consideró una conducta antideportiva, por considerar que respondía a órdenes de equipo, y el CSI (la corte deportiva internacional) impuso una sanción de ocho meses sin licencia a Wood. Visto con la perspectiva del tiempo es, sin duda, una barbaridad. Wood ya no pudo correr en 1952, y cuando volvió al Mundial en 1953 ya no fue el mismo, dejando las carreras al concluir la temporada 1954. Comparada con la sanción que recibieron en 1956 los pilotos que secundaron el boicot masivo a la carrera de 350 en 1955 en Assen, que fue infinitamente más grave, el pobre de Wood sirvió de escarnio durante años, porque el boicot de Assen concluyó con una docena de pilotos sancionados con seis meses de suspensión, y otros con cuatro meses de sanción.

En ocasiones, los pilotos y sus equipos llevaban hasta el límite la reglamentación para cobrar una mínima ventaja. Nadie decide hacer trampas expresamente, pero a veces las pequeñas triquiñuelas marcan la diferencia. El diablo está en los detalles. En el convulso Gran Premio de Holanda de 1955, la carrera de 250 también estuvo envuelta en la polémica. Inicialmente la victoria fue para Bill Lomas, que impuso su MV Agusta por apenas ocho décimas de segundo sobre su compañero Luigi Taveri, dejando más atrás a Umberto Masetti y Hermann Paul Müller. El alemán era contendiente por el título contra Lomas. Al detenerse a repostar, Lomas no apagó el motor de su MV como exigía el reglamento, un hecho que señalaron los comisarios deportivos holandeses, pero se le dio como ganador. A final de temporada, Lomas se proclamó campeón de 250 y de 350.

Sin embargo, NSU, el equipo de Müller, recurrió la decisión y, en el Congreso de la FIM de otoño, Lomas fue desclasificado de la carrera de Holanda, perdiendo unos valiosos puntos que acabaron otorgando el título a Müller. De haber parado el motor y vuelto a arrancar, Lomas habría perdido la victoria en Assen, pero habría ganado el título.

El catálogo de sanciones por cometer irregularidades es de lo más variado. Va desde la desclasificación de Umberto Masetti en el Gran Premio de Holanda de 1949 —otro piloto le prestó un muelle de válvula en el *pit lane*—, a la descalificación de Ken Kavanagh en Monza en 1953 por ¡cambiar de bujía en la parrilla! A Rodney Gould lo descalificaron en el Tourist Trophy de 1969 por no seguir el trazado del circuito tras quedarse sin gasolina y empujar su moto hasta boxes. A Paolo Pileri le sacaron bandera negra en Spa en 1977 por no hacer la vuelta de calentamiento. Ricardo Tormo y Hugo Vignetti llegaron tarde a la parrilla en Salzburgring 1983 y fueron desclasificados, mientras que a Ángel Nieto, que retrasó la salida para que pudieran tomar parte en la carrera, se le impuso una multa económica. No podemos decir que ellos hicieran trampas. Bueno, alguna más grande que otra, pero tampoco se manipuló maliciosamente el motor para sacar ventaja. Y a quien lo intentó, lo acabaron pillando.

A Frederick Launchbury, que había sido tercero en 125 en el Tourist Trophy de 1969, lo descalificaron tras la verificación técnica porque los comisarios descubrieron que el motor de su

Bultaco TSS cubicaba 126,2 cc, y excedía el límite de cilindrada. No cabe duda de que cometió un error de medida en la preparación. Al año siguiente, con la misma moto, Launchbury logró una meritoria quinta posición.

Lo sucedido en el GP de Yugoslavia de 1974 sí que resultó escandaloso. Hay que poner en contexto la situación. Opatija era una pista que se desarrollaba siguiendo el curso de una carretera. Constaba de una sección de curvas enlazadas, rapidísimas, encajonada entre el acantilado y el mar. Después giraba en un cerrado ángulo a la derecha y se enfilaba montaña arriba en una larga recta, que posteriormente descendía hasta otro ángulo tan angosto como el primero, que iba a dar al tramo enlazado inicial.

Otello Buscherini, con su Malanca 125, lideraba por delante de Kent Andersson. El sueco comprobó una y otra vez cómo el piloto italiano iba enlazando marchas desde primera en la larga subida: segunda, tercera, cuarta, quinta, sexta… ¡¡¡séptima!!! Así una vuelta tras otra. Hay que recordar que,

La Malanca de Otello Buscherini fue descalificada en Yugoslavia por emplear una caja de cambios ilegal, una irregularidad descubierta por el oído de Kent Andersson.

desde 1970, las cajas de cambio solo podían tener seis velocidades. Cuando acabó la carrera con la victoria de Buscherini, Andersson reclamó.

Se abrió la caja de cambios y, efectivamente, tenía siete velocidades. En aquellos tiempos de mecánica artesana, en los que se aprovechaba todo, fuera cual fuera su procedencia, el equipo alegó que usaban un antiguo cambio de siete velocidades procedente de una Suzuki 125, que contaba con un elemento que bloqueaba un determinado engranaje dependiendo del circuito en el que se encontraran, para así actuar como un cambio de seis velocidades. Pero la pieza se estropeó y el cambio pasó a ser de siete marchas. Buscherini ponía y quitaba marchas como si no hubiera un mañana, ignorando, según él, que estaba empleando siete velocidades. Pero la FIM no admitió la alegación y fue desclasificado.

Pero quizás el momento más engorroso debió de vivirse en Spa, en 1973. El piloto local Oronzo Memola —no es broma, se llamaba así— se hizo con la tercera posición en la carrera de 250 tras una intensa pugna con Paolo Pileri. Los dos corrían con Yamaha TZ. Pero el italiano no quedó satisfecho con el resultado porque sospechaba que Memola corría con una 350, que exteriormente era idéntica a la «dos y medio». La única forma de verificar si realmente se trataba de una 250 era abriendo el motor, por lo que presentó una reclamación contra el belga. Memola, cuyo tercer puesto iba a ser el mejor resultado de su carrera deportiva, se mostró tan indignado con Pileri que se negó a que los comisarios abrieran su motor, aplicando aquel dicho marinero de «más vale honra sin barco que barco sin honra», por lo que fue desclasificado y perdió el único podio mundialista de su carrera deportiva.

A veces, los pilotos le ponían un poco de picaresca al asunto. La vida de los pilotos privados era tan dura, que entre ellos se hermanaban de forma solidaria para sacar de apuros a cualquiera. Entre Tom Herron y Jon Ekerold hubo una vinculación muy especial. Dos hombres de carácter humilde y emprendedor, aguerridos competidores pero nobles y fieles como ningún otro hombre sobre la tierra. El irlandés Herron disfrutaba de su momento dulce en 1979, cuando era compañero de Barry

Sheene en el equipo oficial Suzuki Heron en el Mundial de 500, mientras que Ekerold seguía siendo un piloto privado que iba ganándose la vida carrera a carrera.

El Jarama era la quinta prueba del año. Ekerold llegaba con una fractura de clavícula sufrida una semana antes en Imola. No tenía claro si podría correr, y los dolores apenas le permitían sujetarse sobre la moto. La nueva situación de Herron apenas le permitía disponer de tiempo para su amigo, pero cuando comprobó el estado de Ekerold, mientras este se encontraba bajo el cuidado del doctor Costa, en la *Clinica Mobile,* el hospital ambulante que se había unido a la *troupe* de pilotos de circuito en circuito, Herron acudió a escondidas a la caravana de Ekerold, y allí se enfundó el mono y el casco del sudafricano, cogió su moto y realizó la sesión de entrenamientos, consiguiendo clasificarlo para la carrera de 350, permitiendo que así pudiera ingresar la prima de salida, una cantidad de dinero que los pilotos cobraban por el solo hecho de tomar la salida. De otra manera, Ekerold habría sido incapaz de clasificarse, y estaba más que resignado a ser un espectador.

Herron no pudo correr en el Jarama porque después, en su sesión clasificatoria de 500, se cayó en los entrenamientos y se rompió el dedo pulgar de la mano derecha. Una semana después perdía la vida en la última vuelta del North West 200, cuando luchaba por la victoria, dejando tras de sí una huella de generosidad imborrable.

GENTE DE EDAD

Dicen que el que monta en moto no envejece. Estoy completamente de acuerdo, no hay actividad más sana. Tiene sus riesgos, es cierto, pero si sabes emplear el sentido común, todo fluye, sin que tengas que renunciar al placer de montar en moto. Con las carreras pasa algo parecido. Lógicamente, los pilotos se exponen a ciertos riesgos, mucho mayores en el pasado que en la actualidad. Pero algo tiene de adictivo el mundo de la moto y el mundo de las carreras que hace que cueste tanto dejar de competir. Algunos pilotos han alargado su carrera profesional muy por encima de la media de otros deportistas de élite, y eso no resulta sencillo en estos tiempos donde el profesionalismo, con su elevado nivel de exigencia, se ha apoderado de todas las especialidades.

Un caso reciente lo tuvimos en la figura del mítico Valentino Rossi, retirado de las carreras cuando apenas le quedaban tres meses para cumplir 43 años. Ya no se ve gente de tanta edad en los Grandes Premios. Rossi, que llegó al campeonato siendo un niño, ha estirado su carrera deportiva en el Mundial a los largo de 26 años, lo que supone más de un tercio de la historia del Campeonato del Mundo. Nadie ha aguantado tanto tiempo en los Grandes Premios como piloto —Rolf Biland llegó a estar 24 temporadas a los mandos de su sidecar—, y lo que resulta verdaderamente excepcional es hacerlo en estos momentos, cuando MotoGP y todo el deporte profesional tiene una exigencia tan elevada desde muy temprana edad, que hace casi imposible que un deportista prolongue su carrera profesional al máximo nivel por encima de los 35 años.

Ahora nos asombra que un piloto de 41 años suba al podio de un Gran Premio, como hizo él en 2020, en Jerez, y que siguiera peleando por hacerlo en más carreras, o que se cayera queriendo no perder el ritmo de los primeros en un intenso arranque de carrera. No es habitual que a cierta edad uno siga enfundándose el mono con la misma determinación de siempre. Es cosa de otro tiempo. Encontrarse con gente de cierta edad en las carreras fue de lo más habitual en las primeras décadas del campeonato, especialmente durante los años cincuenta. Tiene fácil explicación. Muchos pilotos vieron interrumpida su carrera deportiva por culpa de la II Guerra Mundial, como Leslie Graham, el primer campeón del mundo de 500, que se incorporó a la RAF como piloto de combate y acabada la contienda volvió a correr, ganando el título de 500 en 1949 a los 38 años, y siguió ganando carreras en 350 y 500 en los años siguientes, hasta encontrar la muerte en el Senior TT de 1953.

Graham, como Freddie Frith, el primer campeón del mundo de 350, que había sido campeón del Gran Premio de Europa de 350 en 1936, o Nello Pagani, campeón del mundo de 125 en 1949, fueron pilotos de renombre ya antes de la II Guerra Mundial, y obtuvieron la recompensa de una merecida gloria en su madurez. En la lista de los campeones del mundo más veteranos, Hermann Paul Müller se lleva el primer premio, porque este alemán, que antes de la II Guerra Mundial había sido piloto oficial de DKW, con algunos resultados notables antes de pasarse al automovilismo, regresó a las motos en 1952, cumplidos los 42 años, y se proclamó campeón del mundo de 250 a los 45 años de edad, en 1955, con NSU. Ese mismo año había logrado su primera y única victoria en un Gran Premio en Nürburgring, estableciendo la marca más longeva: 45 años y 217 días. Esto sí que es estirar una carrera deportiva.

Nuestro Fernando Aranda fue otro talento perdido por culpa de las guerras, aunque lo suyo fue aún más complicado. Tras ser subcampeón del Gran Premio de Europa en 500 en 1932 (con 22 años), su progresión deportiva fue constante, pero en 1934 sufrió una gravísima lesión en Sachsenring. Estuvo a punto de perder la vida y permaneció ocho meses hospitalizado en una clínica de Chemnitz. Su lenta recuperación se topó con la Guerra Civil. No volvió a subirse a una moto hasta 1944, participando en las pobres competiciones españolas de la época. En 1950, Aranda fue campeón de España de 250 con una Moto Guzzi, y cuando el Mundial paró en Montjuïc por primera vez en 1951, no faltó a la cita, consiguiendo el cuarto puesto en 350. Con 42 años se despidió por todo lo alto en 1952, corriendo con una Gilera 500 oficial, con la que logró una más que brillante octava posición.

Porque en otro tiempo sí que fue bastante frecuente que los pilotos extendieran su carrera deportiva hasta casi los 40 años, e incluso bastante más allá. Pero todo tiene su explicación, porque muchos comenzaron a correr pasados los veinte años o más, no como sucede ahora, que hay tantos campeonatos de promoción y fórmulas para pilotos jóvenes, que estos pueden empezar a competir a los seis años de edad. Ahora la edad máxima de participación en un Gran Premio es 50 años, y no hay que remontarse hasta la década de los años cincuenta del pasado siglo para encontrar casos. En estos últimos 35 años, el único que se ha acercado a esa cifra fue el suizo Bruno Kneübuhler, que disputó su último Gran Premio de 500 en 1989, cuando le quedaban unas pocas semanas para cumplir los 43 años.

El mítico Jack Findlay se retiró en 1978 con 43 años cumplidos, tras dos décadas continuadas en el campeonato. «Mi primer Gran Premio fue en Nürburgring, en 500, en 1958. Acabé 18.º. Mi última carrera fue también en Nürburgring, en 500, en 1978. Acabé 18.º. Después de veinte años en el Mundial no había aprendido nada de nada…», comentó con un humor extraordinario este australiano afincado en Francia, que supo ganarse el respeto y el cariño de todos.

Pero quien se lleva la palma en cuanto a la edad es Frank Cope, el piloto de más edad que ha disputado un Gran Premio. Tenía ya 62 años cuando una tibia mañana de junio de 1958 se alineó en la línea salida del Clypse Course de la isla de Man, para disputar la carrera de 125 con una MV Agusta. Se vio forzado a abandonar en la sexta vuelta.

Cope era un hombre del siglo XIX, y tuvo un estreno tardío por las grandes competiciones porque, hasta los 52 años, no pudo ir a la isla de Man. De joven, tras la I Guerra Mundial, había tomado parte en algunas competiciones con una Indian, y llegó a ser piloto de New Imperial y Velocette, hasta que una caída de caballo durante una cacería le provocó una seria lesión que requirió de una larga hospitalización. Pasaron años hasta que volvió a subirse a una moto, después llegó otra guerra… y en 1948 se animó a participar en las carreras para aficionados de la isla de Man, el Clubmans TT y el Manx Grand Prix, especializándose sobre todo en las categorías ligeras, 125 y 250, además de 350, y se convirtió en un habitual del Tourist Trophy y el Ulster Grand Prix, donde logró su mejor resultado: quinto en la carrera de 125 de 1956.

No volvió a correr en el Tourist Trophy después de 1958, pero no dejó las carreras, y siguió compitiendo allí donde tenía oportunidad, preferentemente en trazados naturales. Eso le llevó a tomar parte en el Tourist Trophy de Sudáfrica, en Pietermaritzburgo, en 1972, una carrera clásica del calendario en el verano austral sudafricano. Allí tuvo una grave caída el 23 de enero que lo dejó en coma durante meses. Falleció el 30 de octubre, a los 76 años.

Y hablando de longevidad, Arthur Wheeler se lleva la palma. Era ya un ilustre veterano de las carreras cuando se impuso en el Gran Premio de Argentina de 1962 con una vetusta Moto Guzzi 250. Fue una carrera diezmada por las ausencias, en la que tomaron parte solo ocho pilotos, pero resultó perfectamente válida porque cumplió los requisitos mínimos de inscripción. Wheeler tenía 46 años y 70 días. Ningún otro piloto ha sido capaz de ganar un Gran Premio a una edad tan avanzada.

Por su parte, Fergus Anderson tenía 44 años y 237 días cuando sumó en Montjuïc su última victoria en 500, en 1953. Un año después dejó las carreras, al conseguir, a la edad de 45 años y 217 días, su segundo título mundial en 350, lo que le convertía en el campeón de mayor edad de la historia. En 1956 volvió a la competición a la edad de 47 años para colaborar con BMW en el desarrollo de su nueva Rennsport 500, pero falleció en un accidente en la carrera internacional de Floreffe (Bélgica), en su segunda salida con la moto alemana.

LOCOS DE REMATE

Hay que confesar que el mundo de las carreras también ha sido un escenario en el que han aparecido tipos de lo más curioso, que al peculiar perfil del piloto de moto unían otras características únicas. A veces todo se reducía a extrañas costumbres o manías, una especie de liturgia antes de la competición, como la manía que tenía Ángel Nieto de arrastrar su mono por el suelo, porque no le gustaba estrenarlo montando en moto; o emplear una ropa interior de un color determinado en función de si es una sesión de entrenamiento o una carrera, como hace Marc Márquez; o echarse un pitillo antes de salir, llegando a practicar un agujero en la mentonera del casco, como hacía Barry Sheene, para poder dar unas últimas caladas en la propia parrilla; o llevar camisa y corbata bajo el mono, como Marco Lucchinelli...

Claro que, sobre aditamentos extraños bajo el casco, quien se llevaba la palma era Cristiano Migliorati, piloto privado del Mundial de 500, que era todo un personaje. No era raro verle con la ropa interior de su mujer bajo el casco… Cuando lo hacía, tocaba carrera estratégica. Situaba a su esposa en una curva determinada de la pista, la más próxima al asfalto, y le marcaba unas directrices concretas: «Si yo llego delante de un grupo, tú tranquila, no hagas nada; pero si ves que hay otro piloto rodando por delante de mí, te levantas la falda», indicaba Migliorati a su santa. Obviamente, carecía de ropa interior porque Walter la llevaba puesta. El objetivo era desconcentrar a sus rivales.

Las prácticas carnales de los Migliorati eran la comidilla del *paddock*. Imaginativos hasta extremos impensables, en una ocasión Migliorati quiso realizar un juego sexual con su mujer. Se apañó un ataúd y quiso simular necrofilia, ejerciendo ella de supuesto cadáver. Lógicamente, la señora no pudo inhibirse a los empellones de su marido, se movía y gemía, que para eso

El excéntrico Walter Migliorati (izquierda) intercambia comentarios con el suizo Philippe Coulon.

estaba viva y muy viva. Migliorati esperaba un cuerpo inerte y se enfadó, soltando dos bofetones a su mujer, al tiempo que le espetaba: «*Se sei morto, fai morto!*» («¡Si estás muerta, hazte la muerta!»). Para Migliorati se acabaron sus días en las carreras cuando le detuvieron por tráfico de cocaína...

La sexualidad estaba latente en los *paddocks* de las carreras, y lo sigue estando aunque de diferente manera. Los pilotos siempre han sido fogosos, sin importar la edad. Que se lo digan a Taru Rinne. En una de sus primeras carreras tuvo de vecino de *paddock* a Nani González de Nicolás, uno de esos pilotos del Madrid más cheli que, durante los años setenta y ochenta, llegaron al Mundial siguiendo la estela de Ángel Nieto. Fue una generación en la que todos se conocían por su apelativo: el Pollero (Nieto), el Cigüeño (Paco Martín), el Nani (González de Nicolás), el Trompa (Carlos de San Antonio), el Marce (Marcelino García), el Toni (Toni García), el Profe (Andrés Pérez Rubio), el Pupi (Carlos Morante)... Todos más chulos y castizos que un ocho.

Así que la jovencita Rinne, en su primera campaña fuera de la península escandinava se tuvo que pasar un fin de semana con el Nani asomado permanentemente desde la ventana de su camión-vivienda, soltándole piropos y requiebros... En la siguiente carrera estuvo mucho más atenta a la hora de aparcar su caravana.

Hágalo usted mismo

Durante mucho tiempo, el mundo de las carreras se llenó de tipos ingeniosos que, con mayor o menor éxito, con más o menos medios, fueron capaces de construir una moto de competición para medirse al más alto nivel, incluso contra las fábricas y las escuderías más potentes de la historia del Campeonato del Mundo. Durante buena parte de los años setenta del pasado siglo, los Grandes Premios fueron el escenario de un despliegue tecnológico alternativo que, en ocasiones, era digno de aparecer entre los inventos del profesor Franz de Copenhague, aquella mítica sección del *TBO* —sí, querido lector, el que esto firma ya tiene cierta edad— en la que aparecían los aparatos más inverosímiles y absurdos que uno pudiera llegar a imaginarse. ¿O acaso no rozaba la locura desarrollar una moto de 500 de Gran Premio a partir de un motor fueraborda?

Entre 1968 y 1972 MV Agusta no tuvo rival en el campeonato. Cuando Honda —que en 1966 y 1967 plantó cara al fabricante italiano en el Mundial de 500— anunció su retirada del campeonato en febrero de 1968, MV Agusta volvió a disfrutar de la soledad del éxito, un éxito que disfrutó ininterrumpidamente entre 1958 y 1974. Honda supuso un breve paréntesis, un tiempo emocionante antes de regresar a la gloriosa soledad, un periodo en que se anotó la victoria en 52 de las 57 carreras de 500 disputadas —con 49 victorias de Giacomo Agostini—, y por supuesto conquistó todos los títulos en juego. Y si no ganó todas las carreras fue porque no acudió a esas cinco citas que no pudo ganar: en Imola y Opatija en 1969, Ulster y Jarama en 1971, y Montjuïc en 1972. Cuando sucedía algo así, para los pequeños fabricantes y los pilotos privados era una fiesta, una oportunidad única para intentar robar a MV Agusta una victoria.

Así fue como Alberto Pagani y Linto ganaron en Imola el Gran Premio de las Naciones, y Godfrey Nash y Norton —la última victoria de un fabricante británico en la historia del Mundial— en el GP de Yugoslavia en 1969. La ausencia de las MV Agusta en la cita italiana del campeonato fue la respuesta del conde Agusta al hecho de que esa temporada el gran premio italiano no se realizara en Monza, como venía sucediendo desde 1924. En el UIster Grand Prix de 1971, Jack Findlay ganó con una Seeley Suzuki con motor TR500, la primera victoria de un motor de «dos tiempos» en la categoría, y semanas después, en el Jarama, Dave Simmonds impuso su Kawasaki H1-R, otro «dos tiempos» procedente de la serie. El quinto triunfo modesto, en Montjuïc 1972, se lo anotó Chas Mortimer con otra «dos tiempos», en este caso con una Yamaha TR3, una moto de la categoría de 350, subida de cilindrada a 351 cc para que así pudiera competir en la clase superior.

Durante esos años los motores Kawasaki H1 y Suzuki TR500, así como los venerables Matchless G50, eran la base preferida de los privados, sobre multitud de bastidores de la más variada procedencia, aunque Paton también llegó a producir motores para diferentes chasis.

Los chasis Seeley eran muy populares, y solían alojar el motor de Suzuki, pero también había otros bastidores como los Arter, Coleman, Hannah, Padgett, etc., e incluso los Metisse, que eran habituales para motores Matchless. Pero, en general, los fabricantes de chasis se las apañaban para que tan pronto pudieran acoger un motor como otro. También había preparaciones muy específicas, como la Jada, una moto fabricada por el propio Findlay en colaboración con el fabricante de chasis Daniele Fontana —de ahí el nombre: Jack Daniele—, con motor Suzuki TR500 , o la SMAC de Eric Offenstadt, con base Kawasaki H1.

Pero en 1973 uno de esos pequeños fabricantes adquirirá un protagonismo excepcional: König. En manos del neozelandés Kim Newcombe, la König 500 llegará a liderar el Mundial, poniendo en aprietos a la todopoderosa MV Agusta. Hay que reconocer que la temporada 1973 fue especialmente convulsa. Primero por la irrupción del equipo oficial Yamaha con su nueva 500 cuatro cilindros refrigerada por agua. Después, por la guerra interna en MV Agusta entre Phil Read y Giacomo Agostini, y su disputa con Yamaha, que obligó a la marca italiana a una renovación técnica constante a lo largo del año, con inevitables altibajos. Y no podemos olvidar la tragedia de Monza, donde perdieron la vida Jarno Saarinen y Renzo Pasolini, dando paso a la retirada provisional de Yamaha para el resto de la temporada. Y además, en esa temporada se inició el boicot al Tourist Trophy, en el que tomaron parte prácticamente todos los mundialistas, haciendo que el Tourist Trophy se convirtiera en un festival británico e irlandés.

Estos condicionantes no han de restar mérito a König, pero hay que reconocer que 1973 no fue un año normal. En cualquier caso, König materializó y tuvo a su alcance el sueño de cualquier fabricante, disputar el título en la máxima categoría. La competición no es una ciencia exacta, pero se le parece y, por lo general, 1 + 1 es igual a 2, y en este caso le salieron las cuentas a MV Agusta, aunque König estuvo muy cerca de marcar un hito en la historia.

Dieter König decidió construir motores para motos y sidecares a finales de los años sesenta. Se había labrado buena fama como preparador de motores fueraborda, y sobre el mismo concepto, un motor boxer de cuatro cilindros refrigerado por agua de «dos tiempos», decidió construir una moto. El primer prototipo se completó a base de «retales». La caja de cambios y el embrague procedían de una Norton Manx. El caso es que el invento funcionaba: tenía 68 CV y el motor tenía una banda de potencia aprovechable entre 7.000 y 9.000 rpm. Rolf Braun fue undécimo en el GP de Alemania de 1969.

Al año siguiente König se lanzó en serio al Mundial, con el australiano John Dodds como piloto y Kim Newcombe como ingeniero de desarrollo. El neozelandés Newcombe cumplía una doble faceta, muy habitual por entonces, ya que además de sus conocimientos técnicos contaba con dotes de piloto. El trabajo de evolución fue notable, aunque los resultados no pasaron de una décima posición en Hockenheim en 1971. Dodds, que ya tenía notables resultados en 250 y terminaría siendo uno de los destacados en las categorías intermedias y los primeros años de 750, se concentró en estas clases con la seguridad que aportaban los modelos TZ de Yamaha, así que, al finalizar 1972, Dodds dejó el equipo y Newcombe pasó a pilotar la König, junto con el alemán Ernst Hiller.

Para entonces, el prototipo había sido sometido a una profunda revisión: nuevo cigüeñal, transmisión modificada, cambio y embrague procedentes de otro suministrador... El motor ofrecía unos buenos 75 CV, una cifra más que respetable teniendo en cuenta que el motor tricilíndrico de la MV Agusta llegaba a los 83 CV. La parte ciclo no se descuidaba: horquilla Ceriani, amortiguadores Girling, y frenos Fontana. Lo mejor de lo mejor entre la industria auxiliar europea.

En 1972 llegan, por fin, los resultados. En Hockenheim, la carrera inaugural, Newcombe es tercero y Hiller quinto. Por delante del neozelandés quedaron las MV oficiales de Agostini y Pagani. Los resultados fueron llegando con altibajos: en Opatija, Paul Eickelberg, recién incorporado, suma otro tercer puesto, y tanto el piloto alemán como Newcombe conseguirán otros resultados

Kim Newcombe elevó a König a un nivel excepcional, pero desgraciadamente el piloto neozelandés no pudo ver culminada su progresión.

entre los diez primeros. A su buen hacer en el Mundial se sumaron algunas victorias internacionales de prestigio, como Chimay (Bélgica), o la notable carrera de Hengelo, en Holanda, con una inscripción digna de un Gran Premio, que König también ganaría en 1973, esta vez con Reinhard Hiller.

Al tiempo que desarrollaba la 500, König empezó a trabajar en una versión para sidecares, que tendría notable éxito. El dominio de BMW en la categoría estaba llegando a su fin y la entrada en escena de König adelantó su decadencia. Además de realizar un motor 500 para el Mundial, desarrolló una versión de 680 cc, que en la categoría 750 del Tourist Trophy llegó a establecer un récord de velocidad: 217,6 km/h.

Pero el centro de atención de la actividad fue la categoría de 500, que comenzó con excelentes resultados. Yamaha estrenó su OW20 refrigerada por agua con victoria en Paul Ricard, donde Saarinen aventajó a Read en dieciséis segundos, este ya sobre la nueva MV Agusta 500-4 de 430 cc. Newcombe fue quinto. Y en la siguiente carrera, Salzburgring, acompañó en el podio a Saarinen y Kanaya con sus Yamaha oficiales. En Hockenheim, Newcombe no pudo acabar, pero König colocó tres motos entre las ocho primeras de la carrera: Ernst Hiller fue tercero, Reinhard Hiller sexto, y Udo Kochanski octavo.

Después llegó Monza. La muerte de Saarinen hizo que Yamaha retirara su equipo del Mundial, y la siguiente cita fue el Tourist Trophy, que sufría por primera vez un boicot masivo de los principales pilotos, salvo Jack Findlay y los sidecaristas.

Fueron semanas de incertidumbre. En plena lucha interna en MV Agusta entre Read y Agostini, quien por fin recibía la 500-4 tras haber empezado la temporada con la tres cilindros, el equipo italiano renuncia a correr en Opatija. Esa ausencia fue celebrada por toda la parrilla de 500, y en especial por König y Newcombe, que se anotaron su primera y única victoria, ante Steve Ellis y Gianfranco Bonera, lo que les convertía además en los sorprendentes líderes del Mundial de 500. No cabe duda de que se habían visto beneficiados por las circunstancias pero, en las siguientes carreras, Newcombe demostró su calidad. Para entonces, la MV 500-4 ya había crecido de cilindrada hasta los 470 cc, y al final de año llegaría hasta los 496 cc, con una potencia que oscilaba entre los 92 y los 98 CV. La König rendía por encima de los 80 CV. En Assen, Read se impuso a Newcombe, pero el neozelandés mantuvo el liderato del campeonato. Una semana después, en Spa, Agostini se imponía a Read, y Newcombe era cuarto, con lo que Read pasaba a ser líder del campeonato por solo dos puntos de ventaja.

Después, las cosas se complicaron. Una rotura en Brno allanó el camino a Read, a pesar de la oposición de Agostini, que ganó la carrera checa. Quedaban tres carreras y, si Read ganaba la siguiente, Anderstorp, sería campeón. A pesar de los pesares, Agostini cedió ante Read en Suecia, el inglés ganó y se convirtió en campeón. Newcombe fue tercero en el podio de Anderstorp, pero mantenerse ahí era todo un éxito.

Una semana después, el 29 de julio, en Imatra, Agostini y Read siguieron a la gresca, y «Mino» se impuso a su compañero. Newcombe fue cuarto, por delante de sus compañeros Eickelberg y Hiller, un resultado que consolidaba las aspiraciones de Newcombe al subcampeonato, que defendía con uñas y dientes frente a la espectacular recuperación de Agostini, que no puntuó en las seis primeras carreras, pero que logró ganar tres de las cuatro siguientes. El desenlace sería el 23 de septiembre en el Jarama.

Sin embargo, Newcombe falleció el 14 de agosto, días después de sufrir un accidente en Silverstone, durante una carrera internacional. En los primeros días de septiembre, Agostini se lesionó en Monza probando la nueva MV 500, y no pudo acudir a la última carrera, en el Jarama. Newcombe se aseguró de forma póstuma el subcampeonato. König no volvió a luchar por el podio en 500. Estuvo en la parrilla de las carreras de Alemania y Austria las dos siguientes temporadas, pero abandonó la categoría después de 1975. Se centró en sidecares, donde ya en 1973 había logrado el subcampeonato del mundo con Werner Schwärzel, quien enlazaría cuatro subcampeonatos consecutivos de 1973 a 1976. El éxito sonrió a König gracias a Rolf Steinhausen, que ganó el título en 1975 y 1976, con un motor preparado por Dieter Busch, que con anterioridad se había encargado de la preparación de los motores BMW de Klaus Enders.

Durante el periodo 1974-1976, los motores König ganaron doce carreras frente a las cinco de BMW y las cuatro de Yamaha. La irrupción de los motores Yamaha cuatro en línea, mayoritarios entre los sides, dejó a König en una posición muy discreta a partir de 1977, hasta desaparecer después de 1979.

EL PADRE

«La moto que llevas, las carreras que sigues con emoción, las revistas que lees. Nada sería como lo ves si no hubiera contado con la gran aportación del genio que ahora ha desaparecido. La tremenda influencia de Antonio Cobas marcó el cambio de época del motociclismo español y mundial hacia una nueva era, basada en la innovación, el análisis técnico y la aplicación de la informática, de la que todos somos beneficiarios». Así comenzaba el artículo titulado «Adiós, padre», que César Agüí firmaba en la revista *La Moto* de junio de 2004, como homenaje al recientemente fallecido Antonio Cobas. Desgraciadamente, solo unas semanas después de escribir tan profundas e íntimas reflexiones, nuestro querido amigo César falleció en un accidente de tráfico. Aquel homenaje, firmado por uno de los periodistas más prestigiosos y reconocidos de la profesión, ponía de manifiesto la importancia que Cobas tuvo no solo en el mundo de las carreras, sino también en la historia del motociclismo.

No resultan exageradas las palabras de César, escritas hace ya más de dieciocho años. Si echas un vistazo a cualquier moto contemporánea, verás en ella la huella de Antonio Cobas. En todas y cada una de sus motos está Antonio, cuyo diseño de chasis marcó un antes y un después en la historia del motociclismo. Los inicios de Antonio Cobas en el mundo del motor están ligados al automovilismo. Siendo estudiante de ingeniería en la Escuela de Ingenieros Industriales de la Universidad Politécnica de Barcelona, en 1974 fundó TEDER, una ingeniería dedicada al automovilismo, y además puso en marcha la empresa TCP, junto a Juan Torres y Eduardo Puigalí, dedicada al desarrollo de carrocerías de fibra. Trabajó en los Fórmula SEAT

1430 y 1800, y desarrollando con TCP carrocerías para mono-plazas, actuando como ingeniero de chasis y aerodinámica.

En aquellos momentos las motos no entraban en sus planes, pero un día quiso construir una moto. Entonces en España no había fabricantes de motos de esa categoría, y las únicas compañías involucradas en motos de competición, Derbi y Bultaco, se centraban en las categorías inferiores, 50 y 125 cc, habituales caladeros de los pilotos españoles en el Mundial. Pero Cobas estaba convencido de que se podía hacer una moto para la categoría de 250. Fue en 1978. Su proyecto concebía una 250 de Gran Premio que rompiera con todo lo conocido hasta ese momento. Aquella moto fue la Siroko: una moto con bastidor multitubular y suspensión cantilever. El motor empleado fue el de una Yamaha TZ de su amigo Pere Xammar, habitual del Campeonato de España, un piloto rápido y excelente probador.

Cobas puso metodología y técnica, además de talento. La Siroko estuvo en condiciones de correr en 1979, y tras un concienzudo trabajo se muestra competitiva en el cierre de la temporada. Xammar es tercero en Cullera, la última cita del campeonato, y gana la segunda manga del Superprestigio Solo Moto

Antonio Cobas se dio a conocer con la Siroko, la primera moto que diseñó.

en Calafat, superando a los mejores pilotos nacionales del «dos y medio». En 1980 ya hay varias Siroko en la parrilla del Nacional: Reyes, Morante, Pérez Rubio, Xammar, y un par de jóvenes talentos: Sito Pons y Carlos Cardús. Reyes gana la prueba inaugural del Nacional en Cullera y repite en Calafat, pero pierde el título. Al año siguiente el equipo tuvo planes aún más ambiciosos.

En 1981 fichó a Ángel Nieto y Sito Pons, y completó el equipo en el Mundial con el francés Hervé Guilleux, que debutó con un deslumbrante cuarto puesto en Buenos Aires, el primer Gran Premio. En el Nacional, Nieto no dio opciones y logró el título, y Siroko sumó siete de las ocho victorias del campeonato. La Siroko siguió demostrando su validez a lo largo de 1982, y con Cardús logró un nuevo título en el Nacional de 250.

Para entonces, Cobas se había embarcado en un nuevo proyecto, fundando Tecomsa junto a Manolo Burillo y Sito Pons. Allí desarrollaría la moto sobre la que gira el motociclismo moderno y contemporáneo: la Kobas MR1. Cualquier moto actual, de competición o de calle, se basa en el concepto desarrollado por Cobas en 1982, el bastidor de doble viga. Él fue el primero en ponerlo en práctica y construir una moto así. Luego llegó el Deltabox de Yamaha, pero el origen de todo es de Cobas.

La Kobas causó sensación en el Mundial de 250, y Sito Pons logró su primer podio en el campeonato con ella. El éxito de la Kobas prosiguió en 1983, cuando Cardús consiguió el Campeonato de Europa de 250, y repitió en el Nacional con la escudería JJ. En 1984, mientras Sito Pons conseguía la primera victoria y sumaba un buen puñado de podios en el Mundial de 250 con esa moto, luchando por el título, Cobas estaba embarcado en otro proyecto diametralmente distinto y vinculado a JJ, un conocido equipo que llevaba años involucrado en la competición en las más variadas especialidades. En 1983 se había asociado con el industrial barcelonés Jacinto Moriana, y su relación se extendió por espacio de más de diez años.

En ese periodo, Cobas no solo diseñaba motos de Gran Premio: era capaz de atreverse con cualquier motor. Motos como la Techar TF1, un bastidor multitubular de acero para un motor Ducati 900SS (subcampeona en las Motociclismo Series F1 Prototipos de 1982 con Cardús); la JJ-Cobas TR1 de Gran

Premio, multitubular de acero con motor Rotax; la JJ-Cobas/BMW, con motor K 100, concebida para carreras de resistencia (ganadora de las Series en F1 Prototipos con Cardús en 1984). Y desarrolló la JJ-Cobas de trial, otra verdadera revolución.

Aquella moto, con su chasis monocasco de espina central en acero o en aluminio, monoamortiguador central con suspensión progresiva, tensión constante en la cadena y frenos de disco, revolucionó el mundo del trial.

Los resultados no acompañaron en el Mundial, aunque Gabino Renales ganó un par de carreras del Campeonato de España. Cobas, una vez más, se anticipó a todos. Solo un año después, en 1985, asistimos al nacimiento del trial moderno de la mano de Jordi Tarrés. La Cobas llegó antes de tiempo...

Con Cobas nos encontramos ante el ingeniero más versátil de la historia de la automoción, capaz tanto de diseñar una moto de Gran Premio como de trabajar en la suspensión de un coche de Fórmula 1; capaz tanto de trabajar en el calibrado de paneles de control automático de una central nuclear, como de fabricar bicicletas de montaña. Hacía motos de trial y

La Kobas MR1 de Antonio Cobas marcó el camino a seguir en el terreno de los bastidores de motos hace cuarenta años, y nada ha cambiado desde entonces.

desarrollaba *software* de gestión. No ha habido nadie que haya trabajado sobre motos tan diversas y variadas: de uno o de cuatro cilindros, para Gran Premio o para Resistencia, derivadas de serie o prototipos puros, incluso motos de calle, como las JJ-Cobas JY3 y JY4, que equipaban motor Yamaha RD 350 y TZ 250, que fueron recibidas con gran reconocimiento por el público japonés.

Había diseñado y construido motos de Gran Premio de 250 y 80, cuando en 1987 decidió realizar su primera 125, aprovechando la nueva reglamentación que entraría en vigor en 1988, que limitaba los motores de la categoría a un solo cilindro. Así nació la TB1, con la que marcaba su retorno al concepto doble viga de aluminio, con un motor MBA. No tardó en evolucionar y convertirse en una excelente herramienta para el piloto privado en pruebas nacionales y del Mundial, y fue la base de la TB5, con la que lograría su mayor éxito: el Mundial de 125 de 1989.

JJ-Cobas contrató al joven Álex Crivillé esa temporada, y reunió un extraordinario equipo: Cobas volvía a trabajar junto a Eduardo Giró, como responsable de motores. El resultado de semejante concentración de talento fue un inolvidable título mundial, que permitió a Crivillé consagrarse en ese momento como el campeón del mundo más joven de la historia. En 1990 JJ-Cobas encomendó sus motos a «Aspar», pero después de una primera mitad de temporada positiva, con tres victorias y liderando el Mundial, la segunda parte del campeonato fue desoladora.

La historia termina en 1991, con la JJ-Cobas PVH 21, que contaba con motor Honda RS250. También construye una 125, la TB7 en dos versiones, con motor Rotax y motor Honda. Crivillé regresó al equipo, y logró un par de buenos resultados, cerca del podio, con la JJ-Cobas 250, en un tiempo en que parecía imposible que una moto artesanal pudiera colarse entre los cinco mejores de un Gran Premio.

Cobas mantuvo su relación con JJ hasta 1996, creando las últimas JJ-Cobas: la monocilíndrica PSH 600, y una trail-enduro con motor Yamaha XTZ 660, que llegó a correr algún raid dejando una buena impresión. Cobas nunca abandonó las carreras. Desde 1988 permanece ligado a Sito Pons, con quien colabora estrechamente en sus títulos de 250 y el inicio de su carrera en 500, tanto con él como con Crivillé, y todos los pilotos que pasaron por su escudería hasta 2004. En 1996 se convierte en director técnico del Team Pons, donde centrará su principal actividad, pero no la única, porque Cobas tenía capacidad para abarcar nuevos frentes: colaboró con Montesa en el desarrollo de la Cota 315R, con la que Marc Colomer sería campeón del mundo, y que sería la base de los posteriores títulos conseguidos por Doug Lampkin con la marca barcelonesa.

Cobas fue una inagotable fuente de sabiduría de la que bebieron un buen número de los técnicos que ahora lideran muchos equipos de MotoGP.

Desgraciadamente, nos abandonó de forma prematura. Un cáncer fulminante nos lo arrebató un día de primavera de 2004. Nos queda toda su obra, de una calidad excepcional, y el recuerdo de un genial ingeniero que se queda pequeño al lado del ser humano que fue.

MAGIA

Habitualmente nos referimos a estos extraordinarios talentos de la ingeniería con apelativos alejados del mundo empírico. Los llamamos magos. Porque al común de los mortales nos parece mágico su trabajo, por fascinante, por increíble, porque sencillamente ninguno de nosotros seríamos capaces de discurrir lo suficiente como para llegar a hacer lo que ellos hicieron. Es pura magia. Y uno de los mayores hechiceros sobre dos ruedas que ha conocido el motociclismo contemporáneo fue el neozelandés John Britten.

Su presencia en el mundo de la moto fue circunstancial y fugaz. Britten nunca pensó en fabricar motos, y de hecho solo se llegaron a construir diez motos Britten, algunas de las cuales ni siquiera él mismo llegó a ver terminadas. Pero la brillantez de sus diseños, por su marcada personalidad y su avanzado concepto, ha sido suficiente para que Britten se haga un hueco en la historia del motociclismo.

Basta con ver una sola vez una Britten para darse cuenta de que se trata de algo completamente diferente. John Britten era neozelandés, y por el hecho de estar en el confín del mundo —no hay viaje más lejano que el que te lleva hasta Nueva Zelanda—, los habitantes de este pequeño país han tenido que ser autosuficientes en muchos aspectos, lo que ha permitido el desarrollo de conceptos e ideas de gran personalidad. En ese sentido, Britten fue un visionario, y supo conjugar los conocimientos adquiridos a lo largo de su formación y su experiencia profesional, todo lo descubierto sobre ingeniería, diseño y nuevos materiales, y aplicarlo en la fabricación de motos, a la que llegó por pura casualidad. Nunca pretendió fabricar motos, pero pensó que podría hacerle alguna pequeña mejora a su Ducati Desmo 860. Como dijo aquel: me lié, me lié…

Así que se puso manos a la obra, y un día tras otro, en el garaje de su casa, comenzó a experimentar con diferentes materiales. Sin saberlo, estaba construyendo los cimientos de Britten Motorcycle Company.

Pero antes de llegar ahí, Britten desarrolló una larga trayectoria profesional en ámbitos completamente apartados del motociclismo. John Britten nació en Christchurch, el 1 de agosto de 1950. Creció con el vivo interés de un niño curioso por descubrir y experimentar. Construía coches de pedales aprovechando viejos embalajes, hasta que a los doce años compró un motor con sus ahorros y lo acopló a uno de sus bastidores. Después, junto a un amigo, restauró una vieja Indian Scout encontrada en una cuneta, creciendo su interés por el mundo del motociclismo.

Después de terminar el instituto, completó cuatro años de ingeniería mecánica y posteriormente trabajó como diseñador para la empresa Crown Crystal Glass, donde adquirió un amplio conocimiento sobre el empleo de diferentes materiales y diseño mecánico. Y posteriormente, durante unos meses, estuvo trabajando en Gran Bretaña para la empresa constructora de las autopistas M1 y M4, la mayor red de carreteras de Reino Unido, diseñando enlaces y conexiones de vías. Fueron años de idas y venidas, en los que trabajó en lugares muy diversos, pero teniendo como eje de su labor el diseño. A su regreso a Nueva Zelanda se empleó como ingeniero de diseño para una empresa de maquinaria pesada y equipamiento, hasta que en 1976 empezó a trabajar en la fabricación de hornos para vidrio, convirtiéndose además en un virtuoso del trabajo con este material. Estableció su propia empresa, y no solo funcionaba el negocio, sino que, además, Britten destacó por su acertado gusto y un extraordinario concepto artístico en la elaboración de lámparas de vidrio que él mismo elaboraba a mano.

Sorprende lo alejado que se encontraba en ese momento de todo lo relacionado con el mundo de la moto, por el que seguía teniendo una gran afición que le llevó a participar en algunas competiciones. Pero resulta curioso comprobar cómo se adentró en la industria motociclista de la misma manera que lo hizo con el vidrio. Su negocio de lámparas de vidrio naciócomo consecuencia de su insatisfacción en la búsqueda de lámparas y apliques para decorar su casa, así que, dada su experiencia con el material, decidió fabricarlas él mismo. Con las motos le sucedería igual. Quiso mejorar su Ducati Desmo 860… y terminó construyendo su propia moto: fueron pocos los componentes que no diseñó y fabricó él.

Antes de que llegara ese momento, visto con la perspectiva de los años, imaginamos a este Britten de treinta y pocos años como a una especie de extraordinario hombre renacentista capaz de trabajar todas las artes, como un Leonardo del siglo xx, artista e inventor, ingeniero y artesano a la vez, al que se le iban las noches en vela, en el garaje de su casa, soñando formas inalcanzables por la mente de un ser común.

Cuando se casó con Kristeen, en 1982, decidió vender el negocio y fundó Brittco Management, concentrándose en un personalísimo proyecto: Heatherlea, la construcción de un complejo de doce edificios de apartamentos que resultó ser un éxito, y que contribuyó a respaldar económicamente cualquier iniciativa que llevara a cabo.

Fue entonces cuando, por casualidad, en 1985, Britten se encontró diseñando piezas para motos. De cuando en cuando desempolvaba su vieja Ducati Desmo 860 para participar en pruebas de aficionados, y quiso dotarla de un carenado y de una serie de mejoras. Esculpió un molde sobre una plancha de poliestireno y después aplicó una serie de resinas y catalizadores empleados en náutica con láminas de fibra de carbono, creando un carenado integral en una pieza, un tanto aparatoso pero muy efectivo, que permitía rodar a la vieja Ducati por encima de los 230 km/h.

Pero Britten no se dio por satisfecho con eso. En colaboración con Bob Denson y Rob Selby, de Denco Motor, desarrolló la Aero-D-Zero, una Ducati con motor Darmah 900 y chasis Ceriani. A esa primera unidad le seguiría la Aero-D-One, ya dotada de un motor de elaboración propia por Denson y Selby, un V-2 desarrollado a partir de un viejo diseño para *speedway* —muy popular en las Antípodas—, y que contaba con un bastidor monocasco realizado por el propio Britten en kevlar y fibra de carbono. Aquellas motos volaban con holgura por encima de los 240 km/h de velocidad máxima.

La Aero no tardó en destacar y dar que hablar en todo el mundo, por su audacia y su acierto, y enseguida se hizo notar la influencia de otros neozelandeses de peso en el motociclismo, como Mike Sinclair, uno de los técnicos del Team Roberts en los años ochenta y noventa, también originario de Christchurch, que no dudó en orientar a Britten en el empleo del mejor equipamiento posible. Así, en la última versión de la Aero, ya se veían componentes procedentes de la competición, como una horquilla White Power, frenos AP Lockheed, o llantas Marvic.

Britten no se contentaba solo con eso y quería algo más personal, más propio, algo que le resultara más satisfactorio. Algo se encendió en su interior, como aquel día que salió a comprar lámparas para su casa… y terminó fabricándolas él mismo. Así nacieron las Britten.

La Britten Motorcycle Company no se creó como tal hasta 1992, pero para entonces las Britten ya eran unas motos mundialmente conocidas. Su fama se debió a la competición, gracias a su destacado papel en las carreras de la Battle of the Twins de Daytona. Tras la experiencia de la Aero, Britten se dio cuenta de que necesita un motor adecuado para el concepto de moto que quería desarrollar, y optó por realizar un diseño completamente nuevo, elaborando él mismo la mayor parte de sus piezas. Terminamos antes si hablamos de los elementos de la moto que no fueron elaborados por el propio Britten: neumáticos, frenos, camisas de los cilindros, cambio y embrague —procedentes de una Suzuki—, muelles de la suspensión, y diverso componente electrónico. El resto, todo fue diseñado y construido por él.

Britten construyó dos motos: la V1000 y V1100. La primera nació en 1988. Tenía un estrechísimo motor bicilíndrico en V a 60° de 985 cc y 155 CV de potencia, y carecía de chasis, ya que era el motor el que ejercía como elemento portante, mientras que una serie de esquemáticas estructuras en kevlar y fibra de carbono conectaban el resto de elementos de la moto. Las suspensiones eran completamente alternativas. El tren delantero estaba encomendado a una horquilla basculante en fibra de carbono con un monoamortiguador, y una dirección por paralelogramos, un diseño basado en el sistema Girdraulic de las antiguas Vincent, perfeccionado por Britten tras un intercambio de información con Claude Fior, que también había

No hay nada parecido a una Britten en el mundo del motociclismo. Es una moto absolutamente original.

desarrollado una suspensión delantera alternativa a la horquilla telescópica, que había aplicado a sus diseños para motos de Gran Premio de 250 y 500 cc. El tren trasero era un basculante convencional en carbono, con suspensión alternativa, con el amortiguador situado por delante del motor.

No cabe duda de que la moto no era nada convencional. A diferencia de la Aero, la Britten V1000 carecía de carenado integral, pero su aerodinámica era extraordinaria gracias a la estrechez de su motor y la ligereza del conjunto. El radiador estaba situado bajo el depósito y el asiento. El tanque de gasolina envolvía las rodillas del piloto por la parte delantera y unos deflectores que llegaban hasta los reposapiés ayudaban a completar la aerodinámica, y así, sin carrocería, la desnudez de la Britten resultaba aún más impactante, porque dejaba al descubierto sus formas únicas.

La carrera de la Battle of the Twins en Daytona 1990 fue definitiva para encumbrarle, porque Gary Goodfellow y Robert Holden fueron tercero y quinto, respectivamente, lo que sirvió para darle una repercusión internacional a su moto, trascendiendo las fronteras de Nueva Zelanda. De todos modos, la reglamentación de los diferentes campeonatos le dejaban muy poco margen para competir, ya que no era una moto que pudiera correr en el Mundial de 500 ni en el de SBK, y los únicos escenarios posibles para la Britten eran Daytona, Estados Unidos y el Tourist Trophy, aparte de los campeonatos neozelandeses. Pero en el inicio de la década de los noventa se exploraban nuevas iniciativas, y se comenzaron a desarrollar carreras para motores bicilíndricos replicando la Battle of the Twins de Daytona. Se creó el campeonato BEARS (British, European, American Racing Series), cuya filosofía encajaba perfectamente con Britten.

Lo mejor estaba por llegar. En 1991 Paul Lewis es segundo en Daytona por detrás de Doug Polen y la Ducati 888 oficial preparada por Ferracci, que terminó la última vuelta de carrera realizando un festival de «caballitos» para dar muestra de la facilidad con que había ganado. Eso sacó de quicio a Britten, que decidió desarrollar un motor más potente de cara a la siguiente temporada. Y así fue como nació la V1100, con motor de 1.108 cc y 171 CV de potencia, y solo 144 kilos de peso, que sería capaz de rodar a 294 km/h en Daytona. Contaba con una potencia similar a la de una 500 de Gran Premio y solo pesaba catorce kilos más. El concepto era idéntico a la V1000, pero su motor se había potenciado y mejorado, empleando bielas y válvulas de titanio, aunque seguía dependiendo del cambio de cinco velocidades de Suzuki GS 1100 ET.

Además, la buena fama adquirida permitió la llegada de apoyos, como Cardinal Network, una empresa informática que apoyó decididamente el proyecto de Britten. El estreno de la V1100 fue en Daytona, en 1992, y resultó impactante. Andrew Stroud dominaba la carrera con claridad por delante de Pascal Picotte y la Ducati 888 oficial de Ferracci, cuando se rompió la batería a pocas vueltas del final y se tuvo que retirar. Fue una sensación agridulce. Se le escapó la victoria, pero multiplicó su presencia por todo el mundo, y así llegaron sus primeras victorias. Gana en Assen y también en Manfield, en una carrera de complemento del Mundial de SBK, y en Ruapuna, en una prueba del campeonato neozelandés.

Las dos siguientes temporadas no se prodiga excesivamente fuera de Nueva Zelanda. La Britten es subcampeona en el Nacional de SBK neozelandés en 1993, y al año siguiente suma victorias en diferentes carreras en Nueva Zelanda y Australia, y establece cuatro récords FIM: milla lanzada (302,705 km/h), cuarto de milla en salida parada (134,617 km/h), milla en salida parada (213,512 km/h), y kilómetro en salida parada (186,245 km/h). Y se prepara para su gran año.

En 1995 ataca por primera vez el campeonato BEARS íntegro, con Andrew Stroud como piloto. Sus motos son segunda y tercera en la Battle of the Twins de Daytona, y ganan las carreras BEARS de Daytona, Thruxton, Zeltweg, Brands Hatch y Assen. También ganan la carrera ProTwins de Assen, y en la Battle of the Streets de Paeroa (Nueva Zelanda). La Britten gana el campeonato BEARS, pero John no fue testigo del éxito. A mitad de año se le descubre un melanoma, un cáncer de piel, que acaba rápidamente con su vida: fallece el 5 de septiembre, a los 45 años de edad. Su vida se extinguió con la misma rapidez con que fluían sus ideas.

Las Britten siguieron compitiendo sin John, y su presencia en las carreras se mantuvo activa hasta 1999, cuando sumó su última victoria, en Daytona, en la carrera Sound of Thunder. En total solo se llegaron a construir diez motos y, tras la muerte de Britten, su equipo de colaboradores se encargó de culminar los modelos que quedaron inacabados. El reconocimiento a su obra, aparte de innumerables homenajes por todo el mundo, quedó plasmado con la presencia de una de sus motos en la mítica exposición «El Arte de la Motocicleta», que a partir de 1998 fue exhibida en el Museo Guggenheim, en Nueva York, Chicago y Bilbao, donde su moto dejó fascinados a cuantos pudieron admirarla, destacando como una joya única entre un centenar de piedras preciosas.

El éxito de Britten se fundamenta en la pureza de su diseño, en la conexión directa entre una idea y su materialización. Como Britten no tenía compromiso comercial alguno, y contaba con el respaldo económico garantizado por sus proyectos profesionales, simplemente se limitó a plasmar sus deseos, dando forma a su imaginación. Quizá por eso, por la fuerza y la pureza de su diseño, por su ausencia de convencionalismo, y también por la firmeza de sus resultados, tuvo tanto éxito. Desde que la primera Britten vio la luz hasta su prematura muerte solo pasaron siete años. «La luz que brilla el doble dura la mitad», decía el replicante Roy Batty, encarnado por Rutger Hauer, en la extraordinaria *Blade Runner*, de Ridley Scott, una frase que quizás sirva para definir la existencia de John Britten, breve pero completamente llena y brillante.

El sueño americano

Durante muchos años, la industria motociclista española se distinguió por su extraordinaria capacidad para transformar los modestos pero eficientes modelos que producía en unos atractivos productos para el exigente y muy pudiente mercado norteamericano. La exportación fue clave para que los fabricantes españoles disfrutaran de un periodo de extraordinario esplendor, sin lugar a dudas el mejor de su breve y corta historia. También se distinguieron por una fascinante capacidad de adaptación. Por sorprendente que parezca, los motores más grandes y potentes de algunas motos de carretera de la industria nacional tuvieron su origen en modelos de campo pensados para el mercado norteamericano.

Everything is bigger at Texas («todo es más grande en Texas»), dice un lema que lucen con orgullo en el Estado de la estrella solitaria, símbolo de la opulencia dentro de la opulencia. Allí todo es más grande, pesa más, tiene más capacidad, es más largo... Y cuesta más dinero también. Quizás por eso, cuando los norteamericanos descubrieron el placer de la moto de campo allá por los años sesenta, quisieron motos más grandes y potentes que las que habitualmente se veían por la vieja Europa. Las marcas españolas, que encontraron en el mercado norteamericano un verdadero filón, respondieron a la demanda con modelos específicos que en España no llegaríamos a ver más que en fotos.

Curiosamente esos modelos, nacidos para los desiertos y los amplios espacios abiertos, una década después terminaron equipando los modelos de carretera más grandes del mercado nacional. La OSSA Yankee 500 nació de un proyecto concebido como una gran moto de todoterreno para Norteamérica, la Yankee Z, y la notable Bultaco TSS 350, reconvertida incluso a 360 para poder correr en el Mundial de 500, y que tuvo como base de partida la Bultaco El Bandido, célebre modelo de motocross del mercado norteamericano. Eran otros tiempos, más abiertos, menos específicos. Hoy resultaría imposible.

En 1966 Yankee Motor Company, empresa creada por John Taylor, que en su momento fue importador de Bultaco para Estados Unidos, quiso desarrollar un modelo *scrambler* de gran cilindrada, convencido de que ese tipo de moto podía funcionar en Estados Unidos. Taylor pensó que los fabricantes españoles serían capaces de conseguir el producto adecuado, y tras valorar diferentes opciones decidió proponer el proyecto a OSSA. No era una moto cualquiera: querían un motor bicilíndrico, lo más cercano a los 500 cc de cubicaje, y OSSA debía encargarse de su diseño y producción, porque Yankee se encargaría de todo lo demás. De hecho, el chasis iba a ser obra de Dick Mann, que además de ser uno de los socios de Yankee Motor Company, era uno de los mejores velocistas estadounidenses de la época. En 1963 ganó por primera vez el AMA Grand National, el principal campeonato de Estados Unidos, que volvería a ganar en 1971, y además estaba por llegar otro importante triunfo en su carrera: la victoria en las 200 Millas de Daytona, con Honda y BSA, en 1970 y 1971.

Es importante que el lector comprenda el elevado nivel de desafío al que se enfrentaba la fábrica española, ya que en ese momento el motor más grande que OSSA tenía en producción era el de la 230 Sport, con lo que el reto de producir un bicilíndrico fue colosal. Finalmente, el primer prototipo cobró forma en 1968: la Yankee Z de 460 cc (la suma de dos cilindros de 230). El acuerdo con la compañía norteamericana establecía que el motor y su diseño eran propiedad de la empresa de Taylor.

El motor de la Yankee Z tenía una configuración muy avanzada, optando por un calado de cigüeñal a 360° que propiciaba explosiones simultáneas de los dos cilindros, lo que hoy conocemos como *big bang*, consiguiendo así que la entrega de potencia fuera más progresiva y aprovechable. Eduardo Giró, responsable técnico de OSSA, empleó técnicas de filmación a alta velocidad —antes de las motos, OSSA (Orfeo Sincrónico Sociedad Anónima) fabricaba proyectores cinematográficos de extraordinaria calidad—, en una especie de primitiva telemetría, para comprobar la diferente respuesta de la moto dependiendo de la configuración que se empleara. Giró comprobó que con ese calado de cigüeñal la rueda trasera patinaba menos al acelerar y gozaba de mejor tracción. El motor Yankee Z daba una potencia de 40 CV a 6.500 rpm, y gracias a su contenido peso se convertía en una de las motos de campo más impresionantes de su momento.

El objetivo previsto era iniciar la producción de inmediato, pero diversos problemas retrasaron su distribución hasta finales de 1971. Para entonces, los japoneses ya se asomaban por Estados Unidos y Honda estaba a punto de lanzar su mítica Elsinore 250, de la que ya hemos hablado en el capítulo 13. La Yankee Z estuvo en producción solo hasta 1972, con muchos problemas de ventas y distribución, y en 1974 la compañía quebró. OSSA tenía previsto producir mil motores, aunque en realidad solo se llegaron a construir 764 motos, debido a que Yankee Motor Company no cumplió con los pagos por la quiebra de la sociedad.

La OSSA Yankee 500 nace a partir del diseño de
la Yankee Z, una moto de campo.

Después, ese incumplimiento se liquidó con la entrega de los derechos del diseño a OSSA, que consiguió derivar el proyecto hacia la producción de la OSSA Yankee 500, la gran bicilíndrica de carretera que vería la luz en el mercado español en 1976, convirtiéndose en la moto más potente y explosiva de la industria nacional. Increíble, ¿verdad? Un diseño originariamente destinado a una moto de campo en Estados Unidos acaba convertido en una moto de carretera en España. Pero diversos problemas, desde una larga lista de espera, fragilidad mecánica y otra serie de desajustes crearon una leyenda negra en torno al modelo en un momento clave del mercado nacional, unido a una crítica situación económica de OSSA, que desde el 1 de enero de 1978 empezaría a vislumbrar su próximo fin al declarar la empresa suspensión de pagos, en una carrera sin retorno. Aquel proyecto rompedor, a ambos lados del Atlántico, estaba claramente marcado por el destino.

Estados Unidos fue, para la industria motociclista española, el todo y la nada. Fue un maná inesperado, una fuente rebosante que brotó en medio de un desierto, colmando de riqueza y renombre a unas marcas modestas pero dotadas de iniciativa y determinación. Sin embargo, en cuanto la fuente se secó, se llegó rápidamente a la extinción de la mayoría de nuestros fabricantes.

Acostumbrados a las mastodónticas motos *made in USA*, en Estados Unidos necesitaban modelos ligeros y manejables con los que moverse a sus anchas por los amplios territorios abiertos del país. Las carreras en el desierto se hicieron muy populares, y aunque al inicio de la década la hegemonía estaba a cargo de las BSA y Triumph bicilíndricas de la época, convenientemente adaptada a las exigencias *scrambler*, las ligeras y eficaces motos españolas enseguida captaron la atención. En muchos casos, los modelos enviados a Estados Unidos apenas se dejaron ver por España más que en un reducido número de unidades. Por lo general solían ser motos que, partiendo de un modelo conocido en nuestro país, recibía otra denominación, modificando su cilindrada para hacerla más potente, y cambiando otra serie de elementos como suspensiones, asiento, carrocería... Todo al gusto norteamericano. Y claro, también eran bastante más caras. Otro motivo por el que apenas tenían salida en la España de la época.

Montesa, la decana de la industria nacional, comenzó muy pronto la exportación a Estados Unidos. Uno de los primeros modelos que envió allí fue su primera moto de cross producida en serie, la Montesa Impala Cross, desarrollada por Pere Pi a partir del modelo con el que ganó el Campeonato de España de 250 en 1961 y 1962. Se fabricó en dos versiones, de 175 cc (1963) y 250 cc (1964), aunque la de menor cilindrada tuvo una producción muy pequeña. En su mayoría, la Impala Cross 250 fue destinada a Estados Unidos, donde fue bautizada como Montesa Diablo. La base de partida era la popular Impala, pero se modificaron muchos elementos: manillar, suspensiones de mayor recorrido, ruedas... La 250, que tenía cambio de cuatro velocidades, alcanzaba los 23 CV de potencia.

En aquellos años el importador norteamericano, que tenía como socio al conocido piloto de Fórmula 1 Dan Gurney, encarga a Montesa un modelo de todoterreno basado en la Scorpion 250, con motor de 175 cc, para el mercado norteamericano: la Montesa Texas 175. Su orientación era mixta: podemos calificarla como una primitiva *trail* de los años sesenta, y destacaba por su manillar alto y ancho, la salida de escape a media altura, los guardabarros levantados en ambas ruedas, y un freno delantero de doble leva, como el de la Impala Sport, el modelo más deportivo de la marca española. No era una moto de carreras. Su potencia era ajustada, 14 CV, y el destino que se le buscó fue el de las salidas relajadas de fin de semana, muy al gusto del público estadounidense.

Ese mismo año, la producción de la nueva Montesa Cross 66 se envía prácticamente en su integridad a Estados Unidos. Entre 1966 y 1967 se producirán más de 1.300 unidades, y ya será una verdadera moto de cross. A pesar de compartir elementos comunes con la Impala (bloque motor, frenos), ya es un modelo específico de motocross, con depósito pequeño en fibra de vidrio y un potente motor de 30 CV, más que adecuado para la competición USA. Este modelo sirvió de base para una pequeña serie de la primera Cappra 250 producida en 1967, y a partir de 1968 se producirá la Cappra 250 GP, la que verdaderamente abandona el motor Impala y disfruta de un desarrollo específico. Hasta 1970 se producirá en dos versiones, 250 cc y 360 cc, con cambio de cinco velocidades. Se produjeron más de 2.100 unidades entre 1968 y 1970, muchas de ellas con destino a Estados Unidos y también a diferentes países europeos.

El éxito que se disfrutaba en Estados Unidos no siempre se reflejaba en el mercado nacional. El último modelo específico para el mercado norteamericano fue la King Scorpion 250, otra moto mixta, como la Texas, desarrollada a partir del motor y el chasis de la mítica Cota 247 realizada por Leopoldo Milá. El modelo base tenía 23 CV, pero también había posibilidad de instalar un kit deportivo que elevaba la potencia hasta los 31 CV. Entre 1970 y 1972 se produjeron 3.300 unidades. Montesa también quiso que fuera un modelo para el mercado nacional, pero su elevado coste impidió que fuera popular,

Montesa tuvo una buena acogida en Estados Unidos con algunos modelos específicos, como la Texas.

a pesar incluso de equipar elementos más baratos, como llantas de hierro en vez de duraluminio, y freno delantero de simple leva.

Tras la experiencia de la King Scorpion, Montesa ya no siguió desarrollando modelos específicos para Estados Unidos, y la exportación hasta allí se basó en los mismos modelos disponibles en el mercado español. La especialización de los modelos había dejado de ser rentable.

En Bultaco, la competición fue el eje de todo. A comienzo de la década de los años sesenta, los hermanos Rickman, pilotos de motocross y preparadores de sus propias motos, además de ser reconocidos fabricantes de chasis, famosos por sus eficientes bastidores de doble cuna, llegaron a un acuerdo con Bultaco para, además de convertirse en importadores británicos de la marca, emplear sus motores en sus motos de cross. Así nacieron las Rickman Metisse, que es como se vendían en Reino Unido, conocidas como Bultaco Metisse en el resto del mundo.

Todo fue bien hasta que, en 1965, ambas partes entraron en conflicto. Problemas de suministro sufridos por Rickman les impidió realizar el número deseado de chasis (con tubo de acero Reynolds 531), por lo que Bultaco se ofreció a fabricar ellos mismos los chasis en la fábrica con tubo de acero al cromo-molibdeno, a lo que los Rickman se negaron. Bultaco no se achicó y siguió adelante, realizando sus motos de cross con chasis de cuna simple para evitar litigios con los Rickman, que a partir de ese momento rompieron relación con Bultaco. Esas motos de cross de factura propia fueron las Pursang (pura sangre, en contraposición con Metisse, mestiza), con motor de MK2 250 cc, que vieron la luz en 1967.

Aquí aflora de nuevo la rivalidad entre Bultaco y Montesa, porque tras partir peras con la firma de Bultó, los Rickman cruzan la calle para llamar a las puertas de Montesa. En la fábrica barcelonesa ya tenían su gama de cross representada por las Cappra, pero por aquello de que el enemigo de mi enemigo es mi amigo, no dudaron en vender motores a los Rickman, y si, de paso, esto suponía darle un bocado al negocio de Bultaco en Reino Unido, miel sobre hojuelas. La colaboración se extendió por espacio de tres años y permitió a los Rickman mantener su buena clientela en el mercado anglosajón.

Sobre la base de la Pursang MK2, Bultaco desarrolló en 1968 una moto para el mercado norteamericano denominada El Bandido, con motor subido a 360 cc denominado internamente como «Pedralbes», y empleando un chasis de doble cuna. Sin embargo, la moto resultaba excesivamente pesada para los circuitos y no consiguió mucho éxito en Estados Unidos.

Con una cintura digna de elogio —a la fuerza ahorcan, sobre todo cuando se tiene el almacén lleno de unidades sin servir...—, Bultaco decidió aprovechar las virtudes evidentes de El Bandido para orientarlo al todoterreno, realizando unas ligeras modificaciones y montando unas luces Lucas homologadas en Estados Unidos, y cambios en el escape para reducir su sonoridad, con lo que se podía matricular para su uso por carretera, y sobre todo dar rienda suelta a su potencia en las populares carreras de desierto en California. Se rebautizó como El Montadero y esta vez sí gozó de buena acogida entre los usuarios norteamericanos, produciéndose una segunda versión en 1971, que en un muy reducido número de unidades llegó a venderse en España.

Por su parte, OSSA, independientemente de sus acuerdos con Yankee Motor Company, también exportó bastantes modelos a Estados Unidos, sobre todo su gama de motocross. Los primeros fueron las Stiletto, que partían de los modelos de carretera 175 Sport y SE, y la reconocida y popular 230, convenientemente adaptadas para su uso por campo. OSSA exportaba tres modelos, MX 175, MX 250 y 250 TT, que fueron rebautizadas inicialmente como Avenger o Scrambler, en función del destino de cada versión, y que desde 1971 pasaron a denominarse Stiletto MX Scrambler o TT Scrambler.

Los modelos Stiletto se mantuvieron en producción hasta 1973, cuando entró en escena un modelo emblemático de OSSA: la Phantom 250. Era una moto impresionante para la época, porque sus 33 CV la convertían en una de las más potentes del mercado. Siguiendo las indicaciones de Taylor, el fabricante español decidió hacer una serie de modificaciones específicas para el mercado norteamericano y, tomando como base la Phantom AS74, incorporó un depósito más grande, un basculante más largo, modificaciones en el escape y la suspensión trasera, y la incorporación de un cubrecárter de serie. Además, para ganar fiabilidad se bajó la potencia, pasando de los 33 CV a 5.500 rpm a 26 CV a 6.500 rpm. A ese modelo se le bautizó como Desert Phantom. Sobre este modelo se desarrollaría a partir de 1976 la OSSA Desert 250.

Hay que reconocer en OSSA una particular cualidad para fascinar a los norteamericanos. Aparte de todo el proyecto Yankee, John Taylor también se implicó en el desarrollo de una revolucionaria suspensión diseñada por el canadiense Joe Bolger, antiguo piloto y técnico autodidacta, que trabajó en un sistema de suspensión progresiva que incorporó a algunos modelos OSSA. En los años setenta, la suspensión trasera de las motos seguía confiada a dos amortiguadores que se anclaban en los brazos del basculante. Yamaha innovó con la introducción del sistema cantilever, pero todavía tardarían en llegar los sistemas progresivos. Bolger fue el primero en concebir algo así para una moto. No era una innovación absoluta, porque estos sistemas ya se empleaban en la Fórmula 1 en los años sesenta. Sin embargo, Bolger tuvo la audacia de desarrollar uno específico para moto, y que además funcionaba muy bien.

Antes de desarrollar su suspensión, Bolger, que había sido un destacado piloto de motocross en Nueva Inglaterra durante los años cincuenta, se ganó fama como preparador, y también por su ingenio a la hora de diseñar herramientas y útiles para determinadas labores mecánicas. Dándole vueltas a la idea de desarrollar una suspensión progresiva que permitiera rodar con máximo aprovechamiento en un circuito de motocross, fue perfilando un imaginativo sistema, sin duda el antecesor de los sistemas de suspensión progresivos. Se completaba con un denominado compensador de basculante, que ofrecía tensión continua en la cadena. El sistema Bolger era realmente ingenioso porque, variando la posición del amortiguador, se ofrecían infinitas posibilidades de reglaje. Además, la suspensión Bolger permitía disminuir la carga sobre los amortiguadores, y estos, a su vez, se apoyaban en una parte más resistente del bastidor.

Tras pulir sus ideas, desarrolló su proyecto a partir de 1975, y enseguida corrió de boca en boca, llegando a oídos de su amigo John Taylor. Al conocer en detalle el funcionamiento del sistema, Taylor no lo dudó dos veces y propuso a Bolger que lo desarrollara en exclusiva para OSSA, con la idea de que aquellos clientes que lo desearan, pudieran incorporarlo como un extra para su moto.

El sistema vio la luz como una primera preserie en febrero de 1977, demasiado tarde para OSSA, que al año siguiente declararía suspensión de pagos. Pero en Estados Unidos, la marca seguía viva, y el imaginativo John Taylor concibió un servicio para incorporar la suspensión Bolger. Podías llevar tu moto a los talleres de OSSA en Schenectady (Nueva York) y por un coste de 225 dólares o 250 dólares —dependiendo si elegías amortiguadores Marzocchi o los norteamericanos Fox Shox—, tu moto salía transformada en una de las nuevas OSSA GPII con sistema Bolger. Se aceptaba cualquier modelo OSSA Phantom, Super Pioneer y Desert, siempre que las viejas series incorporaran el nuevo basculante, que además requería una caja de filtro de aire diferente, y una horquilla de mayor recorrido. En ese caso, el coste por la instalación era de 350 dólares.

El sistema Bolger no se limitó a las motos de motocross y enduro. También Taylor encargó al ingeniero canadiense que trabajara sobre una OSSA MAR de trial para incorporar este sistema. Y así, en febrero de 1979 vio la luz la OSSA Plonker BLT (Bolger Long Travel), de la que se vendieron unas cuantas unidades en Estados Unidos, mientras que en casa la fábrica, que ya funcionaba como una cooperativa industrial, trabajaba a destajo para sacar a la luz la extraordinaria OSSA TR80. La Plonker BLT tenía sus virtudes, pero con un modelo tan avanzado como la TR80 lanzado ya en 1980 —motor de 350 cc compacto, su pequeño chasis de doble cuna interrumpida, suspensiones con doble amortiguador trasero de enorme inclinación, encendido electrónico y cambio de cinco relaciones—, de aquella versión norteamericana se habló muy poco.

La suspensión Bolger despertó la atención de muchos y no tardaron en aparecer imitadores que quisieron desarrollar sistemas similares aprovechando las virtudes del concepto. Una empresa de suspensiones de California, Skunk Works

Engineering, patentó un sistema mucho más económico y desde luego menos efectivo, que comercializaban por 29,95 dólares —más 1,25 de costes de envío—, pero no pasó a la historia por su acertado diseño.

Las ideas de Bolger, aunque llegaron tarde para OSSA, no cayeron en saco roto. Los japoneses estaban ya muy asentados en la moto de campo de Estados Unidos, y enseguida se dieron cuenta de las virtudes del invento. Puede que se limitaran a desarrollar su propio sistema, o simplemente copiar y mejorar el concepto de Bolger, pero lo cierto es que tanto Kawasaki como Suzuki desarrollaron sus propios sistemas de progresividad variable, los conocidos Uni-Track, de Kawasaki, y Full-Floater de Suzuki, que no tardarían en patentar e incorporar a sus modelos de motocross. De hecho, Suzuki incorporaría el sistema Full-Floater a toda la serie RM en 1981, siendo la primera marca en incorporar una suspensión de progresividad variable en modelos de producción en serie.

Cuando le preguntaban si los japoneses copiaron su sistema, el bueno de Bolger, que a decir de lo mucho y bien que se hablaba de él tenía un carácter despreocupado y abierto, apenas le dio importancia a ese hecho, y es que parece ser que el dinero no le quitaba el sueño. Bolger falleció en 2020, a los noventa años de edad, y solo unos años antes todavía se dejaba ver junto alguna de sus OSSA en ferias y exhibiciones de motos clásicas en Estados Unidos.

A mitad de los años setenta, las motos españolas habían perdido su predicamento en Estados Unidos. Los fabricantes japoneses se habían metido de lleno en el mercado norteamericano, barriendo a Bultaco, Montesa y OSSA, y a las marcas europeas que hasta entonces se habían repartido el pastel de la moto de campo norteamericana. América ya había dejado de ser tierra de promisión, y los fabricantes españoles tendrían que orientar la mayor parte de la producción al mercado interno y, además, como el resto de la industria de la automoción, tendrían que hacer frente a las consecuencias de la crisis del petróleo de 1974, anticipo de la terrible debacle que se avecinaría en poco tiempo y que abocaría a la gran mayoría de las marcas españolas a una inevitable extinción.

DEL CAMPO AL ASFALTO

Esto de cambiar de orientación un proyecto, llevándolo del campo a la carretera, no fue una cosa exclusiva de Bultaco, aunque Bultó ya había aprovechado la polivalencia de uno de sus modelos para conseguir el máximo partido de sus diseños. Antes de ganarse su mítica fama con las motos de campo, Bultaco había producido motos de carretera y de competición de velocidad, las célebres TSS (Tralla Super Sport) que en las cilindradas de 125, 200 y 250 producía con regularidad y éxito. Las TSS, gracias a su simplicidad, su asequible mantenimiento y su facilidad de preparación, se convirtieron en el mejor amigo del piloto privado durante los años sesenta, antes de la irrupción de las Yamaha TD y TR, anticipo de las TZ, que coparían las categorías intermedias del Mundial de Velocidad hasta mediados de los años ochenta.

Los éxitos del neozelandés Ginger Molloy a lomos de la TSS 250 (ganador del Ulster Grand Prix en 1966), y su insistencia en crear un modelo de 350, llevaron a desarrollar una TSS 350 a partir de un motor de «dos y medio» subido a 252 cc. Posteriormente, el propulsor fue evolucionando hasta alcanzar una cilindrada de 347,95 cc, que ofrecía, según se sacaba del cajón, una potencia de 44 CV, y así ya estaba en condiciones de correr en la categoría de 350 cc.

Con la TSS 350 Molloy hizo una gran campaña en 1968, al ser quinto en el Mundial, además de ser tercero en 125, y quinto también en 250, y como buen privado que era, también pensó en competir en 500, eso sí, siendo fiel a su marca de siempre, Bultaco. Molloy fue capaz de persuadir a los responsables del departamento de competición para desarrollar un motor de 360 cc con el que poder correr también en 500.

Bultaco ya tenía un motor de 360 cc desarrollado para resistencia, que debutó en las 24 Horas de Montjuïc de 1968. Pero la base de este motor de GP sería diferente, evolucionando a partir del motor de la Bultaco El Bandido 360, pensada para el mercado norteamericano con el objetivo de competir en la categoría Open, que tuvo poco éxito debido a su excesivo peso, próximo a los 114 kilos, y su desmesurada potencia, 43 CV (diez más que la Pursang 250), que hacía que su manejo fuera poco menos que imposible. Después se modificó y se homologó una iluminación para poder venderla como una todoterreno, que se bautizaría como El Montadero, llegando a realizar una cortísima serie para el mercado español empleando las luces de la Sherpa T.

Partiendo del motor de El Bandido, que tenía 5 velocidades, se desarrolló la TSS 360. Se modificaron las cotas internas, alcanzando un régimen de giro de 8.500 rpm y una potencia superior, en torno a los 47,5 CV en su mayor evolución. Una de sus grandes virtudes era su ligereza, porque solo pesaba 96 kilos, mostrándose muy estable y ágil frente a las 500 de «cuatro tiempos», más potentes y veloces, pero más torpes.

Bultaco alineó dos TSS 360 en Montjuïc, en 1968, en manos de Molloy y Salvador Cañellas, pero ninguno de los dos pudo concluir la carrera debido a sendas averías. Al año siguiente, Molloy estrenó un motor más evolucionado en el Gran Premio de España, que por primera vez se disputaba en el circuito

El motor de la Bultaco El Bandido sirvió de base para el motor de la Bultaco TSS 360 que corrió en el Mundial de Velocidad en 500.

madrileño del Jarama. Bajo un continuo aguacero, Molloy fue capaz de alcanzar el tercer puesto, el primer y único podio de un fabricante español en el Campeonato del Mundo de 500.

La realidad es que la época gloriosa de las Bultaco TSS había llegado a su fin. Bultaco se especializó en trial, motocross y todoterreno, y disfrutó de unos últimos momentos de gloria en resistencia antes de la llegada de los pluricilíndricos. Pero los tiempos de aquellos motores polivalentes, que tan pronto servían para un roto como para un descosido, habían llegado a su fin.

OSSA también quiso aprovechar la experiencia obtenida con la 250 monocasco en el Mundial de 250 —donde a Santiago Herrero le faltó muy poco para ser campeón del mundo en 1969— para desarrollar una moto para la categoría superior. Aunque no pudieron evitar el abatimiento por la pérdida del título precisamente en la última carrera, jamás cayeron en el desánimo, y contemplaron todo lo aprendido a través de la fascinante aventura vivida durante esa temporada. ¿Por qué no trasladar el mismo concepto de ligereza y simplicidad de la OSSA monocasco a la categoría de 500?, pensaron.

En aquellos días el Mundial de 500 seguía capitalizado por MV Agusta, que no tenía la más mínima oposición tras la retirada de Honda en febrero de 1968. La fábrica Gallarate llevaba ganando ininterrumpidamente en la «clase reina» desde 1958, y seguiría así hasta 1974. Como veíamos en el capítulo anterior, algunos pequeños fabricantes se aventuraban a presentar cierta oposición, aunque la alternativa que tenían los privados, las Matchless G500 monocilíndricas, eficaces en determinados circuitos, estaban ya más que sobrepasadas. Benelli no conseguía replicar en 500 el éxito de su 250-4. Las Seeley eran una opción accesible, con todas sus limitaciones. La Bultaco 360 de Ginger Molloy aprovechó alguna circunstancia favorable para hacerse notar, como también hizo la Paton 500. Los únicos que conseguían cierta regularidad fueron Linto Tonti y su Linto, que en manos de Gyula Marsovszky logró el subcampeonato de 1969, a años luz de Giacomo Agostini y la MV Agusta.

La categoría de 500 era, por tanto, un territorio abierto a alternativas. ¿Pero con qué proyecto se iba a aventurar OSSA en la máxima categoría? La 250 monocasco era ciertamente efectiva, pero una monocilíndrica «dos tiempos» de 500 no parecía una opción realista. Claro que no, porque Eduardo Giró estaba pensando en una 500 bicilíndrica.

La idea de Giró era realizar una 500 bicilíndrica, replicando el chasis monocasco de la 250, y empleando un motor desarrollado a partir del proyecto Yankee Z. En aquellos días en que los motores de «dos tiempos» todavía no eran de uso generalizado en las categorías superiores, no era nada descabellado pensar en aprovechar los potentes propulsores concebidos para el mercado estadounidense, como la Bultaco El Bandido 360, que también ayudó a que la marca de Sant Adrià desarrollara su moto alternativa de 500.

Tomando como base de partida el motor Yankee Z y replicando el chasis monocasco de la 250 podía conseguirse una moto realmente competitiva, potente y ligera. Aquel motor era igualmente revolucionario e innovador, con elementos comunes a la 250, como el embrague en seco, o la caja de cambios extraíble, lo que garantizaba robustez y fiabilidad al propulsor. La teoría decía que podría ser una moto suficientemente potente, porque de serie el motor Yankee Z daba 40 CV a 6.500 rpm, mientras que la 250 alcanzaba los 42 CV girando a 11.000 rpm, además de conservar todas las virtudes de la 250, como su agilidad y ligereza. La llegada del motor con refrigeración líquida, diseñado en 1969 y empleado fundamentalmente por Carlos Giró —primo de Eduardo—, ya que a Herrero siempre le gustó más el tacto del motor de aire, marcaba una nueva fase en la evolución técnica de la OSSA que también estaba previsto aplicar a la moto de 500.

El proyecto estuvo bien definido. Incluso se llegó a especular con que Phil Read podría convertirse en el piloto de la 500. De hecho llegaron a realizarse conversaciones con el piloto inglés, que desde la retirada del equipo oficial de Yamaha tras la temporada 1968, se había convertido en un privado más. Pero aquella mañana del 8 de junio de 1970 el sueño se hizo añicos. La muerte de Santiago Herrero en el Tourist Trophy dejó a OSSA completamente desolada por la tragedia, y la fábrica abandonó la velocidad sin que este interesante proyecto llegara a tomar forma.

Tras comprar los derechos del motor Yankee Z, OSSA desarrolló la Yankee 500 de carretera, la moto de calle más potente de la industria nacional. Fue un paso muy audaz y arriesgado por parte de OSSA, ya que se pospuso el proyecto de renovación de la exitosa MAR de trial, lo que dejaría un tanto descolgada a la marca frente a Bultaco y Montesa, en beneficio de la Yankee. Para promocionar su venta puso en marcha la Copa OSSA Yankee 500 en 1977, habida cuenta de la buena experiencia obtenida el año anterior con la Copa OSSA-Motociclismo.

En la Copa Yankee se impuso Alfonso Durán, que el año anterior también había ganado la Copa OSSA 250. Duránganó, no sin cierta polémica con el madrileño Marcelino García, que se quejaba de favoritismo por parte de la fábrica hacia el barcelonés, aunque no se consideró que se produjeran irregularidades. Lo que sí que había era una colaboración muy fluida entre la fábrica y Durán, porque en paralelo a la Copa, OSSA desarrolló una 500 para el Campeonato de España con Durán como piloto. La base de partida fue una Yankee 500 equipada con cilindros Desert, el modelo de enduro. Posteriormente se hizo una moto más preparada, una inconfundible OSSA con carenado verde, con cilindros Phantom (motocross), cuya potencia estaba cerca de los 80 CV —de serie rondaba los 60 CV—, lo cual no estaba nada mal para andar por las pistas españolas. La moto se manejaba con soltura, se movía fácilmente entre los diez primeros en las carreras, aunque el podio era impensable y su mejor clasificación fue un sexto puesto, terminando la temporada undécimo. En un campeonato con siete de sus ocho carreras en circuitos urbanos, donde tenía que medirse con motos como las Yamaha TZ750 de Grau y Nieto, la Bimota-Suzuki de Pérez Calafat, la Suzuki RG 500 de San Antonio, o las Yamaha TZ 350 subidas que pululaban por ahí, la OSSA 500 se movió con dignidad.

Era una moto bastante competitiva para un campeonato nacional, pero estaba limitada por la parte ciclo, con evidentes problemas de chasis, y la fábrica llegó a plantearse la posibilidad de construir un bastidor monocasco, rememorando el de la 250 de Herrero. La llegada de la crisis a la industria nacional puso fin a los sueños. En enero de 1978, acuciada por problemas financieros, OSSA abandona cualquier proyecto e inicia un proceso de descomposición. Se declara en suspensión de pagos, se transforma en sociedad laboral, y posteriormente termina absorbida por Montesa en 1982, poniendo fin a la historia de la marca.

El motor global

Si en los anteriores capítulos hemos recordado las formas más peregrinas de realizar una moto, sin importar la procedencia del motor, ahora vamos a hablar de un motor universal que, por más que pasen los años (y va para un centenar), no solo se sigue empleando, sino que a lo largo de todo este tiempo, con las oportunas modificaciones, se le ha dado el más variado uso. Nos referimos al motor BMW boxer.

Seguramente el ingeniero Max Friz nunca pudo imaginar que su célebre diseño nacido en 1923, el boxer bicilíndrico que equipó a la BMW R32, iba a tener tantas vidas y usos, pero cien años después ahí sigue... Lo cierto es que esta fue la plataforma principal de los motores de BMW hasta la aparición de la serie K en 1983, con lo que vemos que el concepto boxer dio de sí mucho más de lo que nadie hubiera pensado. Puede que en ese momento, después de 60 años de intenso uso, muchos pensaran que el boxer tenía los días contados y que acabaría dejando paso a nuevas configuraciones. Estas acabaron llegando, por supuesto, pero el boxer se mantuvo ahí, testigo de los cambios.

En aquellos tiempos remotos, los fabricantes adaptaban lo que tenían para darle el más variado uso. BMW siempre estuvo muy implicada en la competición. Como cualquier otro fabricante de la época, en la que la cultura modernista caló hondo en la sociedad y hubo un acercamiento al mundo de la automoción, que se hizo más accesible para todos, las carreras resultaban enormemente atractivas y eliminaban ese halo de exclusividad que tenían los caros vehículos de automoción, ya fueran coches o motos. En esas condiciones, no es de extrañar que las carreras motociclistas disfrutaran de tanto éxito entre el público en todos los países del mundo.

BMW no tardó en inscribir su R 32 en la *Schleizer-Dreieck-Rennen* de 1924, carrera que se disputaba en Schleiz, al suroeste de Chemnitz, y que actuaba como oficioso Campeonato de Alemania. El circuito de Schleiz era un entramado de carreteras de 7.631 metros de longitud, con veintidós curvas, complejo y variado. Es una de las pistas que todavía hoy se usan en el campeonato IDM alemán, aprovechando un trazado semiurbano. En 1924 BMW participó en la categoría de 500 cc con FrannzBieber como piloto, a lomos de una R 32 modificada, logrando una sorprendente victoria. Éxito a la primera. También la R 32 logró ganar en la carrera en cuesta de Solitude, en las cercanías de Stuttgart, con Rudolf Reich como piloto.

La implicación de BMW en la competición será vital para el desarrollo de la marca en aquellos años. El fabricante se volcó en las carreras en tres frentes diferentes: la velocidad en circuito, los *ISDT* (*International Six Days Trial*, antecesores de los Seis Días de Enduro), y los récords de velocidad. Es decir, todo lo que se podía abarcar en aquellos años en el mundo de las carreras.

La BMW R 32 marcó el inicio de la producción de motor boxer de BMW, y cien años después esa configuración sigue estando vigente.

En 1925 vio la luz la R 37, una evolución de la R 32 con una marcada proyección deportiva. Con este modelo, los éxitos de BMW se multiplicaron: Paul Köppen gana el Gran Premio de Alemania en el circuito *Berlín-AVUS (Automobil-Verkehrs-und-Übungs-Strasse)* en la categoría de 500, y también se impone en la categoría de 750 con una R 37 modificada. Köppen también gana en 750 en Swinemünde. Rudolf Reich gana la carrera de 500 en Solitude, sobre el primer trazado de 22,3 kilómetros que años después servirá de base para el escenario del Gran Premio de Alemania en las primeras ediciones del Campeonato del Mundo de Velocidad, y también de la mano de Reich, BMW repetirá victoria en la *Schleizer-Dreieck-Rennen*.

La aplicación de motor R 37 tendría más usos que las carreras de velocidad puras. Rudolf Schleicher, su diseñador, se inscribe con el equipo alemán en los *ISDT* de 1926, disputados en Gran Bretaña. Los británicos, aprovechando su ventaja por el conocimiento del terreno, se anotaron las victorias tanto en el Trofeo Mundial como en el Vaso de Plata, pero Schleicher regresó a Alemania con una medalla de oro, que certificaba el excelente rendimiento de la R 37 y una valiosa publicidad para la marca.

La actividad deportiva de BMW no se limita a las categorías de gran cilindrada. Con la R 39, una monocilíndrica de 250 cc con motor *OHV* y transmisión por árbol, también logrará numerosos éxitos de la mano de Josef Stelzer, que en los años siguientes formará parte del gran grupo de pilotos oficiales de BMW, junto a Ernst Henne, Hans Hoenius, Paul Köppen, Toni Bauhofer, Karl Gall y Georg Meier. En aquellos primeros años, Stelzer se erige como la principal figura del equipo BMW, ya que en 1927 conseguirá el triunfo en el Gran Premio de Europa, la competición antecesora del Campeonato del Mundo de Velocidad, que se realizó entre 1924 y 1937, cuya sede esa temporada fue el nuevo circuito de *Nürburgring*, que había sido inaugurado meses atrás con el triunfo de Toni Bauhofer en 500, sobre una BMW R 37. Cuando el Gran Premio de Europa llegó al *Eifelrennen* de *Nürburgring*, Stelzer se anotará la victoria en 750, secundado por Paul Köppen, con sendas R 37 modificadas, que servirían de base para el futuro modelo R 62. Este será el primer título oficial en la historia de la marca.

La diversificación de BMW en la competición se pone de manifiesto. La marca está presente en las principales competiciones alemanas, en las categorías de 500 a 1.000 cc. Al final de la década, BMW se consagra a los récords de velocidad (ver capítulo 3). El 19 de septiembre de 1929, una BMW R 63 modificada con Ernst Henne a los mandos alcanzará el récord de velocidad en la autopista Múnich-Ingolstadt: 216,75 km/h. En la década siguiente BMW será la referencia en este terreno.

En los años veinte no había muchas especialidades motociclistas, y dependiendo del lugar, en ocasiones no llegaba a notarse la diferencia entre una carrera de velocidad por carreteras de asfalto infame, casi caminos, y una ruta por la montaña. Aunque, como las meigas, haberlas haylas. Así que, a la hora de preparar una moto para un recorrido por campo, no existían muchas diferencias. Básicamente era la misma moto dotada, si acaso, de neumáticos específicos para la tierra, en el mejor de los casos. Por tanto, no debe extrañar que, a la hora de plantearse BMW su participación en los ISDT, los míticos Seis Días, donde la marca participó por primera vez en 1927, se utilizara el motor boxer. El fabricante alemán disponía de otras motorizaciones más básicas con motores monocilíndricos, como las R24 y sus sucesivas evoluciones hasta la R27, pero eran motores pequeños (247 cc) y otros muy básicos producidos a partir de 1948, cumpliendo las limitaciones a la producción de la industria alemana dictadas por los aliados tras la II Guerra Mundial. Pero como lo que se necesitaba para abrirse paso en los exigentes caminos de los ISDT, disputados en Harrogate (Reino Unido), era potencia para salir de los fangosos terrenos y los bosques repletos de endemoniados recovecos, las motos más pequeñas y manejables se quedaban cortas de respuesta.

Las idas y venidas del motor boxer a lo largo de la historia dio para mucho, y uno de los momentos álgidos fue cuando, en 1978, vuelven a aparecer los motores boxer en las pruebas de todoterreno. Por lo general, la moto de campo es sinónimo de ligereza y agilidad, una moto pensada para sortear pasos estrechos, librar escalones, moverse con soltura por caminos y veredas… Entonces, ¿en qué estaban pensando en BMW cuando hicieron una enduro con motor boxer?

Todo tiene su porqué, pero mucho antes de que la BMW R 80 G/S viera la luz en 1980, y solo unos meses antes del exitoso desembarco oficial de BMW en el Rally París-Dakar (1981), con victoria de Hubert Auriol, el fabricante alemán ya contaba con una amplia experiencia en la moto de campo, con numerosas participaciones en los Seis Días con positivos resultados, e incluso varios títulos europeos de todoterreno. Pero prácticamente todo el mundo se había olvidado de ello y no veía aquel motor más allá de una plataforma ideal para las motos de turismo.

Echemos la vista atrás. En 1952, los Seis Días se disputaron en Bad Aussee (Austria), y el equipo alemán presentó a sus pilotos del equipo del Vaso, el veterano Georg Meier —campeón de Europa de 500 en 1938 y ganador del Senior Tourist Trophy en 1939—, Walter Zeller y Hans Roth, en sendas BMW R68, con motor de 590 cc y 35 CV de potencia. El rendimiento de la moto fue óptimo durante los ISDT, pero un fallo en una válvula del cilindro izquierdo de la moto de Roth impidió que el

El boxer de BMW también sirvió para la caza de records de velocidad, tanto en moto como en sidecar, donde ejerció un dominio casi absoluto.

equipo le disputara la victoria a la formación checa, a la postre ganadores, aunque Meier y Zeller lograron una medalla de oro. En Alemania quedaron tan impresionados que en los ISDT de 1953, disputados en Gottwaldov (Checoslovaquia) incluyeron a Meier, Zeller y Roth con sus BMW en el equipo del Trofeo, junto a un par de pilotos con Maico 175. Pero aquella edición fue un desastre: en el tercer día Zeller se retiró por caída, y su baja hundió al equipo alemán.

En los siguientes años, BMW se concentró en todo tipo de competiciones, prestando especial atención a la caza de récords y a las carreras de velocidad, confiando en el joven Zeller, que en 1956 llegaría a ser subcampeón del mundo de 500 tras John Surtees. Eran días en los que algunos pilotos destacaban por su versatilidad, como el propio Zeller, Sammy Miller, o Florian Camathias, uno de los mejores pilotos de sidecares en los Grandes Premios, que antes fue un habitual en los Seis Días, precisamente con BMW.

Lo cierto es que en 1955 Alemania ganó los ISDT, que se volvieron a disputar en Gottwaldov (Checoslovaquia), con lo que la edición de 1956 tuvo lugar en Garmisch-Partenkirchen a cargo de la federación alemana. Aunque BMW había abandonado parcialmente su implicación en los ISDT para volcarse en la velocidad, el regreso de los Seis Días a Alemania —su última visita fue en 1936, y resultó de lo más ignominiosa para el III Reich, cuyos pilotos fueron humillados por el equipo británico en su propio terreno— reactivó el departamento de competición de BMW, que anunció la preparación de tres modelos especiales para la ocasión. Se trataba de una 250 monocilíndrica, una 500 boxer y un sidecar boxer con motor de 600 cc, y empleando tanto carburadores como inyección. Pero finalmente no se incluyó ninguna BMW en el equipo alemán, y los resultados de las BMW tampoco resultaron espectaculares.

La victoria de Alemania en los ISDT de 1957 (sin presencia alguna de BMW) devolvió la organización de la carrera a la federación alemana en 1958, pero el interés de BMW por los Seis Días había disminuido y solo participaron tres pilotos (Hartner, Meier y Roth) con sendas R50S modificadas sin apoyo oficial que, no obstante, obtuvieron medalla de oro en la carrera.

Aunque la atención de BMW se centró en las especialidades de asfalto, durante los años sesenta el trabajo especializado en motos derivadas de sus modelos de carretera permitió la presencia continuada con relativo éxito de algunos pilotos de la marca en los Seis Días. El más destacado de todos fue, sin duda, Sebastian Nachtmann, que sin ningún tipo de complejos se manejaba con soltura sobre su mastodóntica BMW R60, con motor de 594 cc. En los ISDT de 1961, disputados en Gales, Nachtmann formó parte del equipo alemán del Trofeo que se anotó la victoria.

En 1968 arrancará el Campeonato de Europa de Todoterreno, germen del futuro Mundial de Enduro, que se pondrá en marcha en 1990. Durante el Europeo y en especial en los primeros años setenta, la transformación de la especialidad, que abandona los caminos para abordar terrenos más angostos y complicados, con pruebas especiales en las que la agilidad y la ligereza de las motos se hacían más que necesarias, va dejando en segundo plano a las motos más grandes y potentes en favor de las más manejables. Por ejemplo, en los ISDT de Zeltweg (Austria) en 1976, Alemania se impone en el Trofeo por segunda vez consecutiva con Weber, Neumann, Wolfgruber, Witthöft, Hau y Grisse, todos con Zündapp de pequeña cilindrada: tres 100, dos 125 y una 175 cc. En ese periodo ya no se veían BMW boxer en los parques cerrados de las carreras.

Llegó un momento en que el Campeonato de Europa se había especializado de tal manera que prácticamente había una categoría para cada tipo de moto: 50, 75, 100, 125, 175, 250, 350, 500 y superiores a 500 cc. Y por si no fuera suficiente, en 1979 se transformó la clase Superiores a 500 en 750, y se añadió la categoría de Superiores a 750 cc. Y, en 1980, la de Superiores a 750 pasó a ser hasta 1.000 cc, y se incluyó una nueva: hasta 1.300 cc. En definitiva: un traje a medida de cada marca.

Y todo esto, ¿por qué? Sencillamente para dar satisfacción a los grandes fabricantes alemanes, Maico y BMW, y que así pudieran desarrollar sus motos en competición, aunque eso supusiera que las últimas categorías apenas contaran con tres o cuatro inscritos en cada prueba.

En 1978, BMW había puesto en marcha un nuevo proyecto con el objetivo de impulsar la marca de cara al futuro, un programa que implicaba un importante cambio en la división motociclista, creando nuevos motores de tres y cuatro cilindros refrigerados por agua: la serie K. Pero al mismo tiempo se decidió dar una nueva orientación a su boxer de toda la vida, iniciando el desarrollo de la R 80 G/S, un proyecto que contó con la colaboración de Laverda, y que daba pie a un nuevo concepto: una moto versátil, que rodara con soltura por carretera, pero que al mismo tiempo fuera capaz de moverse con agilidad por el campo. Y durante dos años, 1979 y 1980, BMW estuvo presente en el Europeo de Todoterreno para culminar el desarrollo de esta moto, y sentar las bases de su proyecto en el Rally París-Dakar.

Inicialmente, a BMW el tiro le salió por la culata. En 1979, partiendo del motor R80/8 de 800 cc, la marca alemana alineó tres motos en la categoría de superiores a 750 cc con Richard Schalber, Kurt Fischer y Laszlo Peres, cuyo motor debidamente modificado daba 55 CV. Pero fue Egbert Haas y su Maico GS

¿Quién pudo imaginar semejante mastodonte compitiendo en
el Campeonato de Europa de Enduro y en los Seís Días?

760 —el motor monocilíndrico «dos tiempos» más grande de todos los tiempos— el que terminó anotándose el título, por delante de las tres BMW. Pero en los Seis Días, Fritz Witzel se anotaba el triunfo en la categoría de Superiores a 750 cc con su BMW prototipo.

En 1980, BMW redoblaba esfuerzos mientras preparaba el lanzamiento de la R 80 G/S para mediados de ese año. Y desde luego que no pudo ser más afortunado su lanzamiento, porque se vio acompañado del éxito deportivo. En hasta 1.000 cc, Rolf Witthöft se impuso a las Maico de Haas y Rossel, mientras que en la clase hasta 1.300 cc, Herbert Schek, con su BMW especial con motor boxer de 1.040 cc. y 70 CV de potencia, se hizo con el título europeo imponiéndose a sus compañeros Kurt Fischer y Eugen Matheis, siendo ellos tres los únicos participantes en la categoría.

EL RALLY DAKAR

El trabajo de desarrollo de la R80 G/S se había culminado, y se remató con la victoria de Hubert Auriol en el París-Dakar de 1981. Después de aquel año, el todoterreno pasó a denominarse enduro, y los ISDT (International Six Days Trial) se convirtieron en los ISDE (International Six Days Enduro), reduciendo las categorías a solo seis. Las mastodónticas boxer ya no tenían sentido frente a las nuevas monocilíndricas japonesas de «cuatro tiempos» y las Husqvarna —más ligeras y eficaces en los cada vez más complejos recorridos de los enduros—, y BMW destinó su potencial a los grandes espacios abiertos de los raids africanos, cuya popularidad empezaba a crecer al amparo del mítico París-Dakar.

En 1981, BMW inscribió de forma oficial un equipo de tres pilotos en el Dakar, Fenouil, Auriol y Bernard Neimer, sobre las nuevas R80 G/S convenientemente modificadas para la carrera. El éxito fue rotundo: Auriol se llevó la victoria, Fenouil fue cuarto, y Neimer séptimo. En 1982 BMW se presenta como el gran favorito (Auriol, Fenouil, Loizeaux), pero a pesar de que

Auriol llegó a liderar la carrera, el equipo decide retirar en la séptima etapa las dos únicas motos que quedaban por motivos de seguridad, tras sucesivas averías en la caja de cambios.

Aquello hizo redoblar esfuerzos, presentando en 1983 una formación aún más potente, sumando al trío Auriol, Fenouil, Loizeaux al excampeón del mundo de motocross Gaston Rahier. El dominio del experimentado Auriol le puso al mando de la carrera durante las complicadas etapas de Argelia y Níger, y le encaminó hacia su segundo triunfo en el Dakar. El éxito de BMW en la carrera africana se prolongaría durante dos años más con la victoria de Rahier en 1984, secundado por Auriol y con Loizeaux quinto, y 1985, año en que el piloto belga fue el único superviviente de la estructura y soportó la acometida de los equipos oficiales de Honda, Yamaha, Suzuki y Cagiva. La BMW boxer se había convertido en la reina del desierto.

BMW mantuvo su equipo oficial en el Rally Dakar hasta 1987, año en que Rahier logró una positiva tercera posición. Para entonces el concepto trail estaba más que desarrollado y la GS de BMW se había convertido en la referencia de la clase.

Durante esos años habían pasado más cosas en torno a la marca alemana, y no todas giraban alrededor del motor boxer. El nuevo motor de cuatro cilindros refrigerado por agua y dotado de inyección electrónica alumbraba una nueva generación de motos, la serie K. Aquel motor de 938 cc y una potencia de 90 CV ofrecía un importante potencial, aunque fue raro verlo en competición, y más aún en el *off road*. Así que muchos dieron por enterrado al motor boxer más allá de la cinta negra del asfalto. Craso error.

En la última década del siglo xx el lanzamiento de la BMW F 650, una monocilíndrica con transmisión secundaria por cadena —damos la bienvenida a la modernidad a los muchachos de Múnich—, permitió al fabricante alemán abordar nuevos desafíos en la carrera africana. El motor F650 también servirá de plataforma en la categoría de monocilíndricas de velocidad, que disfrutó de cierta pujanza a lo largo de los años noventa con la puesta en marcha de la European Supermono Cup. El monocilíndrico de BMW se convertirá en la motorización más exitosa y común, logrando repetidamente el título.

En el Rally Dakar de 1998, BMW presenta un equipo de cuatro pilotos bajo la estructura del Team Schalber: Edi Orioli, Óscar Gallardo, Andrea Mayer y Jean Brucy. El resultado de esa primera tentativa con las F650 no es todo lo positivo que cabía esperar. De los cuatro pilotos, el único que remojará sus pies en las aguas del Atlántico será Brucy, que logra llegar a la meta de Dakar en posiciones muy retrasadas. En la siguiente edición de la carrera, BMW toma las riendas de la formación, que pasa a denominarse BMW Motorrad Team Enduro. Mantiene una estructura de cuatro miembros: junto a su nuevo piloto Richard Sainct repetirán Gallardo, Brucy y Mayer. El buen nivel de la ahora denominada F650 RR se pone de manifiesto enseguida, primero con el liderato de Gallardo, y después con Sainct imponiéndose en la meta de Dakar para hacerse con el triunfo, el quinto de BMW en la carrera africana, iniciando una nueva etapa.

Los éxitos de la F650 RR no se limitarán al Dakar. Meses después, Sainct gana también el Rally de Túnez. BMW se plantea recuperar la esencia de siempre pero con un nuevo impulso, proyectando unos planes aún más ambiciosos para la nueva década. Con la entrada en el siglo XXI, el fabricante tuvo la audacia de aunar la modernidad con su esencia más clásica. Con la firme determinación de defender la victoria conseguida en el Rally Dakar en 1999, BMW Motorrad llevó a África su equipo más potente y numeroso, formado por un total de seis pilotos. Repetirá formación a lomos de la F650 RR: Richard Sainct, Óscar Gallardo, Jean Brucy y Andrea Mayer, a los que se sumarán dos más, Jimmy Lewis y John Deacon, sobre las poderosas boxer R900 RR, desarrolladas sobre la base de la R1100 GS, que regresaban al desierto contra todo pronóstico, con todo el poderío de sus 90 CV de potencia, capaz de ponerse sobre la arena del desierto a más de 200 km/h.

Ese año, BMW arrolló a la competencia. Su capacidad y su resolución fueron tan grandes que coparon las cuatro primeras posiciones, con Sainct de nuevo anotándose la victoria por delante de Gallardo y del estadounidense Lewis. Trece años después, BMW volvía a colocar una boxer en el podio del Dakar. Además, Brucy fue cuarto.

De cara a 2001 cambió la orientación del equipo, pero se mantuvo un despliegue monumental. En esta ocasión fueron cinco los pilotos de la formación, que sufrió importantes cambios. Se mantuvieron sobre las boxer F900 RR Lewis y Deacon, y a ellos se sumaron Nani Roma y Cyril Despres, mientras que Andrea Mayer continuó en la estructura llevando la única monocilíndrica F650 RR. Y fueron precisamente las grandes y mastodónticas boxer las que obtuvieron los mejores resultados para la marca: Deacon sexto y Lewis séptimo, Despres 13.º. El proyecto llegó a su fin tras esta edición. Sin embargo, BMW no abandonaría la producción del boxer, pero este motor tan versátil y flexible no volvió a verse en competición fuera del asfalto, el escenario donde Max Friz pensó que siempre se movería.

Quadrophenia, *el Ace Cafe y otras movidas*

Las motos no son solo carreras. Hay muchas más historias más allá de un circuito o una cinta de asfalto. Las motos tienen un componente social que hace que sirvan de nexo común entre amplios colectivos de personas, que a través de la moto descubren universos comunes en la música y el cine. Y si tenemos que poner banda sonora al mundo de las dos ruedas, algo que aúne imagen y sonido, no hay título más significativo que *Quadrophenia*. Música y motos forman un todo en *Quadrophenia*. Originariamente fue una ópera rock compuesta por The Who en 1973, y posteriormente fue llevada al cine en 1979, con la banda sonora de ese mismo álbum. Criticada en su momento por su duro contenido, hoy es una obra de culto.

El estilo de vida mod se ve reflejado en *Quadrophenia*, una ópera rock en la que se retrata la convulsión social de los británicos a mediados de los años sesenta, utilizando la figura de Jimmy, un joven mod que vive en su pellejo una profunda transformación. *Quadrophenia* es el retrato de una generación. Jimmy pasa de una completa identificación con su grupo, los mods, jóvenes pulcros y de aspecto cuidado que eligen los scooters de la época, Vespa y Lambretta, en contraposición a sus enemigos naturales, los rockers. Pero la existencia de Jimmy sufre una profunda sacudida: la incomprensión familiar, un trabajo que no le satisface, el desencuentro con los amigos, el desamor y la caída en el mundo de las drogas, de presencia creciente en aquella época, le llevan a renunciar a todo, hasta a sus propias creencias, en un camino de autodestrucción.

Quadrophenia es un retrato impecable y fiel. Quizás su crudeza es lo que hizo que la versión cinematográfica fuera muy criticada, ya que se estrenó en un momento en que el Reino Unido había dado un notable giro conservador. Margaret Thatcher estaba a punto de convertirse en primer ministro, y la película se consideró poco apropiada por ser demasiado explícita: había sexo, violencia, y se hablaba sin tapujos de las drogas. Los «azules», las anfetas, fueron el refugio de Jimmy cuando todo su mundo se le vino abajo. Y aunque parezca que se haga un uso exagerado de la violencia, con continuas escenas de peleas entre mods y rockers, lo cierto es que fueron bastante frecuentes. Las playas de Brighton se convirtieron en escenario de auténticas batallas campales en aquella época, que en la mayoría de los casos terminaban con decenas de detenidos y multitud de destrozos.

La película es un icono del movimiento mod, y hay escenas inolvidables casi desde el inicio, cuando Jimmy se ve rodeado por una banda de rockers, que le dicen de todo. Pero la imagen más inolvidable es, sin duda, el lanzamiento desde un acantilado de la Vespa de Ace Face, el ídolo caído de

Menudos angelitos, el plantel protagonista de *Quadrophenia*. El cuarto por la izquierda es un jovencísimo Sting, antes de consagrarse con *The Police*.

Jimmy. Lo cierto es que su estreno en 1979 propició cierto redescubrimiento de la cultura mod, que se encontraba ya fuera de lugar en ese momento. La música mod y su estilo de vestir volvió a ponerse de moda, y a comienzos de los ochenta, dentro de la vorágine de la movida madrileña, se dejó sentir entre nosotros, con todo lo que ello supuso: movidas con los rockers y una vertiente musical, quizás minoritaria, pero que también contribuyó a enriquecer aquella década prodigiosa.

Aún hoy la estética mod sigue pareciendo un reclamo atractivo dentro del segmento scooter. Los diseños con la escarapela mod, tres círculos concéntricos de color azul, blanco y rojo, tomada del diseño original de la RAF (Royal Air Force) británica, siguen siendo empleados por algunas marcas como Vespa en algunos modelos de su equipamiento. Lo que se ha perdido

Quadrophenia marca la referencia en el cine y la música con respecto al mundo de la moto.

con el paso de los años es el componente violento, de tribu urbana, que le acompañó en las playas de Brighton, y aún en la distancia, resulta inevitable que desde una rugiente y rabiosa Harley-Davidson se mire con desdén el traqueteo, como de puchero, de alguna ya solitaria Vespa.

Quadrophenia fue la ópera prima de Franc Roddam como director, y sin duda es su película más conocida y memorable. Pero lo que resulta verdaderamente esencial e inolvidable es su música. Pete Townshend, el líder de The Who, compuso todas las canciones y temas adicionales para la banda sonora de la película, y el propio Townshend lo considera uno de sus mejores trabajos. En realidad, el argumento de *Quadrophenia* es un reflejo de la personalidad de los cuatro componentes del grupo, Pete Townshend, Roger Daltrey, John Entwistle y Keith Moon, que se plasman en las cuatro personalidades diferentes que dan a Jimmy, el protagonista de la ópera, sumido en un múltiple trastorno de personalidad. De ahí el origen del título, en el que combinan el término psiquiátrico esquizofrenia con el denominado sonido cuadrafónico, que comenzaba a emplearse en aquella época.

El éxito del álbum acompañó a The Who en diferentes giras, y no sin problemas de todo tipo, desde fallos en los efectos de sonido que acompañaban a las canciones, hasta sucesos inesperados, como un desmayo de Moon en un concierto en San Francisco. Sin pensárselo dos veces, invitaron a uno de los espectadores a ocupar el lugar de Moon como batería… Eran tiempos de excesos. Fue ese notable éxito lo que llevó a realizar la película seis años después.

Para The Who, *Quadrophenia* marcó quizás su mejor momento, porque después de ese álbum y sus giras, llegaron problemas y conflictos, se produjo la muerte de Moon en 1978, y posteriormente la separación del grupo y otra serie de cambios y alternativas sucedidos durante los años siguientes. No obstante, The Who permanece «en la carretera». Contemporáneo de The Beatles y Rolling Stones, sigue activo con frecuentes reencuentros y conciertos, apoyado en las figuras de Townshend y Daltrey. Y *Quadrophenia* sigue siendo una parte esencial de su repertorio.

UNA CHUPA DE CUERO SOBRE LA *JUKEBOX*

Hubo un tiempo, ya lejano, en que las pandillas de rockers se arremolinaban en torno al Ace Cafe de Londres, que parecía asediado por docenas de relucientes BSA, Triumph o Norton. Eran días de fuertes sensaciones, de sonidos y de olores: el trepidante rugido de aquellas motos se entremezclaba con lo mejor del rock, y el fuerte olor del café recién preparado enmascaraba el aroma aceitoso impregnado en las chupas de cuero.

El Ace Cafe fue un oasis dentro de la encorsetada y clasista sociedad londinense de hace sesentaaños, y se convirtió en un icono de la juventud casi sin quererlo. Pudo ser un café como otro cualquiera, un lugar de paso en el incipiente extrarradio londinense, pero acabó siendo un símbolo de libertad, una válvula de escape para jóvenes de toda clase y condición que terminaron hermanados por las motos y el rock.

Se abrió al público por primera vez en 1938, próximo a la nueva red de carreteras que circunvalaba el norte de la ciudad, en el enclave ferroviario de Willesden. Por ese motivo fue arrasado durante la II Guerra Mundial en las diferentes ofensivas de la *Luftwaffe*. Pero se reconstruyó en 1949, y cobró una inusual actividad durante dos décadas. La juventud de la época intentaba superar la dura posguerra. El West End londinense fue una zona desfavorecida y conflictiva. Había mucha decepción y mucho desencanto. La música y las motos permitieron canalizar toda esa rabia en torno a un sentimiento común, creando la denominada subcultura rocker: jóvenes motoristas seguidores de una nueva expresión musical, nacida en Estados Unidos, que arraigó con fuerza en el Reino Unido a comienzos de los años sesenta.

La mayoría se daba cita en el Ace Cafe porque su estratégica situación lo convirtió en un punto de encuentro ideal para los jóvenes motoristas que iban y venían en busca de libertad. Era un sitio agradable y cómodo, abierto las 24 horas del día, y allí se encontraban a sus anchas. Rock y motos. En aquellos días no había nada más importante que eso.

La música y las motos les hacían sentirse diferentes, distintos a todos: a sus padres, a sus profesores y a los capataces de las fábricas donde les aguardaba un dudoso porvenir. Para la sociedad no eran más que jóvenes rebeldes, pero entre el olor a café caliente y el sonido de fondo, rotundo y contundente de los primeros grupos de rock, aquellos muchachos se sentían verdaderamente libres. Les bastaba una vieja moto con la que reafirmar su identidad, una buena chupa de cuero con la que compartir imagen con sus semejantes, y que la *jukebox* del fondo del salón sonara sin descanso. Bastaba un chelín, cuyo soniquete agudo retumbaba al caer al fondo del cajetín, para que el mundo echara a rodar al ritmo de Chuck Berry, Gene Vincent o Eddie Cochran.

Esa rebeldía, que no era otra cosa que una expresión de su independencia, les llevó a interesarse por las nuevas corrientes musicales y adoptaron el rugiente rock como parte de su identidad. Pero también supieron distinguirse de otras tribus urbanas que comenzaron a surgir. Había un sentimiento común en los mods, independencia a través de la música y las motos, pero con un enfoque bien distinto, tanto en lo musical como en sus monturas. Eso les convirtió en enemigos acérrimos. De cuando en cuando, no estaba de más una pelea con alguna panda de mods, una relación que quedaría magníficamente reflejada en *Quadrophenia* y convertida en una película de culto, por reflejar fielmente el ambiente de aquellos días.

Pero en el Ace Cafe no solo se daban cita rockers. También acogía la reuniones del 59 Club, una asociación juvenil creada por el reverendo Bill Shergold en 1959. Los suburbios de Londres estaban necesitados de una intensa actividad pastoral, y al reverendo Shergold le pareció bien canalizar los sentimientos y las inquietudes de aquellos jóvenes en torno a las motos y el rock a través de una asociación. De hecho, el 59, como se conocía familiarmente al club —sus miembros eran fácilmente identificables por llevar ese número en una de las mangas de sus cazadoras de cuero—, alcanzó un notable reconocimiento, y contribuyó a la integración de los rebeldes rockers en la cambiante sociedad.

Los chicos malos que tanto miedo daban terminaron siendo gente de bien, y dentro del contexto del club, las relaciones entre rockers y mods eran civilizadas y razonables, aunque siempre en la distancia: los rockers en el West End, y los mods en Hackney Wick, al este de Londres. El reverendo Shergold, con casco y chupa de cuero, se integraba completamente en el grupo, y como él otros curas que formaban parte de la parroquia. Parecían uno más. Solo el alzacuello les hacía diferentes.

El Ace Cafe permaneció abierto hasta 1969. El universo que se había creado en torno a él durante casi dos décadas se había ido transformando, y al final el rock dejó de ser un elemento de cohesión. La subcultura de los rockers evolucionó con la influencia de otras tribus urbanas, próximas al estilo de los *outlaws* norteamericanos, más violentas, como los *road-rats* londinenses, con lo que los rockers terminaron identificados con el estereotipo del tipo duro y agresivo.

La sociedad cambió y las oportunidades de la juventud también. Toda esa transformación dejó sin sentido al Ace Cafe. Las reuniones de rockers y motoristas fueron siendo cada vez menores, y al final el local tuvo que cerrar, dando paso a un taller de montaje de neumáticos.

Pero en los años ochenta un grupo de nostálgicos quiso recuperar el espíritu roquero de su juventud, y comenzaron a organizarse reuniones entre antiguos miembros del movimiento rocker, para compartir viejos recuerdos. Los del 59 también quisieron echar la vista atrás, y tras el éxito de las primeras *Rocker Reunions* decidieron colaborar para realizar la Ace Cafe Reunion

Los mods en sus scooters y los rockers en sus Harleys tuvieron frecuentes enfrentamientos en las playas de Brighton en los años sesenta.

en 1994. Fue un éxito rotundo, con doce mil asistentes, y aquella excelente acogida permitió recuperar el espíritu del pasado, consiguiendo la reapertura del café en 1997, y completándose su restauración en 2001. Desde entonces sigue abierto y dispuesto a recibir a todo tipo de aficionados a la música y las motos.

Ahora, el Ace Cafe ya no es un lugar de encuentro de jóvenes roqueros, no es el punto de salida para sus incursiones camino de Brighton en busca de alguna bronca. Conserva un aspecto similar: sus mesas de cuatro en línea, desde las amplias cristaleras hasta la barra, dejando un estrecho pasillo para circular. Hay un pequeño escenario al fondo, a modo de templete, donde se lucen algunas clásicas británicas. Sigue habiendo una *jukebox* al fondo del salón, pero han preparado un generoso espacio para *merchandising* y literatura motociclista, sobre todo de viaje. Y si se busca con atención entre los recuerdos a la venta, podemos encontrar una escarapela mod. Y hasta permiten que sus Vespas y Lambrettas ocupen el aparcamiento, frente a la fachada principal, junto a las motos de verdad. ¡Sacrilegio!

Las viejas BSA, Triumph y Norton, y alguna exótica Triton —motor Triumph sobre chasis Norton— siguen parando ante sus amplios ventanales, aunque ya no cabalgan jóvenes insatisfechos a lomos de ellas. El tiempo pasa por todos. Hay un regusto nostálgico en todo lo que lo rodea, e incluso han surgido franquicias en otros países que quizás le resten algo de autenticidad, pero el Ace Cafe sigue siendo un icono que identifica inequívocamente un movimiento: los rockers.

LOS MACARRAS DE LAS MOTOS

La moto siempre ha representado ir contracorriente, apartarse del rumbo que toma todo el mundo y seguir por otro camino. Si nos tomamos el tráfico como una metáfora de la vida, la moto te permite salir del atasco en que quedan confinados los automovilistas y rodar libre, sin límites, sin frenos. Salvo que te topes con una pareja de la Benemérita, claro... Y ya se sabe que cuando te sales del camino trazado te llaman macarra.

A finales de los años sesenta, ese camino alternativo al convencional se llamó contracultura, que en Estados Unidos se manifestó de las más variadas formas imaginables. Una de ellas era el cine, y entre toda la producción generada entonces, mucha de ella ordenada y controlada por las grandes productoras, lo que lógicamente restaba credibilidad al relato, destaca una modesta película independiente, icono de las denominadas *road movies* y máxima expresión de las dos ruedas en la gran pantalla: *Easy Rider*.

La película, escrita, dirigida y protagonizada por Dennis Hopper, junto a Peter Fonda y Jack Nicholson, nos cuenta la historia de dos jóvenes que cruzan el país camino de Nueva Orleans a lomos de sus motos, financiando su viaje traficando con la cocaína comprada en la frontera mexicana. *Easy Rider* aparece en 1969, con un contenido explícito en este tipo de asuntos que impactó por su realidad. Su viaje es una radiografía de la sociedad estadounidense, de sus miserias ocultas tras el mito del sueño americano y de su desestructuración, y pone al descubierto la realidad que se aloja tras las edulcoradas comedias de Doris Day. Como era de esperar, en un entorno

Un Peter Fonda ya talludito rememora viejos tiempos a lomos de una réplica de la Captain America, la verdadera protagonista de *Easy Rider*.

sórdido y violento, con sus protagonistas envueltos en una espiral sin retorno, *Easy Rider* tiene un desenlace dramático.

Cualquier otro final habría restado autenticidad al relato y *Easy Rider* habría resultado un fracaso. Pero la película fue un éxito: multiplicó por cien el coste de la producción, y de esta forma *Easy Rider* se convirtió en un título de referencia para el cine independiente de Estados Unidos.

Esta relación entre la moto y la marginalidad ya estuvo presente en *The Wild One*, conocida en España como *Salvaje*, protagonizada por Marlon Brando en 1953, realizada a partir de un relato publicado en la revista norteamericana *Harper's Magazine*, que recogía un suceso real: los violentos acontecimientos sucedidos en Hollister (California), donde unos motoristas realizaron actos vandálicos. En Estados Unidos siempre ha habido una estúpida relación entre ir subido en una moto y situarse al otro lado de la ley. Recientemente lo hemos visto en la serie televisiva *Hijos de la Anarquía*, una panda de delincuentes y traficantes unidos bajo una hermandad motociclista.

En esa línea canalla tenemos que situar la anodina *Harley-Davidson and The Marlboro Man* (1991), que en nuestro país se bautizó como *Dos duros sobre ruedas*, una película protagonizada por los populares actores Mickey Rourke y Don Johnson. Su presencia es la única justificación para la existencia de esta producción intranscendente, en la que el personaje de Johnson realiza una apología del uso de la cinta americana, con la que repara una y otra vez sus desvencijadas botas de piel de serpiente (sin comentarios) mientas consume repetidamente un pitillo tras otro. No es necesario explicar a cuál de los dos personajes encarna, ¿verdad?

En la distópica *Mad Max* (1979) de George Miller, protagonizada por un bisoño Mel Gibson, la violencia no está implícita en el usuario de la moto, sino que la moto es un instrumento más dentro de una sociedad extrema y violenta surgida de un mundo apocalíptico, marcado por la ausencia de agua, los problemas de suministro de petróleo y energía, la crisis económica y un caos social. Da miedo pensarlo, pero en algunos lugares del mundo esto no es una película sino la vida real. Pero al menos en *Mad Max* no hay nadie que diga: «Ya están ahí los macarras de las motos». No hay diferencias.

¿Sabe qué le digo, querido lector? Que puestos a disfrutar de historias sobre dos ruedas me quedo con *Diarios de motocicleta* (2004), íntimo relato del viaje que Alberto Granado y Ernesto Guevara, años antes de reencarnarse en el Che, emprendieron a lomos de una Norton 500, La Poderosa, atravesando los Andes, la Amazonía peruana, hasta llegar a Caracas. Más que un viaje es una experiencia vital sobre la realidad social de Latinoamérica de los años cincuenta, un relato que ayuda a entender la orientación que dio a su vida Ernesto Guevara tras aquella experiencia. ¿Cómo no volverse revolucionario tras esa inmersión? Además de ser una cinta cuidada en todos los detalles, desde la dirección a la fotografía y la interpretación, cuenta con la maravillosa música de Jorge Drexler: «El día le irá pudiendo / poco a poco al frío. / Creo que he visto una luz / al otro lado del río. / Sobre todo, creo que / no todo está perdido. / Tanta lágrima, tanta lágrima, / y yo soy un vaso vacío».

Gael García Bernal y Rodrigo de la Serna a lomos de La Poderosa, recreando la experiencia vital de Ernesto Guevara en *Diarios de motocicleta*.

Bibliografía

AA. VV. (2004), *Antonio Cobas. Uno de los grandes.*

AA. VV. (2004), *FIM 1904-2004,* Chronosports SA.

AA. VV. (2003), *La enciclopedia de las motocicletas,* Edimat Libros.

AA. VV. (1998), *The Art of the Motorcycle,* Guggenheim Museum Publications.

Ainscoe, R. (1987), *Gilera Road Racers,* Osprey.

Aznar, J. L. y Herreros, F. (1998), *Historia del motociclismo en España,* RACC.

Bacon, R. (1989), *British Motorcycles of the 1940s and 1950s,* Osprey.

Burgaleta, P. (2018), *Las mejores motos españolas,* Motorpress Ibérica.

Cameron, K. (2009), *Las motos de Gran Premio,* Libros Cúpula.

Cavero, A., Cirera, M. y Peiro, J. (2014), *Montesa. The Art Gallery,* Honda Motor Europe.

Colectivo José Berruezo (2014), *Bultaco. Del mito a la realidad (1958-1983),* Confederación General del Trabajo (CGT).

Crellin, R. (1995), *Japanese Riders in the isle of Man,* Amulree Publications.

Cuervo, G., De la Torre, J. P. y Alcoba, L. C. (2020), *100 Años BMW Motorrad,* Escudería Los Hierros.

De la Torre, J. P. (2004), *Historias del paddock,* Ciedossat.

De la Torre, J. P. y Rendo, A. (2014), *El reto de Ellan Vannin,* Editorial Círculo Rojo.

Del Arco, J., Roca, E. y Vergés, A. (2004), *55 años de historia del motociclismo en el circuito de Montjuïc,* RACC.

Duckworth, M. (2007), *TT100,* Lily Publications.

Eslava Galán, J. (2015), *La Segunda Guerra Mundial contada para escépticos,* Booket.

FIM (1979), *Records du Monde,* Secrétariat FIM.

Haefliger, W. (2022), *FIM MotoGP Results. 1949-2021 Guide,* Dorna.

Hailwood, M. y Walker, M. (1975), *The Art of Motorcycling Racing*, Herakles Editorial.

Leek, J. (1991), *MZ The racers*, 650 Publications.

McCook, A. (2004), *Days of thunder*, Gill & Macmillan.

Morrison, I. (1991), *Motorcycle Sport Fact Book*, Guinness.

Orengo, J. C. (2001), *Bultaco. Todo un mito*, Museu de la Moto de Bassella.

Oxley, M. (2018), *Speed. The one genuinely modern pleasure*, Mat Oxely Ltd.

Oxley, M. (2009), *Steeling Speed*, Haynes.

Pistilli, A. (1991), *Storia del Motociclismo Mondiale Fuori Strada*, Vallardi & Associati.

Rivola, L. y G. (1991), *Storia del Motociclismo Mondiale dalle origini ad oggi*, Vallardi & Associati.

Sakiya, T. (1988), *Honda Motor. Los hombres, la dirección, las máquinas*, Planeta.

Setright, L. J. K. (1976), *Motorcycles*, Weidenfeld & Nicolson.

Walker, M. (1989), *German Motorcycles*, Osprey.

Walker, M. (1975), *Classic Motorcycles*, Hamlyn Publishing.

Igualmente, han sido consultados artículos e informaciones publicados en las revistas especializadas *España Motociclista*, *Fórmula Moto*, *La Moto*, *Moto Verde*, *Motociclismo*, *Motor Mundial*, *Motosport* y *Solo Moto*, así como los blogs y páginas webs: racingmemo.free.fr y pilotegpmoto.com.

A través del servicio de Hemeroteca Digital de la Biblioteca Nacional de España se han consultado informaciones publicadas en los siguientes diarios, como *Aire Libre*, *El Mundo Deportivo*, *Gran Vida*, *Heraldo Deportivo*, *Madrid Sport* y *Marca*.

Créditos de las fotos: Bundesarchiv; FIM-Pictures; Honda; Montesa-Honda; Motoworld Media; Repsol Media; Suzuki Racing; Triumph Mediakits; Wikipedia Commons Images; Yamaha.

Este libro, por encomienda de la editoral Almuzara se terminó de imprimir el 14 de septiembre de 2022. Tal día, de 1969, en la primera visita del Campeonato del Mundo a Yugoslavia, Ángel Nieto se clasificaba segundo en la carrera de 50 cc por detrás de Paul Lodewijkx y se proclamaba, por primera vez, Campeón del Mundo de Motociclismo.